AF402431

LES
RETRAITES DES TRAVAILLEURS

PAUL IMBERT

Ingénieur des Manufactures de l'État.
Docteur en Droit

ÉTUDES SOCIALES

LES RETRAITES
DES
TRAVAILLEURS

PRÉFACE
DE
PAUL DESCHANEL

De l'Académie française
Député.

PARIS

LIBRAIRIE ACADÉMIQUE DIDIER
PERRIN ET Cᵗ, LIBRAIRES-ÉDITEURS
35, QUAI DES GRANDS-AUGUSTINS, 35
1905

PRÉFACE

Voici un livre qui arrive à point.

Au moment où la Chambre s'apprête à discuter les retraites ouvrières, il est bon que tous ceux qui ont étudié le problème fassent entendre leur avis et nous apportent le fruit de leurs réflexions.

M. Paul Imbert, ingénieur des Manufactures de l'État, qui a publié déjà un volume très digne d'attention sur les *Rapports entre patrons et ouvriers dans la grande industrie*, nous offre ici tout à la fois un recueil de faits et un système.

La partie historique est excellente. On la consultera en toute sécurité. L'auteur y expose de la façon la plus claire et la plus complète tout ce qui a été fait à l'étranger, tout ce qui a été essayé chez nous.

La « liberté aidée », en Belgique et en Italie ; l'assurance obligatoire en Allemagne ; en France, la Caisse nationale des retraites, les retraites patronales, les retraites mutualistes, enfin, nos travaux parlementaires : chacun de ces sujets est traité avec une parfaite compétence. Organisation des assurances, capitalisation, répartition, mutualité sont exposées avec une précision scientifique. Toute cette partie du livre est une base solide pour quiconque voudra édifier à son tour un système.

L'auteur s'y est essayé. Sa partie constructive est intéressante, ingénieuse, hardie. Elle sera discutée sur plus d'un point.

Ainsi, il propose d'obliger à l'inscription pour la retraite dès l'âge de la scolarité et même dès la naissance. On ne manquera pas de lui objecter qu'il serait peu opportun, au moment où nous cherchons à encourager les familles nombreuses, de dire au père de famille : « Plus tu auras d'enfants, et plus tu devras ajouter à tes contributions de contributions nouvelles, pour la retraite de chacun d'eux. » Mais il est vrai, d'autre part, que le sacrifice consenti de bonne heure est le plus efficace.

L'auteur voudrait obliger les patrons à payer la moitié de la retraite, en laissant les ouvriers libres de constituer eux-mêmes l'autre moitié. Il dit aux industriels : « Je vous oblige à faire en grande partie la retraite de vos ouvriers, dont l'État se bornera à aider la prévoyance facultative. » Or, si, en doctrine, il est

exact que les incidences économiques disent le
dernier mot de la répartition, on objectera
qu'en pratique, l'obligation imposée aux patrons ne saurait être que la corrélation et le
complément de l'obligation imposée à ceux qui
sont les premiers intéressés, c'est-à-dire aux
ouvriers eux-mêmes.

En somme, dans ce système, habilement écha-
faudé, la retraite serait payée par les parents et
par les industriels, avec le concours de la mutualité et des pouvoirs publics.

Enfin, l'auteur établit la contribution patronale et la subvention budgétaire en proportion
inverse des salaires. C'est là, assurément, une
idée séduisante en théorie. Reste à savoir si
elle serait praticable. La proposition de 1901
prévoyait une organisation analogue : il a fallu
y renoncer; on n'a pu la mettre sur pied. Or,
celle-ci est encore plus compliquée, parce
qu'elle tient compte d'éléments nouveaux, tels
que les charges de famille.

On pourrait noter encore çà et là, au cours
de cette belle étude, quelques assertions discu-
tables, quelques vues difficiles à réaliser. Mais,
sur les chapitres mêmes où elle provoque la
controverse, elle oblige le lecteur à approfon-
dir cette difficile matière, à examiner de plus
près les diverses solutions en présence, et à
chercher le point juste.

Et lorsque, dans un avenir prochain, je l'espère, la société française aura accompli le grand effort de fraternité qu'elle doit réaliser pour l'honneur de notre temps, les millions de travailleurs dont la vieillesse sera désormais assurée pourront se tourner avec reconnaissance vers tous ceux qui, comme l'auteur de ce livre, auront apporté leur pierre à la construction de la Cité nouvelle : ce sera leur noble récompense.

PAUL DESCHANEL.

LES RETRAITES

DES

TRAVAILLEURS

CHAPITRE I
LES RISQUES DES TRAVAILLEURS

On a souvent décrit la condition précaire de l'homme qui n'a pour subvenir à ses besoins que le produit de son travail. Alors même qu'il réussit à gagner quotidiennement sa vie et celle des siens, il reste dans une situation toujours instable, soumise à la perpétuelle incertitude du lendemain.

Nombreux en effet sont les risques qui assaillent le travailleur : chômage involontaire, maladie, accident, invalidité, vieillesse, sans compter la mort prématurée qui laissera peut-être sa famille sans ressources. Le chômage, c'est l'inaction forcée, la privation de travail par des causes indépendantes de la personne du travailleur. Les autres crises le frappent au contraire dans sa vigueur physique : la maladie, altération de la santé, quelle qu'en soit l'origine, l'accident, lésion de l'organisme qui résulte de l'exercice de la profession, l'invalidité, réduction notable de la capacité de travail en dehors des cas d'accidents, la vieillesse enfin, accomplissement d'un âge avancé qui épuise les forces de l'homme encore valide [1].

Qui pourrait sans anxiété envisager tant de redoutables fléaux ? Et comment, sous leur menace constante, le travailleur éprouverait-il « la joie de vivre », ce sentiment d'allégresse intime qui fleurit au cœur de l'être accomplissant son destin ? Certes, la notion de prévoyance est innée à l'homme et de tout temps il a dû songer la veille aux nécessités du lendemain. Il amasse, aux époques de prospérité, une réserve pour les temps d'épreuve; il s'assure contre les mauvaises chances qui sans cesse le guettent : ainsi peut-il aborder d'un front plus calme la lutte pour la vie et envisager l'avenir avec moins d'appréhension.

On a maintes fois célébré la haute valeur sociale de la prévoyance, nécessaire à l'individu, à la famille, à l'État. Ses manifestations innombrables ont pris les formes les plus variées : épargne immobilière, qui tend à l'acquisition du foyer, de la maison paternelle, épargne foncière du cultivateur achetant la terre qui le nourrit, épargne qui permet à l'artisan de la petite industrie de devenir propriétaire de son métier, épargne enfin, la plus morale de toutes, qui consiste à créer une famille, à élever

1. Cheysson. *Les crises de la famille ouvrière.*

de nombreux enfants dont la piété filiale garantisse aux parents la sécurité de leurs vieux jours. Ajoutons que les valeurs mobilières représentent une épargne de 80 milliards distribués entre une infinité de porteurs, et qu'à la Caisse d'épargne sont déposés plus de 4 milliards répartis entre 10 millions de livrets.

Mais le trait caractéristique des institutions de prévoyance modernes, c'est l'assurance, la plus efficace des sauvegardes contre les mauvaises chances de la vie. Elle achète la sécurité par une modique rançon et répartit le risque sur tous les associés afin qu'aucun n'en soit personnellement écrasé. Ceux que frappe la catastrophe bénéficient de la prévoyance de ceux qui l'évitent, et ceux qui l'évitent paient d'un léger sacrifice le calme et la tranquillité d'esprit[1]. « L'assurance enchaîne le hasard par des calculs de plus en plus certains et par la loi des grands nombres[2]. » Elle est surtout populaire sous la forme de la mutualité, pratiquée aujourd'hui par près de 4 millions de prévoyants français.

La mutualité consiste dans une association contre les risques de la vie en général, mais surtout contre la maladie, la vieillesse et la mort. A ces maux, on n'opposait guère autrefois que la résignation et la charité. On s'efforce aujourd'hui de les prévenir ou d'en atténuer les effets. Sociologues, économistes, hommes

1. D'Haussonville. *Misères et Remèdes*. Paris, Calmann-Lévy, 1900.
2. Cheysson. *Les Assurances ouvrières*. Paris, Guillaumin 1894.

d'État comptent sur l'assurance et la mutualité pour remédier aux souffrances qui paraissent inséparables de la condition du travailleur. Mais encore faut-il distinguer entre les crises multiples qui le menacent.

La maladie est un fait d'ordre naturel et général ; elle atteint le bourgeois, le riche, l'oisif comme l'ouvrier, mais l'ouvrier malade est plus à plaindre qu'un autre parcequ'il laisse les siens dans le dénuement. A la douleur physique s'ajoute pour lui l'angoisse de voir les privations de ceux qui l'entourent. « C'est là un raffinement qui confère au pauvre une dignité éminente et en fait un objet sacré, suivant le beau mot de l'Antiquité : *res sacra miser*[1]. »

Seulement cette situation n'a rien d'absolument imprévu ; elle rentre dans l'ordre normal des choses. D'après les statistiques, sur un effectif de 100 personnes on compte, en moyenne par an 25 malades et 500 jours de maladie, soit 5 jours par tête. Il faut donc, dans le budget familial, mettre en ligne le chômage résultant de la maladie naturelle. Cette crise n'engage pas la responsabilité patronale ; l'intéressé doit supporter lui-même les charges qu'elle entraîne, sauf à s'y faire aider par la société de secours mutuels. Le risque-maladie se prête en effet admirablement à l'assurance par la mutualité. Il se chiffre sans peine et se liquide vite. Les cotisations sont réparties chaque année et la vigilance des sociétaires prévient les abus.

1. Cheysson, *ouvr. cité*.

Bien différente est la solution quand il s'agit des accidents du travail. Le risque, toujours imprévu, dépend essentiellement du danger que présente la main-d'œuvre accomplie. L'invalidité naturelle est seulement trois fois plus fréquente que l'invalidité accidentelle, tandis que la mortalité naturelle est vingtuple de la mortalité par accident. Le travail manuel renforce donc singulièrement les chances d'invalidité. Aussi la plupart des législations admettent-elles aujourd'hui le principe du « risque professionnel » qui rend le patron, ou plus exactement l'industrie, responsable de l'accident survenu à l'ouvrier par le fait du travail. L'Allemagne, la première, a consacré le principe du risque professionnel par la loi du 6 juillet 1884 ; Finlande, Autriche, Norvège, Angleterre, Italie, Hollande, l'ont suivie dans cette voie, comme la France elle-même avec la loi du 9 avril 1898. D'autres pays s'apprêtent à l'adopter à leur tour, généralisant ainsi le remède moderne à la crise des accidents du travail.

Reste enfin la vieillesse. « La maladie et l'accident sont des faits relativement rares dans l'existence humaine et qui, en tout cas, n'y apportent généralement qu'une perturbation passagère. La vieillesse au contraire est l'aboutissant normal de toute vie[1]. »

Or, bien qu'elle relève, comme la maladie, de la loi commune, on ne saurait la laisser à la

1. Ch. Gide. *Rapports du jury international de l'Exposition de 1900.* Économie Sociale. Paris, Imprimerie Nationale. 1902.

charge de l'ouvrier seul. Les salaires actuels paraissent en effet insuffisants, dans la plupart des cas, pour que le travailleur puisse, avec ses seules ressources, assurer l'indépendance de ses dernières années. Pour procurer à un homme, arrivé à 60 ans, une rente viagère égale à la moitié de son gain et réversible pour partie sur sa veuve, il faudrait prélever 15 pour 100 sur le salaire. Ainsi, l'ouvrier qui gagne 1200 francs devrait verser 180 francs. Il est clair, dit M. Gide, qu'il n'y faut pas songer.

Si même on se contente d'une rente viagère de 360 francs, et si l'on fait des versements de 25 à 60 ans, il faut compter 41 francs par an, environ le triple de la cotisation ordinaire des sociétés de secours mutuels : c'est encore trop.

En présence de cette situation, les patrons comprennent en grand nombre l'obligation morale qui leur incombe de contribuer dans une certaine mesure à mettre leurs vieux ouvriers à l'abri du besoin. Déjà dans la formule célèbre de Jean Dollfus : « Le patron doit à son ouvrier plus que le salaire », la retraite n'était pas oubliée.

C'est ce problème de la vieillesse qui a pris la première place dans les préoccupations modernes. C'est à sa solution que le monde du travail attache le plus d'intérêt.

« On se résignait autrefois à cette crise comme à toutes les autres... Mais aujourd'hui, l'ouvrier a secoué le fatalisme résigné de ses pères ; émancipé par l'avènement de la démocratie, il s'insurge contre la misère, qui lui semble une injustice[1]. » Suivant l'expression de M. Anatole Leroy-Beaulieu : « Il ne supporte plus qu'avec colère des maux qu'autrefois il endurait sans révolte. Le fardeau depuis qu'il est moins lourd lui semble plus pesant. C'est quand il n'en est plus écrasé qu'il cherche à le secouer. »

Il faut bien dire aussi que dans l'ancienne France la vie était surtout rurale et qu'aux champs le vieillard, vert et robuste, peut souvent rendre utiles « les restes d'une ardeur qui tombe et d'un feu qui s'éteint. » Avec toute la famille, il vit sur la terre, se contente de peu et trouve facilement place au foyer commun. A la campagne on s'entr'aide, on ne laisse personne mourir de faim. Ainsi en était-il jadis dans les villes, lorsque les liens de la corporation rapprochaient maîtres et apprentis et que la pieuse charité des confrères assurait une aumône à l'infirme et au vieillard.

Mais depuis que les villages se dépeuplent au profit des agglomérations urbaines, depuis que la grande industrie rassemble autour des usines d'innombrables fourmilières humaines en des logements étroits et insalubres, quelle singulière aggravation dans le sort des vieillards ! « Déraciné » par l'attraction des salaires industriels, la facilité des communications, le service militaire obligatoire, la vogue du fonctionnarisme, l'ouvrier n'a plus de foyer, trop souvent

1. Cheysson. *La Mutualité familiale.* Paris, Levé, 1902.

même il n'a pas de famille. Il vit presque nomade, au hasard des embauchages, en butte à des tentations de tout genre qui rendent l'épargne à peu près impossible. Où loger, comment nourrir celui dont les forces affaiblies, parfois prématurément par l'alcool ou le surmenage, ne peuvent plus assurer les moyens d'existence ? S'il n'a pas usé de prévoyance, le vieillard se trouve réduit à implorer l'assistance publique ou la bienfaisance privée.

En France, sur 10 millions d'ouvriers, 588.000 sont annuellement réduits à l'inaction ou meurent laissant après eux 355.000 personnes, femmes, enfants ou ascendants que leur travail faisait vivre : chaque année sont ainsi jetées à l'assistance près d'un million de personnes incapables de gagner leur vie. « En face de ces chiffres, dit M. Cheysson, on est vraiment épouvanté du total des souffrances qu'ils révèlent. C'est l'honneur de notre siècle de n'avoir pas voulu se courber devant ces crises comme devant une sorte de fatalité inéluctable et d'avoir cherché à les adoucir par la charité ou à les enchaîner par la prévoyance et le calcul. »

En un temps où les questions sociales occupent le premier plan de l'actualité, où elles accaparent journaux, livres, revues, où elles envahissent l'école, la chaire, l'atelier, le salon, la place publique, le parlement, de telles misères devaient éveiller la sollicitude des masses. C'est surtout la question de la vieillesse qui se pose devant l'opinion. Or l'invalidité prématurée n'est pas moins intéressante.

D'après les tables de la Caisse Nationale des retraites, si l'on prend 1.000 jeunes gens dans leur vingt-cinquième année, il n'en restera plus que 742 à l'âge de 55 ans, 665 à 60 ans, 571 à 65 ans. Mais ces tables s'appliquent à l'ensemble de la population. Pour les ouvriers de l'industrie, la mortalité serait singulièrement plus forte, double peut-être. Quoi qu'il en soit, même dans l'hypothèse la plus favorable, de 25 à 55 ans, 258 individus sur 1.000, plus du quart, succomberont en chemin, laissant environ 700 personnes, vieux parents, veuves et orphelins sans moyens d'existence.

Les deux risques, vie trop longue, mort prématurée, font donc presque autant de victimes, et le second, par son incertitude, par son imprévu, semblerait le plus redoutable. C'est celui cependant qui préoccupe le moins. L'assurance en cas de décès, si répandue en Angleterre et aux États-Unis, n'est pas encore entrée, en France, dans les mœurs populaires. Elle a le grave tort de coûter fort cher. Pour assurer à la veuve ou aux enfants un capital donnant un revenu équivalent au produit net du travail du père de famille, celui-ci devrait payer, de son vivant, une prime considérable, d'autant plus élevée que son métier est plus malsain et entraîne une mortalité plus forte. Ainsi, même dans des conditions particulièrement avantageuses, l'ouvrier qui voudrait assurer aux siens 10.000 francs en cas de décès (ce qui représente un revenu modique) devrait verser, à partir de 25 ans, la somme exorbitante de 194 fr. 50. L'énormité de ces frais a découragé, non seulement les ouvriers, mais les patrons et l'État.

Aussi bien, lorsque le père disparaît, les survivants, pour modestes qu'ils soient, ont devant eux « les longs espoirs et les vastes pensers » et la possibilité de jours meilleurs... Mais quel triste destin que celui du vieillard dont le bras défaillant laisse tomber l'outil qui le faisait vivre ! Pour lui, tout est fini. Il n'a plus à attendre, dans la misère, que la mort, et c'est parce qu'il n'a plus droit à l'espérance qu'il inspire tant de pitié. Le suicide d'un vieil artisan qui, ne pouvant plus gagner son pain, n'a pas voulu le mendier, paraît à la foule le plus éloquent des réquisitoires contre notre régime social.

Certes, il n'est que juste de constater les prodiges accomplis de nos jours tant par l'assistance publique et la charité privée que par les institutions de prévoyance. Si le mal reste d'actualité poignante, du moins cherche-t-on passionnément le remède. Jamais peut-être on ne vit tant de généreux efforts pour soulager les souffrances « de ces misérables, dont l'enfance aura été sans jeux, la jeunesse sans amour, l'âge mûr sans espoir, la vieillesse sans repos [1]. » Faut-il citer les œuvres innombra-

1. Henry Houssaye. Discours sur les prix de vertu, prononcé à l'Académie française le 20 novembre 1902.

bles de la bienfaisance contemporaine : services de maternité, protection des enfants du premier âge, crèches, asiles, écoles maternelles, cantines scolaires, orphelinats, colonies de vacances, dispensaires d'enfants, sanatoriums, caisses d'épargne, de retraites, de loyers, de secours, de prêts gratuits, vestiaires des indigents, fourneaux économiques, soupes populaires, bouchées de pain, abris ruraux, hospitalités de nuit, stations de chômage et de secours, assistance par le travail, consultations gratuites, cliniques de tuberculeux, asiles de vieillards. Pour lutter contre la misère, l'assistance officielle a grand besoin de la bienfaisance privée, qu'elle découle de la notion moderne de solidarité, lien qui rend chaque homme débiteur de ses semblables, — ou de la vertu chrétienne de charité, « l'amour, dit parfaitement M. d'Haussonville, inspirant le sacrifice et le don de quelque chose de soi. »

Mais la prévoyance l'emporte sur la bienfaisance, — l'assurance vaut mieux que l'assistance. « Les lois d'assistance ne sont que les avant-courrières d'autres réformes plus profondes et plus décisives[1]. » Ces mesures, tout le monde les réclame aujourd'hui. A chaque instant surgissent de nouvelles combinaisons pour garantir une existence suffisante aux vieux travailleurs. Toutes ou presque toutes se proposent d'assurer au vieillard la pension nécessaire

---

1. P. Strauss. *Assistance sociale*. Paris, Alcan, 1901.

pour vivre. C'est cet objectif de la retraite qui accapare l'attention au détriment des autres formes de la prévoyance. Il contribue largement au prestige du fonctionnarisme et à l'engouement des ruraux pour les positions stables des villes. Il y a là sans doute une forte dose d'exagération. Mais c'est un fait indiscutable que l'idée de pension de vieillesse est devenue populaire et qu'elle tient une grande place dans les préoccupations de l'esprit public.

Sous la poussée de l'opinion, les Chambres se hâtent de légiférer : « Tous les peuples se sont mis à l'œuvre pour étudier ce problème et, suivant leur tempérament, leur tradition, leur génie propre, les uns demandent la solution à l'intervention de l'État, les autres à l'initiative privée. C'est entre ces deux systèmes de la liberté et de l'obligation, avec de nombreuses nuances intermédiaires, que se classent aujourd'hui les projets à l'étude ou en préparation devant les divers Parlements[1]. »

Avant d'en aborder l'analyse, il convient de jeter un coup d'œil sur les institutions publiques ou privées qui ont pour but d'améliorer le sort des vieux travailleurs. Et puisque la plupart tendent à la constitution de rentes viagères, il y a lieu au préalable d'examiner, de façon très sommaire, l'organisation technique d'un système de Retraites.

---

1. Cheysson. *L'évolution des idées et des systèmes de retraites.* Paris, Levé, 1902.

CHAPITRE II

ORGANISATION TECHNIQUE
D'UN SYSTÈME DE RETRAITES

L'assurance contre la vieillesse au moyen d'une pension de retraite rentre dans la catégorie des contrats de rente viagère. Dans cette sorte de conventions à longue échéance, les parties se donnent rendez-vous, pour l'exécution de leurs promesses, à une époque lointaine, dix ans, vingt ans, trente ans et davantage, grands espaces dans une vie humaine. Aussi ne doivent-elles ni l'une ni l'autre s'engager à la légère, sans précaution et sans garantie. Nulle part l'imprévoyance n'est plus à craindre que dans le fonctionnement des institutions de prévoyance[1], de celles surtout dont les combinaisons reposent sur des données statistiques d'observation et des calculs de probabilités.

Ce n'est pas avant un demi-siècle qu'une Caisse de retraites arrive à son régime normal. Pour résister à cette épreuve du temps, il faut qu'elle s'appuie sur les bases solides de la

---

1. Cheysson. *De l'imprévoyance dans les institutions de prévoyance.* Broch. Paris, Guillaumin, 1888.

science des actuaires, spécialistes rompus aux calculs de mutualité et de survie.

L'assuré remet aux mains de l'assureur un capital, soit en un versement unique, soit en une série de versements, en vue d'obtenir une rente viagère à partir d'une époque déterminée.

L'assureur place ces sommes et en capitalise les intérêts jusqu'au moment de l'entrée en jouissance de la pension qui porte le nom de rente différée.

Le montant de cette rente dépend de l'importance des versements, de l'âge de l'assuré lorsqu'il les effectue, de l'ajournement du terme de l'assurance, du taux d'intérêt des placements, et enfin de la réserve ou de l'aliénation du capital.

Si l'assuré stipule la réserve, les sommes qu'il a successivement versées reviennent à ses héritiers, sans intérêts, au moment de sa mort, de sorte que le service de la rente est exclusivement alimenté par les intérêts des versements. Si au contraire il consent l'aliénation, les sommes versées contribuent en outre à former la pension, naturellement plus élevée que dans le premier cas.

Malgré ce désavantage, la pratique des versements à capital réservé jouit d'une préférence qui procède d'un sentiment très respectable, le souci de ne pas consommer le fonds avec le revenu et de ne pas tout emporter avec soi dans la tombe. Mais les actuaires reprochent à ce système de ne procurer à la famille que des ressources dérisoires si son chef vient à mourir encore jeune, après un petit nombre de versements.

Or c'est précisément l'éventualité qui crée la situation la plus difficile pour la femme chargée d'enfants incapables de subvenir euxmêmes à leurs besoins. En d'autres termes, le risque couru décroît à mesure qu'augmente l'âge du décès de l'assuré. Il est donc peu logique d'admettre une combinaison qui donne une indemnité croissant avec cet âge, comme il arrive dans l'hypothèse du capital réservé. Mieux vaut assurément recourir au capital aliéné et le combiner avec une assurance en cas de décès au profit de la femme ou des enfants.

Un exemple illustrera simplement ces propositions. Qu'on suppose un ouvrier, âgé de 25 ans et pouvant consacrer à la prévoyance une annuité de 50 francs. Par des versements à capital réservé, continués sans interruption jusqu'à 55 ans, il s'assurera à la *Caisse Nationale des Retraites* une pension de 165 francs. Il aura ainsi versé en 31 ans la somme de 1550 francs que sa veuve touchera en tout ou partie suivant l'âge auquel aura lieu son décès : 50 francs s'il meurt la première année, 100 francs s'il meurt la seconde, et 1550 francs s'il meurt après 55 ans. Or, pour obtenir la même rente viagère de 165 francs, il suffirait à capital aliéné, d'un versement annuel de 30 fr. 50 au lieu de 50 francs. La différence disponible, soit 19 fr. 50, appliquée à une assurance en cas de décès, garantit à la veuve un capital de 885 francs, payable à la mort du mari, à quelque moment qu'elle se produise.

Ce système est plus avantageux si l'assuré meurt entre 25 et 43 ans ; au delà, le capital réservé reprend le dessus. Mais alors le ménage a eu le temps d'élever les jeunes enfants et la mort du père n'a plus les mêmes conséquences. Par suite, dans cet exemple, l'assuré fera preuve de sagesse en employant la somme annuelle de 50 francs à acquérir, non pas une rente à capital réservé, mais une rente à capital aliéné, avec une assurance du capital de 885 francs payable à sa mort. L'assurance au décès vient ainsi compléter la rente à capital aliéné : l'une garantit le travailleur contre le risque de vieillesse ; l'autre prévoit, en faveur de la famille, le cas de mort prématurée de son chef. Ces avantages et d'autres considérations pratiques permettent d'envisager comme plus générale l'hypothèse des versements à capital aliéné.

Toute aliénation d'un capital sous promesse de rente viagère comporte des risques dangereux pour les deux parties. Si l'assuré meurt avant l'époque fixée pour l'entrée en jouissance de la pension, il perdra les sommes versées sans obtenir aucun avantage ; ses héritiers ne trouveront pas l'équivalent du capital et n'auront pas droit à la rente. Mais que le crédi-rentier vive au delà des prévisions normales, et le service des arrérages deviendra fort onéreux pour l'assureur. Un exemple célèbre est celui de M. de

Waldeck, propriétaire d'une collection d'antiquités américaines dont il demandait 40.000 francs. L'État offrit de la lui acheter moyennant une rente viagère, ce qui fut accepté. Mais M. de Waldeck, qui avait alors plus de 50 ans, ne mourut qu'à 109 ans passés, de sorte que l'État lui paya cinq ou six fois la valeur de sa collection.

Aussi ce genre d'opérations ne peut-il être entrepris sérieusement que par de grandes sociétés qui créent des rentes viagères au profit d'une clientèle nombreuse. Il s'établit alors une moyenne entre vies trop longues et morts prématurées ; les chances d'exactitude augmentent avec le nombre des assurés qui constituent « la population » de la Caisse. Plus les rentiers sont nombreux, plus il est probable que leurs sorties par décès se rapprochent des tableaux de prévisions, les tables de mortalité, qui servent de base aux tarifs.

Dans ces conditions, la Caisse ne court aucun risque si ses opérations sont bien conduites ; simple intermédiaire, elle institue entre assurés une sorte de garantie réciproque contre la vieillesse ; ceux qui meurent trop tôt alimentent la pension de ceux qui vivent plus longuement. Les survivants profitent non seulement des primes qu'ils ont payées et des intérêts de ces primes, mais encore de la répartition des versements des prédécédés et des intérêts de ces versements.

Le rôle de l'assureur se borne à une intervention régulatrice : réclamant des cotisations constantes, il prend à son compte les pertes des mauvaises années et se réserve le bénéfice des bonnes. Qu'on le supprime, et l'on obtient l'assurance mutuelle, où la prime est remplacée par une répartition annuelle des charges entre les associés. Mais au point de vue économique, l'assurance fonctionne toujours, en définitive, avec ou sans intermédiaire, entre les assurés eux-mêmes.

Au lieu d'un versement unique, l'assuré peut en faire une série ; à chacun d'eux correspond une rente viagère différée dont les produits s'additionnent au moment de l'entrée en jouissance.

Tel est du moins le principe d'indépendance mutuelle des versements, admis par la *Caisse Nationale des retraites pour la vieillesse*. Avec ce système, le déposant répartit à son gré et suivant les circonstances sur toute la durée du différé les sommes qu'il veut consacrer à la formation de la rente ; par contre, il reste exposé aux changements de tarif que peuvent provoquer les variations du taux de l'intérêt, de sorte qu'il ignore à l'avance le résultat définitif de ses sacrifices.

Le taux de l'intérêt exerce en effet une influence considérable sur l'importance des retraites. Ainsi, avec 30 versements annuels de 50 francs à partir de 25 ans, on obtient à 55 ans une pension de 310 francs avec le taux de 4 p. 100, mais s'il descend à 3 1/2, on ne touchera plus que 270 francs, et à 3 p. 100 seulement 230 francs.

De même, pour obtenir une rente viagère de 360 francs à 55 ans, on doit s'imposer, à partir de 25 ans, une retenue annuelle de 58 francs avec le taux de 4 p. 100, de 66 fr. 70 à 3 1/2 et de 76 fr. 80 à 3 p. 100. Il faut donc se mettre en garde contre les fluctuations du taux d'intérêt applicable au calcul des pensions. En fait, il s'agit d'une baisse presque continue depuis 50 ans.

Précisément, les compagnies d'assurances sur la vie garantissent une rente à forfait, d'après les tarifs en vigueur à l'origine de la convention. Elles exigent des versements égaux à intervalles réguliers, et toute interruption dans le paiement entraîne d'ordinaire l'annulation du contrat, de sorte que la société se trouve libérée des engagements résultant des sommes déjà versées.

Cette fixation de primes uniformes, adoptée dans un but de simplification, a pour résultat que chaque versement cesse d'être proportionnel à la probabilité du risque à couvrir. On s'arrête à un chiffre moyen, quitte à constituer des réserves.

Dans certaines assurances, le risque est toujours le même. Il n'y a pas de chance pour qu'une maison assurée pour dix ans brûle l'une plutôt que l'autre de ces dix années. Si la première s'écoule sans sinistre, ce fait n'augmente en rien la probabilité pour qu'il s'en produise

un pendant la suivante. « Donc, chaque prime
annuelle couvre le risque annuel. L'année ache-
vée, les sinistres réglés, l'assureur n'a aucune
raison de constituer une réserve. Les risques
de l'année suivante seront couverts au moyen
des primes versées cette même année, et ainsi
de suite. Chaque exercice est indépendant, et
l'un d'eux clos, l'assurance recommence à fonctionner comme au premier jour[1]. »

Il n'en va pas de même pour les assurances
qui tiennent compte des probabilités de vie ou
de décès. Un homme s'assure à 20 ans : arrivé
à 60, il aura évidemment beaucoup plus de
chances de mourir qu'à l'époque de son assurance. Donc, pour couvrir le risque annuel, il
devrait payer des primes croissantes d'année
en année. Pratiquement, on établit une prime
uniforme majorée eu égard aux risques des
premières années, diminuée pour les dernières.
Il en résulte qu'une part des primes des premières années est destinée à couvrir une part
des risques des dernières, et doit être mise de
côté à titre de réserve.

On pratique alors le système de *capitalisation*, qui, malgré son nom, prélève bien les
rentes sur le capital des versements, augmenté
de ses intérêts composés, mais avec constitution des réserves mathématiques des engagements. Le système de *répartition*, au contraire,
paie chaque année les arrérages des pensions

1. Et. Isabelle. *Du mécanisme financier de l'Assurance contre la Vieillesse. Revue de l'Assoc. Cath.* Août 1902.

en cours au moyen des cotisations recueillies.

Chaque fois qu'une assurance donne lieu à réserve, la question se pose entre la répartition et la capitalisation. Ainsi, en matière d'accidents, la loi autrichienne forme les capitaux nécessaires au service des rentes échues dans l'année, tandis que la loi allemande répartit simplement chaque année les arrérages des pensions en cours.

La capitalisation entraîne l'accumulation de capitaux dont l'importance peut devenir embarrassante. Mais c'est le seul système qui permette de remédier aux incertitudes résultant des modifications possibles du taux de l'intérêt et de la variation des données d'expérience relatives à la mortalité.

Ce sont là les deux éléments fondamentaux des calculs : ils définissent l'assiette mathématique de l'assurance. Si l'un ou l'autre cesse d'être d'accord avec la réalité, la situation devient périlleuse. Dès lors les tarifs ne jouent plus et il y a lieu à revision. En 1895, les compagnies françaises ont tout à la fois admis une table de mortalité nouvelle et abaissé de 4 à 3 1/2 p. 100 le taux de l'intérêt introduit dans leurs calculs. La transition s'est opérée sans secousses. A une date fixée, on décide l'application du nouveau tarif aux futurs assurés, mais toutes les assurances contractées antérieurement s'achèvent aux anciennes conditions. On satisfait ainsi à chaque engagement sur les bases adoptées lors de sa formation.

De même, la compagnie pourra cesser ses opérations, soit par achèvement progressif des contrats en cours, soit par liquidation brusque : car tous les engagements de l'assureur, tous les droits acquis aux assurés sont à chaque instant représentés par les réserves.

Ce dernier point de vue a la plus grande importance lorsqu'il s'agit de retraites patronales. Aujourd'hui, la plupart des grandes entreprises industrielles ou commerciales promettent à leurs ouvriers et employés une retraite qui ne s'acquiert qu'en retour d'une retenue sur les salaires. Or les patrons, individus ou sociétés, négligent trop souvent de constituer de solides réserves ; ils comptent sur les profits de l'entreprise pour assurer l'exécution future de leurs engagements. « La Caisse de retraites se réduit alors à une forme intéressante de la participation aux bénéfices, présentant des dispositions variées plus ou moins ingénieuses et équitables, mais dont les garanties deviennent illusoires dès que la prospérité de l'industrie vient à être compromise[1]. »

Si l'établissement sombre, les ouvriers voient leurs retenues englouties sans espoir de compensation ; de là de cruelles déceptions qui ont motivé la loi du 27 décembre 1895. Les chefs d'industrie doivent se garder avec soin des

---

1. L. Fontaine. *Rapports du jury international de l'Exposition de 1889. Groupe de l'Économie sociale. Caisses de retraites et rentes viagères.* Paris, Imprimerie Nationale, 1891.

illusions dangereuses. La durée d'une entreprise industrielle est généralement incertaine et toujours limitée ; il faut pouvoir liquider sans léser les droits acquis, et la constitution d'un capital de garantie égal aux réserves mathématiques est la condition indispensable à l'établissement régulier d'un roulement indéfini.

La loi de 1853 sur les pensions civiles n'a pas peu contribué à répandre en beaucoup d'esprits la conception d'un roulement indéfini dispensant de la formation d'un capital de garantie. Les fonctionnaires civils subissent deux retenues obligatoires : celle du vingtième de toute somme qui leur est allouée à titre de traitement, celle du douzième de tout traitement nouveau, — et des retenues exceptionnelles en cas de congés dépassant la durée normale ou de mesures disciplinaires. Ces versements leur donnent droit, à soixante ans d'âge et trente ans de services, à une pension de retraite. Le mode de calcul en est compliqué. Elle a pour base la moyenne des traitements soumis à retenue dont l'ayant droit a joui pendant les six dernières années d'exercice de ses fonctions. Il reçoit un soixantième de ce traitement moyen par chacune des années de service, soit la moitié pour trente ans, avec augmentation pour les années supplémentaires, mais dans la limite d'un maximum résultant de tableaux annexés à la loi. En somme, ce système n'établit aucune proportionnalité entre les versements du fonctionnaire et la pension qu'il acquiert. Celui dont les retenues sont faibles parce qu'il a des appointements modestes, et peu nombreuses parce qu'il réclame sa retraite le plus tôt possible, reçoit une pension supérieure à l'indemnité qu'il aurait obtenue en versant à une compagnie d'assurances le montant de ses retenues annuelles. Mais par contre celui qui touche des traitements élevés et verse longtemps à la Caisse obtient une retraite inférieure à ce que lui donnerait pour le même sacrifice une compagnie d'assurances.

De plus, il n'y a aucune corrélation entre les charges que l'État assume et les retenues opérées pour y faire face. Ces retenues ne représentent en réalité qu'une sorte d'impôt qui figure dans les recettes de chaque exercice. Quant aux fonds qui servent à payer les retraites, ils sont fournis par les ressources générales du budget, dont les disponibilités forment en définitive la seule réserve du système.

Cette organisation a soulevé de nombreuses critiques ; elle méconnaît les principes d'une fixation rationnelle des retraites. Chaque année, on inscrit au budget le crédit nécessaire aux pensions ; on en subit la hausse continue sans savoir où elle s'arrêtera. Les charges annuelles ont passé de 24 millions en 1853 à 80 millions en 1902, avec des recettes inférieures de plus de moitié. On ne connaît du reste ni la répartition des retraités par âge, ni les droits déjà acquis des fonctionnaires en service : En un mot, on ignore le bilan de la situation et l'importance de la dette qui correspond tant aux pensions servies qu'aux pensions à servir. On a absorbé au jour le jour les sommes provenant des retenues, sans constituer les réserves d'engagements qui retombent de tout leur poids sur le budget.

Un récent projet ministériel a pour but d'atténuer ces charges toujours croissantes. L'État devrait désormais verser les retenues à la Caisse des dépôts et consignations, et y ajouter une subvention budgétaire calculée de telle façon que par le jeu des intérêts composés, la caisse puisse constituer les provisions nécessaires au paiement des retraites. Dès lors, toute création d'emploi n'engagerait pas seulement le crédit public par l'obligation d'assurer, dans un avenir lointain, une retraite aux nouveaux fonctionnaires; elle entraînerait l'inscription immédiate au budget d'une dépense souvent considérable et permettrait ainsi au Parlement de mesurer toute l'importance du sacrifice à consentir [1].

Quoi qu'il en soit, l'État ne s'astreint presque jamais à une capitalisation complète. Lorsqu'il promet des pensions aux vieux travailleurs, sous certaines conditions, il fait une place plus ou moins grande à la répartition, qui joue ainsi le rôle d'un impôt d'assistance sur le salaire et sur le profit de l'entrepreneur. La capitalisation entraînerait l'accumulation de sommes énormes, d'un placement difficile : douze milliards dans un système comme celui

1. Berthélemy. *Traité de Droit Administratif*. Paris, Rousseau, 1902.

qui a été présenté à la Chambre des députés par M. Guieysse en 1901. Mais la répartition laisserait, en cas d'arrêt des versements, un déficit précisément égal à cette formidable encaisse.

Aussi la préférence va-t-elle généralement à des systèmes intermédiaires entre la capitalisation et la répartition. Les variétés en sont innombrables. Ainsi la loi allemande de 1899 sur l'invalidité et la vieillesse constitue une partie seulement des réserves afférentes aux contrats en cours, celles des rentes échues à l'exclusion des rentes à échoir. Lorsqu'un assuré a droit à la pension, on forme la dotation nécessaire au service des arrérages.

En somme, toute organisation rationnelle d'un système de retraites pour la vieillesse doit reposer sur le principe de la capitalisation qui constitue les réserves de chaque engagement en cours. Mais quand il s'agit d'une institution d'État, on peut admettre certaines mesures de répartition, au moins pour les subventions budgétaires de la période de transition qui, dans tous les systèmes, précède le fonctionnement normal du régime.

CHAPITRE III

LA CAISSE NATIONALE DES RETRAITES

L'État administre diverses institutions destinées à faciliter la prévoyance et à la rendre plus efficace. Telles sont la *Caisse Nationale des retraites pour la vieillesse*, fondée en 1850, la *Caisse d'assurances en cas d'accidents* et la *Caisse d'assurances en cas de décès*, créées toutes deux en 1868, mais qui n'ont eu que peu de succès.

Il existe bien des institutions d'assurances privées, mais elles poursuivent un but lucratif. Elles ne vendent pas la prévoyance au plus juste prix, puisque leurs combinaisons doivent aboutir à un bénéfice pour les actionnaires. D'autre part, elles n'offrent pas toujours une sécurité suffisante. Dans des opérations à si longue échéance, comment prévoir, peut-être un demi-siècle à l'avance, le sort d'un établissement privé ? Qui viendra garantir sa vitalité ? Libre aux capitalistes, aux spéculateurs, de se renseigner, de prendre leurs précautions, de mesurer la confiance que mérite l'assureur. Mais comment l'ouvrier, l'artisan jugeront-ils du crédit qu'on peut lui accorder ? Des faillites retentissantes ont montré le danger pour la petite épargne des institutions libres de rentes viagères. On a vu de malheureux pensionnés réduits sur leurs vieux jours à la plus extrême détresse par la disparition de l'établissement dépositaire de leurs économies. De tels désastres vont jusqu'à discréditer la notion même de prévoyance ; par là, ils constituent un véritable péril social.

Organiser une caisse de retraites qui soit sûrement honnête, sûrement solvable, sûrement durable, qui n'ait en vue que le service à rendre et non le profit à faire, voilà ce qu'a voulu le législateur [1]. A ceux qui désirent assurer le repos de leur vieillesse, il offre un organisme présentant les garanties de solvabilité et de quasi-pérennité qu'exige le service d'engagements à long terme. Et puisqu'il est de l'intérêt général que les travailleurs pratiquent la prévoyance qui allège les charges de l'assistance, l'État ne sort pas de son rôle en consentant des sacrifices pour que l'institution publique donne plus, comme elle donne plus sûrement, que les établissements privés.

La loi du 18 juin 1850 a fondé en France une Caisse garantie par l'État, ayant pour but de permettre aux gens qui ne peuvent épargner que peu à la fois et sans régularité, de se constituer par cette épargne des pensions de retraite modiques [1].

1. Berthélemy. *Ouvrage cité.*

Cette institution avait été réclamée depuis longtemps, d'abord par le célèbre chimiste Lavoisier qui, dès 1787, présenta un projet aux États Généraux d'Orléans, puis par le mathématicien Duvillard, et par des publicistes ou des philanthropes, comme M. Mourgues, membre du Conseil général des Hospices de Paris, M. Macquet, ancien Agent de la Caisse des Invalides de la Marine, M. Lambert, fondateur de L'Union fraternelle, et le Saint-simonien Olinde Rodrigue. Au moment où éclata la révolution de 1848, le Gouvernement de Juillet venait d'annoncer aux Chambres le prochain dépôt d'un projet de loi portant création d'une Caisse des Retraites.

Après les événements de juin, MM. Waldeck-Rousseau et Rouveure soumirent à l'Assemblée Constituante une proposition relative à la création d'une Caisse nationale de Prévoyance. Cette proposition fut reprise à l'Assemblée Législative par MM. Dufournel et Lestiboudois. Enfin, le Gouvernement présenta, le 26 novembre 1849, un projet plus développé qui proposait, pour donner à l'institution nouvelle un rapide essor, d'allouer des primes de 25 francs aux cent mille ouvriers de l'agriculture et de l'industrie qui auraient, les premiers, réalisé pendant cinq ans un versement annuel de 15 francs au moins. Quelques membres de l'Assemblée, partisans des principes qui ont triomphé depuis en Allemagne, demandaient que tout ouvrier, travaillant pour gagner sa vie comme simple salarié, fût affilié obligatoirement à la Caisse des retraites, et réclamaient la participation des patrons et des subventions de l'État.

Dans le rapport présenté au nom de la Commission de l'assistance et de la prévoyance publiques, M. Thiers combattit ces propositions. Il s'élevait avec énergie contre la retenue obligatoire pour l'ouvrier et le patron, et n'admettait l'intervention de l'État que pour assurer des garanties d'ordre et de durée.

Sur l'initiative du rapporteur définitif, M. Benoist d'Azy, la Caisse reçut le nom modeste de « Caisse de Retraites ou Rentes Viagères pour la vieillesse ». Aux termes de la loi organique du 18 juin 1850, elle est gérée par la Caisse des dépôts et consignations et fonctionne sous la garantie de l'État et sous le contrôle d'une commission supérieure instituée auprès du Ministère du Commerce. Elle offre à tous les prévoyants le moyen d'obtenir, par des versements de 5 francs au moins ou multiples de 5 francs, à partir de l'âge de 3 ans, des rentes viagères, différées ou immédiates, constituées soit à capital aliéné, soit à capital réservé, c'est-à-dire avec clause de remboursement, sans intérêts, au décès du déposant.

Le tarif des rentes tient compte de l'intérêt composé à 5 p. 0/0 des versements et des chances de mortalité, en raison de l'âge des déposants à l'époque du versement et de l'âge choisi pour l'entrée en jouissance de la retraite, chances calculées d'après les tables de Deparcieux.

Payables par trimestre, incessibles et insaisissables jusqu'à concurrence de 360 francs, les rentes ne peuvent pas dépasser sur la même tête le maximum de 600 francs. Les versements opérés pendant le mariage par l'un des conjoints, profitent de droit, séparément à chacun d'eux pour moitié. L'entrée en jouissance peut être fixée, au choix du déposant, à un âge compris entre 50 et 60 ans. Pour les personnes ayant dépassé 60 ans, on applique les tarifs correspondant à cet âge.

En cas de blessures graves ou d'infirmités prématurées régulièrement constatées, entraînant l'incapacité absolue de travail, la rente peut être liquidée même avant 50 ans, en proportion des versements déjà effectués.

La Caisse emploie toutes ses disponibilités en achats de rentes sur l'État. Chaque déposant reçoit un livret sur lequel sont inscrits ses versements et les rentes correspondantes.

L'élément fondamental des tarifs est le montant de la rente produite par le versement de un franc. Connaissant cette somme pour chaque âge, on en déduit, par voie d'addition, la rente produite par le versement annuel de un franc à partir de l'âge du premier versement jusqu'à l'âge d'entrée en jouissance. Chaque versement constitue une prime unique de rente viagère différée, conformément au système, déjà exposé, d'indépendance mutuelle des versements.

Les rentes viagères liquidées par la Caisse

sont inscrites au Grand-Livre de la Dette publique et payées par le Trésor. Tous les trois mois, la Caisse des Retraites doit transférer à la Caisse d'amortissement, qui les annule, une quotité de rentes perpétuelles représentant, au cours moyen du trimestre, le prix, calculé d'après le tarif, des rentes inscrites pendant cette période.

Les fondateurs de la Caisse avaient l'intention d'encourager la prévoyance; malheureusement, ils ne prirent pas des précautions suffisantes pour écarter les spéculateurs. Ouverte à tout le monde, la Caisse acceptait de trop gros versements, elle servait des pensions trop élevées et les constituait par l'accumulation d'intérêts excessifs.

Aussi dût-on réformer le système. Un très grand nombre de remaniements précédèrent la réorganisation complète opérée par la loi du 20 juillet 1886 [1].

Le minimum des versements fut abaissé, en 1880, de 5 francs à 1 franc, mais sans fraction de francs.

Le maximum des versements annuels qui, au début, n'était pas fixé, le fut successivement en 1853 à 2.000 francs, en 1861 à 3.000 francs, en 1864 à 4.000 francs, en 1886 à 1.000 francs et enfin en 1893 à 500 francs.

Le maximum des rentes inscriptibles passa

1. Lois des 28 mai 1853, 7 juillet 1856, 12 juin 1861, 4 mai 1864, 27 juillet 1870, 20 décembre 1872, 26 décembre 1882, 30 janvier 1884, 20 juillet 1886; 26 juillet 1893, 31 décembre 1895.

de 600 à 750 francs, puis à 1.000 et à 1.500, et fut réduit en 1886, à 1.200 francs.

L'entrée en jouissance, d'abord comprise de 50 à 60 ans, peut être choisie entre 50 et 65 ans; les tarifs sont calculés jusqu'à ce dernier âge.

Le taux d'intérêt du tarif, d'abord inscrit dans la loi et fixé à 5 p. 100, fut réduit, en 1853, à 4 1/2, ramené en 1872 à 5, et réduit de nouveau à 4 1/2 en 1882. Depuis la loi du 20 juillet 1886, il est fixé annuellement par un décret, ce qui a permis de le réduire successivement à 4, puis, à partir de 1891, à 3 1/2 p. 100.

Une loi du 30 janvier 1884 a consacré l'autonomie de la Caisse au point de vue du service des pensions. Jusque-là, elle servait à l'amortissement de la Dette publique par la transformation des rentes perpétuelles en rentes viagères. Son rôle s'arrêtait une fois la pension inscrite au Grand-Livre de la Dette. Désormais, elle doit faire face elle-même au paiement des arrérages des rentes viagères comme au remboursement des sommes versées à capital réservé.

Il en est résulté une rapidité plus grande dans la remise des titres de rente viagère aux intéressés, et d'autre part, l'institution étudie plus facilement les lois de la mortalité dans sa clientèle. Mais du même coup, la loi du 30 janvier 1884 a supprimé un mode d'amortissement qui fonctionne parfaitement en Angleterre et qu'on peut regretter.

La loi du 20 juillet 1886 [1] a eu la portée la

1. Voir le texte aux *Annexes.*

plus considérable. Elle a assuré à la Caisse le concours des percepteurs et des receveurs des postes pour la réception des versements ; elle a créé des bulletins-retraites, afin de faciliter les économies les plus minimes ; elle a attribué à la Commission supérieure le pouvoir de bonifier les pensions liquidées par anticipation, à l'aide d'un crédit ouvert chaque année au budget du Ministère du Commerce ; décidé la publication et l'affichage dans les bureaux des comptables directs du Trésor, les mairies, les écoles publiques, les bureaux de poste, etc., d'une instruction pratique résumant les avantages et le fonctionnement de la Caisse Nationale des retraites ; élargi le champ des emplois de fonds de la Caisse qui peuvent être faits non seulement en rentes sur l'État, mais encore, avec l'autorisation du Ministre des Finances, soit en valeurs garanties par le Trésor, soit en obligations départementales et communales. Enfin, la loi de 1886 consacre ce principe que l'intérêt servant de base aux tarifs doit avoir pour régulateur celui que la Caisse peut elle-même se procurer par l'emploi des fonds déposés. Les tarifs sont calculés sur un taux d'intérêt gradué par quart de franc et, chaque année, un décret du Président de la République fixe, en tenant compte du taux moyen des placements de fonds en rentes sur l'État effectués par la Caisse pendant l'année, celui de ces tarifs qui doit être appliqué l'année suivante. Cette règle est la condition fondamentale de l'équilibre financier. La substitution, à partir du 1ᵉʳ janvier 1888, à la vieille table de Deparcieux d'une table de mortalité déduite de l'expérience même de la Caisse, a complété l'ensemble des mesures destinées à maintenir l'égalité entre les versements qu'elle reçoit et la valeur des engagements qu'elle contracte.

Telles sont les conditions essentielles du fonctionnement de la Caisse Nationale des retraites.

Au cours d'une période de 52 années, du 11 mai 1851, date de l'ouverture des bureaux au public, jusqu'au 31 décembre 1902, la Caisse a reçu, à 484.473 comptes individuels 36.712.330 versements s'élevant à 1 milliard 241.245.771 francs.

Au point de vue de leur origine, on distingue les versements directs ou individuels, effectués spontanément par des déposants isolés, et les versements par intermédiaires ou collectifs, faits périodiquement par des mandataires verbaux.

Un certain nombre d'administrations, compagnies industrielles et sociétés commerciales, versent en effet à la Caisse les cotisations de leurs agents, employés et ouvriers et les allocations qu'elles y ajoutent. C'est ce que fait l'État pour les ouvriers de ses manufactures. Les sociétés de secours mutuels agissent de même à l'égard de leurs membres.

On distingue aussi les versements à capital aliéné, avec réversion sur les affiliés survivants des sommes déposées par les décédés, et les versements à capital réservé avec clause de remboursement au décès, sans intérêts, et réversion limitée aux intérêts accumulés.

Le déposant qui a stipulé la réserve du capital peut, à toute époque, en faire l'abandon total ou partiel à l'effet d'obtenir une augmentation de rente, sans qu'en aucun cas le montant total puisse excéder le maximum de 1.200 francs.

Indépendamment de la bonification des rentes liquidées par anticipation en cas de blessures graves ou d'infirmités prématurées dûment constatées, l'État majore les pensions servies par la Caisse Nationale des retraites aux Français âgés de 65 ans [1] au moins et qui ne jouissent pas d'un revenu supérieur à 360 francs (y compris la rente viagère), à la condition qu'ils aient effectué des actes de prévoyance pendant 25 années consécutives ou non, soit par 25 versements annuels inscrits sur leurs livrets, soit par 25 cotisations régulières en qualité de membres participants de sociétés de secours mutuels ayant établi un fonds de retraites.   —

Jusqu'en 1886, selon les avantages plus ou moins considérables que les règlements successifs offraient aux capitalistes, la Caisse Nationale, qui n'avait pas été créée pour eux, obtenait ou perdait leur clientèle. Ainsi s'expliquent les variations du nombre des nouveaux déposants qu'on voit s'élever en chiffres ronds de 5.500 en 1851, à 48.000 en 1862, pour retomber

____

1. Depuis 1901.

à 27.000 en 1863, à 12.000 en 1870 et à 5.500 en
1871. Mêmes fluctuations, pour les mêmes motifs,
dans le chiffre des sommes versées qui de
1.200.000 francs en 1851 s'éleva à 17 millions
(1877), à 24, à 39 (1879), à 57 (1880), à 68 (1881),
pour retomber, en 1882, à 56.500.000 et en 1895
à 32.600.000 francs. Au 1er janvier 1903, le total
des rentes viagères s'élevait à 36.191.077 francs;
le nombre des rentiers inscrits à la Caisse était
de 255.364 dont 139.936 hommes et 115.428 femmes, avec des moyennes de rente respectives
de 140 et de 144 francs.

Ces chiffres sont éloquents. 255.364 rentiers,
sur 13 millions de travailleurs, ne représentent
qu'une proportion de 2 p. 100. Et près de la
moitié de ces privilégiés touchent des pensions
de moins de 50 francs; la moyenne n'atteint
pas le taux de 50 centimes par jour. En résumé,
il faut bien le reconnaître, malgré tous ses efforts
pour attirer une clientèle plus nombreuse, la
Caisse végète depuis une cinquantaine d'années,
sans avoir jamais pris un développement réel.

De constatations analogues, M. Jay concluait
en 1895 « qu'on ne saurait attendre d'une caisse
uniquement alimentée par les versements facultatifs des patrons et des ouvriers une solution
suffisamment générale et prochaine du problème
de l'assurance ouvrière contre la vieillesse [1]. »
Dix années d'expérience nouvelle n'ont pas
infirmé cette appréciation.

1. Raoul Jay, professeur à la Faculté de Droit de Paris.
Revue Politique et Parlementaire, avril 1895.

CHAPITRE IV

RETRAITES PATRONALES

Il existe en France un certain nombre d'institutions patronales de retraites. De nos jours, beaucoup de chefs d'entreprise considèrent comme un devoir d'initier leurs ouvriers à la prévoyance, et de les y aider au moyen d'allocations pécuniaires. Mais c'est surtout dans le haut commerce et la grande industrie que tend à se généraliser l'assurance du personnel contre la vieillesse. Une enquête, ouverte en 1896 par l'*Office du travail*, sur les caisses patronales de retraites des établissements industriels, fournit à cet égard des statistiques intéressantes.

Le patron qui veut organiser dans son établissement un service de pensions peut, soit créer une caisse privée ou une société de secours mutuels qui poursuivra cet objectif, soit affilier directement ses ouvriers à la Caisse Nationale des retraites pour la vieillesse. Les sommes affectées à la prévoyance proviennent tantôt de retenues sur le salaire, tantôt de subventions patronales, ou des deux sources à la fois.

L'assurance, limitée d'ordinaire à la vieillesse, ne s'étend presque jamais au risque non moins redoutable du décès prématuré. Sauf une modique réversibilité au profit de la veuve et des orphelins, on s'en tient presque toujours à des pensions viagères qui donnent à l'ouvrier usé par l'âge le moyen de vivre moyennant un léger sacrifice. La charge augmente considérablement lorsqu'on veut assurer la famille contre la disparition prématurée de son chef. Il y a là une lacune grave qui laisse sans ressources toute une intéressante clientèle.

Rien n'est plus difficile et plus rare qu'une bonne organisation technique et financière des institutions patronales de retraites. Lorsqu'un chef d'industrie fonde une caisse autonome, il se contente en général d'élaborer un règlement, d'opérer des retenues sur le salaire et de promettre des pensions dont le service rentrera dans les frais généraux, sans calculs établissant la péréquation des engagements et des ressources, sans constitution de réserves pour l'avenir. La caisse vit alors à peu près au jour le jour; souvent aussi elle n'existe guère que de nom, puisque les rentes sont payées directement par l'entreprise.

Ce système présente les plus graves dangers. Si l'ouvrier quitte l'établissement par démission ou par renvoi avant de remplir les conditions requises par la liquidation de sa retraite — minimum d'âge et de durée de services, — une clause du contrat prononce en général la déchéance de tous ses droits. L'État n'en use pas autrement vis-à-vis de ses fonctionnaires en vertu de la loi sur les pensions civiles. Mais cette disposition paraît choquante lorsqu'elle s'applique à de vieux agents sur le point d'obtenir leur retraite. Elle a donné lieu, entre les Compagnies de chemins de fer et leurs mécaniciens révoqués, à des procès irritants qui ont ému l'opinion publique. Aussi bien son emploi semble-t-il beaucoup moins efficace depuis la loi du 27 décembre 1890, qui a modifié l'article 1780 du Code civil sur le contrat de louage.

Désormais « la résiliation du contrat par la volonté d'un seul des contractants peut donner lieu à des dommages-intérêts.

« Pour la fixation de l'indemnité à allouer, le cas échéant, il est tenu compte des usages, de la nature des services engagés, du temps écoulé, des retenues opérées et des versements effectués en vue d'une pension de retraite, et, en général, de toutes les circonstances qui peuvent justifier l'existence et déterminer l'étendue du préjudice causé.

« Les parties ne peuvent renoncer à l'avance au droit éventuel de demander des dommages-intérêts en vertu des dispositions ci-dessus. »

Dans ces conditions, la clause de déchéance n'offre aux patrons que des garanties illusoires. Son insertion dans un règlement d'atelier n'empêchera pas des discussions pénibles. Mieux vaut assurément verser les retenues à la Caisse Nationale des retraites pour la vieillesse, sur un livret individuel qui est la propriété de l'ouvrier, qu'il emporte en quittant l'usine, et qui concilie sa liberté avec celle du patron. Il conserve ainsi ses droits à une jouissance lointaine, sans pouvoir les abandonner pour une consommation immédiate. Au contraire, le remboursement en espèces et à la première réquisition mettrait à la merci d'un besoin pressant ou d'un caprice le pécule laborieusement amassé en vue de la vieillesse.

Un autre inconvénient des caisses autonomes consiste dans les responsabilités de leur gestion. Si l'industrie périclite, le patron qui n'a pas constitué de solides réserves ne pourra plus faire face à ses engagements. Rien n'est aussi lamentable que le spectacle d'un vieil ouvrier privé par une déconfiture de la pension qui le faisait vivre. Des déboires répétés ont mis en lumière ce péril et sous l'impression de fâcheux événements, le législateur a dû intervenir pour assurer la sécurité des fonds de la prévoyance.

Une loi du 27 décembre 1895 dispose que toutes les sommes retenues sur les salaires des ouvriers et toutes celles que les chefs d'entreprise se sont engagés à fournir en vue d'assurer des retraites doivent être versées soit à la Caisse Nationale des retraites pour la vieillesse, au compte individuel de chaque ayant droit, soit à la Caisse des dépôts et consignations, soit à des caisses syndicales ou patronales spécialement autorisées à cet effet. Il en est de même pour le capital formant la garantie de certains engagements des chefs d'entreprise, tels que suppléments de rente viagère aux ouvriers et employés, à leurs veuves ou à leurs enfants.

En présence de cette législation restrictive, les patrons préfèrent, dans la plupart des cas, s'adresser à la Caisse Nationale des retraites pour organiser des pensions de vieillesse par versements sur livret individuel au nom de chaque ouvrier. Ils se déchargent ainsi de toute responsabilité morale et financière vis-à-vis de leur personnel qui, de son côté, obtient une sécurité absolue. Leur rôle se réduit au versement d'allocations régulières dans un but d'encouragement à la prévoyance.

Ainsi, la Société du Creusot, qui emploie dans ses établissements 13.000 personnes environ, n'effectue aucune retenue sur les salaires. Elle fait elle-même, chaque trimestre, à la Caisse Nationale des retraites, un versement égal à 3 p. 100 du salaire pour l'ouvrier marié et 2 p. 100 pour la femme. Dès le premier versement, il est constitué un livret collectif pour le ménage. Le capital est aliéné ; cependant, sur la demande de l'intéressé, il peut être-réservé. Pour bénéficier de la pension, il suffit au titulaire de remplir les conditions exigées par le règlement de la Caisse Nationale des retraites. Si la rente acquise est inférieure à 300 francs, la Société la complète à concurrence de cette somme, la pension inscrite au nom de la femme n'étant pas comprise dans le minimum.

La pratique des versements sur livret individuel à la Caisse Nationale des retraites tend de plus en plus à remplacer l'institution des caisses autonomes. Il existe cependant quelques exceptions dont la plus importante est la Caisse patronale de retraites des Forges de France, créée sous forme de société anonyme au capital de 250.000 francs divisé en actions de 500 francs. Cette société a pour but de recevoir et de gérer les fonds nécessaires au service de pensions de retraites provenant exclusivement de libéralités des patrons. Elle passe à cet effet des contrats individuels avec chacun des adhérents, c'est-à-dire des chefs d'entreprise qui effectuent des versements patronaux pour la constitution des retraites.

Les statuts ont été élaborés avec le plus grand soin et les tarifs établis conformément aux principes techniques des assurances sur la vie. Chaque bénéficiaire reçoit un livret dont la propriété devient définitive au bout de 48 versements trimestriels, soit 12 années. La liquidation de la pension a lieu à l'âge de 60 ans ou, en cas d'invalidité prématurée, à 55 ans. Après 12 ans, la retraite s'élève à 60 francs. Si l'ouvrier a travaillé de 24 à 60 ans, il a droit à 180 francs de pension. Au nombre des bénéficiaires, on comprend non seulement les ouvriers restés au service de la même entreprise, mais encore ceux qui ont passé successivement dans diverses entreprises affiliées à la Caisse syndicale, fussent-elles étrangères à l'industrie métallurgique [1].

1. Maurice Bellom. *Revue politique et parlementaire*, février 1902.

L'Association des Industriels de France adopte une autre combinaison. Elle alloue à ses agents une somme égale à celle qu'ils consacrent eux-mêmes à la prévoyance, par un prélèvement de 5 p. 100 sur leur traitement, jusqu'à concurrence d'un maximum de 250 francs par an. Libre aux agents de profiter de cette libéralité ou d'y renoncer après l'avoir acceptée.

Les versements sont affectés d'office à la constitution de retraites en faveur de l'agent et de sa femme, et à celle d'un capital au profit de la famille après son décès. Les opérations de prévoyance s'effectuent auprès de la Caisse Nationale des retraites pour la vieillesse pour les pensions viagères jusqu'à la limite légale de 1.200 francs; auprès d'une Compagnie française d'assurances sur la vie pour les rentes supérieures à ce chiffre et pour la constitution d'un capital au décès. Les versements de l'agent étant effectués, conformément à la loi, moitié sur sa tête et moitié sur celle de sa femme, les versements de l'association sont exclusivement effectués sur la tête de l'intéressé [1].

Indépendamment d'autres avantages, de telles organisations semblent particulièrement efficaces pour réaliser la permanence des engagements et la stabilité du personnel ouvrier.

D'après l'Enquête de l'*Office du travail*, dans l'industrie proprement dite (mines à part) le nombre des ouvriers participant à des allocations patronales versées à des caisses autono-

1. Maurice Bellom, *ouvrage cité*.

mes, à des sociétés de secours mutuels ou à la Caisse Nationale des retraites, s'élevait en 1896 à 98.056 sur 2.656.000 personnes, soit une proportion de 3,71 pour 100 de l'effectif employé.

A ce total, il faut ajouter le personnel des Manufactures de l'État, Tabacs et Allumettes, qui est pourvu par les soins de l'Administration de livrets individuels de la Caisse Nationale des retraites. L'État fait au profit de chaque ouvrier ou ouvrière des versements égaux à 4 p. 100 du salaire. Si la rente ainsi obtenue à l'âge de 60 ans se trouve inférieure à 600 francs pour les hommes et à 400 francs pour les femmes, elle est complétée à ce taux, à condition que les titulaires aient au moins 30 années de services. En outre, la veuve a droit au tiers de la retraite du mari, sans que cette pension puisse descendre au-dessous de 200 francs. Elle est réversible sur la tête des orphelins âgés de moins de 18 ans. Les Manufactures de l'État emploient environ 17.000 personnes.

Les mines sont soumises à un régime spécial. Dès longtemps toutes les exploitations importantes possédaient un service de pensions ; la loi du 29 juin 1894 a consacré par l'obligation un régime déjà ancien et suffisamment généralisé. Les concessionnaires doivent affilier leur personnel à la Caisse Nationale des retraites et verser tous les mois à cette caisse ou à des caisses syndicales spécialement autorisées 4 p. 100 du salaire des ouvriers ou employés, dont moitié à prélever sur le salaire et moitié à fournir par l'exploitant lui-même.

Les versements peuvent être augmentés par l'accord des deux parties intéressées. Ils sont inscrits sur un livret individuel au nom de chaque ouvrier ou employé, à capital aliéné. Toutefois, si le titulaire du livret le demande, le versement de la part prélevée sur son salaire sera fait à capital réservé. L'entrée en jouissance est fixée à 55 ans ; elle peut être différée sur la demande de l'ayant droit, mais à partir de cet âge les versements cessent d'être obligatoires. L'Enquête de 1896 comptait 165.378 mineurs.

Dans l'industrie des transports, les grandes Compagnies de chemins de fer possèdent des caisses sérieusement organisées. Elles avaient pris d'abord pour modèle la loi sur les pensions civiles, du 9 juin 1853, qui règle les retraites des fonctionnaires, et se contentaient de ressources insuffisantes. La loi du 27 décembre 1890 les a obligées à soumettre à l'homologation ministérielle, dans le délai d'une année, les statuts et règlements de leurs caisses de retraites et de secours.

Pour donner un avis favorable à cette homologation, le Comité consultatif des chemins de fer avait besoin d'établir une balance entre les ressources prévues par les statuts des caisses et les retraites stipulées. Aussi, en 1894, réclama-t-il les statistiques et les calculs nécessaires pour formuler une appréciation. Depuis cette époque, les Compagnies ont fait établir par des actuaires les éléments du bilan mathématique de leurs caisses. Les calculs ont révélé dans la plupart des cas l'existence d'un déficit important : c'est-à-dire que les engagements dépassaient de beaucoup la valeur probable des recettes. Pour combler ce déficit, les Compagnies ont effectué de gros versements à leurs caisses de retraites. Puis elles ont revisé leur organisation et consenti de nouveaux sacrifices très considérables en faveur de leurs agents[1]. Aujourd'hui, sur 65 millions de subventions qu'elles reçoivent de l'État, 40, représentant plus de 10 pour 100 des salaires, sont consacrés à la retraite des ouvriers et employés.

Ajoutons enfin que toute une catégorie de salariés, celle des gens de mer, est depuis longtemps assurée d'une retraite. En retour des charges que leur impose l'inscription maritime et moyennant un versement de 3 p. 100 des salaires, ils reçoivent, après 25 années de navigation, une pension dite de demi-solde, quelle que soit la durée de leur service sur les bâtiments de l'État. Les veuves et les orphelins touchent une partie de cette pension qui est payée par la Caisse des Invalides de la Marine. Fondée par Colbert, cette institution résout pour toute une profession le problème des retraites ouvrières. Elle a passé par bien des vicissitudes ; réunie au Trésor public en 1793, redevenue autonome en

____

1. Paul Soulier. *Les institutions de retraites des Compagnies de chemins de fer*. Paris. Guillaumin, 1900.

1814, mais souvent mise à contribution, elle n'équilibre son budget que grâce à une subvention d'État d'une douzaine de millions qui forme à elle seule les deux tiers des recettes.

Laissant à part les inscrits maritimes, une récapitulation des diverses catégories examinées porterait à environ 400.000 le total des ouvriers industriels participant à des institutions patronales des retraites, sur 3 millions 500.000 recensés en 1891, soit approximativement 11 pour 100. Ces institutions appartiennent pour la plupart aux établissements de première importance, relativement rares (Baccarat, le Creusot, le Bon Marché, l'imprimerie Mame, etc...), tandis que la moyenne et à plus forte raison la petite industrie en sont à peu près entièrement dépourvues.

Ainsi, l'effort patronal ne donne que des résultats modestes, et, même s'il doit prendre plus d'extension, il ne semble pas près de se généraliser autant qu'on aurait pu le souhaiter. Comment ne pas conclure que, malgré ses heureux effets, l'initiative volontaire des employeurs ne suffit pas à la constitution des retraites, qu'elle a besoin d'être encouragée, stimulée, et même, pour tout dire, qu'elle doit faire place à l'obligation ? Le devoir social généreusement accepté par quelques patrons, l'État peut l'imposer à tous, au nom des intérêts généraux dont il a la charge, dans la mesure compatible avec le développement de l'industrie nationale.

CHAPITRE V

RETRAITES MUTUALISTES

Le problème de la retraite est essentiellement de nature mutualiste. De tout temps les hommes ont ressenti le besoin de s'associer pour se défendre mutuellement contre les mauvaises chances de la vie, maladie, accident, chômage, vieillesse ou mort prématurée. Lorsqu'en 1850 on entreprit la réorganisation des sociétés de secours mutuels, on constata que sur 2.458 qui existaient en France, 45 avaient été fondées avant le commencement du siècle et 114 de 1800 à 1815.

Sous l'Ancien Régime, elles faisaient corps avec le compagnonnage et les confréries. La loi des 14-17 juin 1791, qui interdisait les réunions ou associations entre citoyens de même état ou profession atteignit les sociétés compagnonniques. Quant aux confréries, elles tombèrent sous le coup de l'article 291 du Code pénal édicté par la loi des 16-26 février 1810, qui limitait à 20 personnes les réunions non autorisées et étendait cette interdiction aux sociétés s'occupant d'objets religieux. D'après cet article, abrogé par la loi du 1ᵉʳ juillet 1901 relative au contrat d'association, les sociétés quelconques ne pouvaient se former qu'avec l'agrément du Gouvernement et sous les conditions qu'il plaisait à l'autorité publique de leur imposer.

Donc, les sociétés de secours mutuels autorisées qui avaient gardé le caractère professionnel étaient par cela même étroitement surveillées. Elles ne recouvrèrent quelque initiative que par une loi du 15 juillet 1850 qui permettait, sous certaines conditions, de les reconnaître comme établissements d'utilité publique. Elles devaient se contenter d'assurer des secours temporaires aux associés malades, blessés ou infirmes, et d'acquitter leurs frais funéraires, mais sans pouvoir leur promettre des pensions de retraite. Le nombre des membres devait être compris entre 100 et 2.000, à moins de dérogation autorisée. Les fonds en caisse ne pouvaient dépasser la somme de 3.000 francs, sauf à verser l'excédent à la Caisse des dépôts et consignations, où il produisait intérêts au taux de 4 1/2 p. 100 par an.

Mais c'est le décret-loi organique du 26 mars 1852 qui ouvrit aux sociétés de secours mutuels une ère de prospérité. Grâce au système de l'approbation conférant la personnalité civile aux sociétés qui l'avaient obtenue, la mutualité ne tarda pas à prendre un nouveau développement.

Sans doute, on conservait le principe d'un grand nombre de sociétés à effectif restreint. Autorisées, approuvées ou reconnues d'utilité publique, elles ne pouvaient compter que 500 membres participants, toujours sauf dérogation autorisée. Mais en dehors de l'objectif déjà défini, — secours aux sociétaires malades, blessés ou infirmes et paiement des frais funéraires, — on leur permettait de promettre des pensions de retraite, à la condition de comprendre un nombre suffisant de membres honoraires. Ceux-ci paient les cotisations fixées ou font des dons à l'association sans participer aux bénéfices des statuts. C'est qu'en effet, dès cette époque, on redoutait le fardeau croissant des rentes viagères qui se prolongent souvent au delà des prévisions. Toute combinaison fondée sur la longévité humaine et appliquée sur une échelle réduite présente de grandes incertitudes parce que les calculs de probabilités, exacts pour 100.000 personnes, cessent de l'être pour cent, et qu'un concours de chances onéreuses peut rendre impossible l'exécution des engagements pris. L'assurance devient alors une source de cruelles déceptions pour les prévoyants qui ont placé là leurs économies et qui se voient jetés dans la plus extrême détresse. Le rapporteur de 1850, M. Benoist d'Azy, concluait « que toute société de secours mutuels qui promet des retraites contracte un engagement au-delà de ses forces, à moins que la bienfaisance ne puisse suppléer à l'insuffisance de ses ressources. »

L'interdiction du service des retraites ne fut pas de longue durée. Un décret du 27 mars 1852 avait prélevé dix millions de francs sur le produit de la vente des biens de la famille d'Orléans pour constituer la dotation des sociétés de secours mutuels, placée à la Caisse des dépôts et consignations. Sur les revenus de ce capital, un décret du 26 avril 1856 affecta une somme de 200.000 francs à la création d'un fonds de retraites au profit des sociétés approuvées qui prendraient en assemblée générale l'engagement de consacrer à ce fonds une portion de leur capital de réserve. Ces 200.000 francs vinrent en augmentation proportionnelle des versements effectués par les sociétés au compte de leur fonds de retraites à la Caisse des dépôts et consignations qui en servait l'intérêt au taux de 4 1/2 p. 100.

Beaucoup de sociétés adoptèrent cette méthode, et les revenus de la dotation, devenus insuffisants pour subventionner les fonds de retraites, furent complétés à partir de 1881 par un crédit spécial voté par les Chambres. Le total des sommes ainsi accordées aux sociétés qui ont un fonds de retraites n'a pas atteint 10 millions en 20 ans, alors que l'assistance publique coûte en France 200 millions par an[1].

Sous ce régime, la portion du fonds de retraites fournie par les sociétés peut être placée à la Caisse Nationale des retraites soit à capital aliéné, soit à capital réservé. La portion du même fonds accordée par l'État demeure inaliénable. Le capital des pensions rendu libre

---

1. Barberet, *Les sociétés de secours mutuels.* Commentaire de la loi du 1ᵉʳ avril 1898. Paris, Berger-Levrault, 1899.

par le décès des pensionnaires fait retour au fonds de retraites de la société.

Ainsi, les pensions sont servies par la Caisse Nationale des retraites pour la vieillesse. La société désigne, en assemblée générale, les candidats aux pensions de retraite parmi les membres participants âgés de cinquante ans et qui ont acquitté la cotisation sociale pendant dix ans au moins. La même délibération fixe la quotité des pensions.

Un tel système méconnaît singulièrement les principes scientifiques de l'assurance. Faute de tables de mortalité, on demande une cotisation unique, sans tenir compte de la diversité des risques résultant des différences d'âge. Il y a bien un droit d'entrée, mais c'est une cotisation de bienvenue et non pas le rachat de la différence entre la prime mathématique correspondant à l'âge d'admission et la prime uniforme exigible de tous les assurés. En outre le service de la retraite est manifestement surbordonné à celui des secours de maladie.

Le décret de 1855 réservait ses faveurs aux sociétés approuvées. Étendant leurs attributions à la constitution de retraites encouragées par l'État, il les laissait soumises à la surveillance étroite de l'Administration. C'est ainsi que le Gouvernement impérial nommait lui-même les présidents. Beaucoup de sociétés ne voulurent pas se plier à ces exigences, préférant renoncer aux avantages de l'approbation pour fonctionner sous le couvert de la simple autorisation. Un décret du 27 octobre 1870 rendit aux sociétés la nomination de leurs présidents, mais ne fit pas disparaître l'hostilité contre le régime de l'approbation. Cependant de nouvelles libéralités sont échues aux sociétés approuvées. La loi du 20 juillet 1895 attribue à celles qui possèdent un fonds de retraites les trois cinquièmes des comptes des Caisses d'épargne qui n'ont été l'objet depuis trente ans d'aucune opération de la part des déposants, et qui sont atteints par la prescription. Réparties suivant un barème dressé au ministère de l'Intérieur, ces sommes sont inscrites au crédit des fonds de retraites où elles produisent un intérêt de 4 1/2 p. 100.

D'un autre côté, depuis 1896, les pensions inférieures à 360 francs liquidées par la Caisse Nationale des retraites pour la vieillesse, sont bonifiées tous les ans au moyen d'un crédit inscrit dans la loi de finances. Pour avoir droit à cette majoration, les titulaires doivent être âgés d'au moins 65 ans, justifier qu'ils ne jouissent pas, y compris la rente viagère, d'un revenu personnel supérieur à 360 francs, et avoir effectué, pendant 25 années, consécutives ou non, des actes de prévoyance, soit par 25 versements annuels au moins opérés sur un livret de la Caisse des retraites, soit par 25 cotisations régulières en qualité de membre participant d'une société de secours mutuels ayant depuis le même temps établi un fonds de retraites.

La loi du 1ᵉʳ avril 1898[1], en préparation depuis

1. Voir le texte aux *Annexes*.

1880, a considérablement élargi le champ de la mutualité. La création d'une société de secours mutuels n'exige aucune autorisation administrative. Les fondateurs sont tenus seulement, dans le mois qui précède le fonctionnement, de déposer à la préfecture ou sous-préfecture, deux exemplaires des statuts adoptés. Ces statuts doivent contenir un certain nombre d'indications sur le siège social, le mode d'admission et d'exclusion des membres participants et honoraires, la composition et les pouvoirs du bureau et du conseil d'administration, les obligations et les avantages des membres participants, le montant et l'emploi des cotisations des membres soit participants, soit honoraires, les modes de placement et de retrait des fonds, les conditions de la dissolution volontaire, les bases de la liquidation à intervenir, et enfin le mode d'organisation des retraites.

Ainsi librement constituées, toutes les sociétés mutuelles ont la personnalité morale; elles peuvent ester en justice, tant en demandant qu'en défendant, mais les avantages dont elles jouissent diffèrent suivant qu'elles sont libres, approuvées ou reconnues comme établissements d'utilité publique [1]. Ces dernières n'ont aucune prérogative qui n'appartienne aux sociétés approuvées. Mais elles reçoivent par décret un titre auquel l'opinion populaire attache un certain prix.

1. Dans un rapport au Conseil supérieur de la Mutualité (novembre 1901), M. Lourties propose de supprimer cette distinction et d'unifier la condition des sociétés de secours mutuels, en les soumettant au régime de l'*enregistrement*.

Les sociétés libres ne sont pas soumises au contrôle administratif; en revanche, l'État ne les aide pas de ses subventions et la loi ne favorise pas leur développement.

Elle réserve au contraire de nombreuses faveurs aux sociétés qui font approuver leurs statuts par arrêté ministériel. Du reste, la demande d'approbation ne peut être rejetée que si les statuts ne répondent pas aux exigences légales, ou s'il y a disproportion entre les prévisions de recettes et les dépenses, pour la constitution des retraites garanties ou des assurances en cas de vie, de décès ou d'accident. Le refus d'approbation donne ouverture à un recours gratuit devant le Conseil d'État.

Les sociétés approuvées peuvent posséder des immeubles jusqu'à concurrence des trois quarts de leur avoir. Elles ne sont pas entièrement libres de l'emploi de leurs fonds, sans être obligées pourtant d'en effectuer le dépôt. L'administration exerce un certain contrôle sur leurs actes et leur comptabilité. Mais les communes sont tenues de fournir à celles qui le demandent les locaux nécessaires à leurs réunions, ainsi que des livrets et registres de comptabilité. Elles jouissent d'un intérêt surélevé de 4 1/2 p. 100 pour les fonds qu'elles déposent facultativement à la Caisse des dépôts et consignations, soit en compte-courant disponible, soit à leur fonds commun de retraites. Un crédit annuel inscrit au budget du ministère de l'Intérieur permet de parfaire ce taux de faveur.

Tous leurs actes sont exempts des droits de timbre et d'enregistrement, même du droit de timbre de quittance en ce qui concerne les reçus de cotisations, les reçus des sommes versées aux pensionnaires, ainsi que les registres à souche qui servent au paiement des journées de maladie.

A côté de ces avantages que confère l'approbation, la loi de 1898 accorde de nouvelles attributions à toutes les sociétés de secours mutuels. Elle les définit « des associations de prévoyance qui se proposent d'atteindre un ou plusieurs des buts suivants : assurer à leurs membres participants et à leurs familles des secours en cas de maladie, blessures ou infirmités, leur constituer des pensions de retraite, contracter à leur profit des assurances individuelles ou collectives en cas de vie, de décès ou d'accidents, pourvoir aux frais des funérailles et allouer des secours aux ascendants, aux veufs, veuves ou orphelins des membres participants décédés.

« Elles peuvent en outre, accessoirement, créer au profit de leurs membres des cours professionnels, des offices gratuits de placement et accorder des allocations en cas de chômage, à la condition qu'il soit pourvu à ces trois ordres de dépenses au moyen de cotisations ou de recettes spéciales. » (art. 1er)

On voit combien est vaste le programme de la mutualité moderne. Non contente de garantir les sociétaires contre les risques de maladie, de blessure, de vieillesse, elle les assure sur la vie, alloue des secours aux ascendants, veufs, veuves et orphelins des membres participants décédés, fonde, s'il y a lieu, des cours professionnels, des offices gratuits de placement et donne des secours en cas de chômage. Pour remplir cette lourde tâche, les sociétés disposent des cotisations de leurs membres participants ou honoraires, des dons et legs qui leur échoient, et enfin, des subventions de l'État.

Mais on ne considère pas comme sociétés de secours mutuels les associations qui, en organisant quelques-uns des services précédents, « créent au profit de telle ou telle catégorie de leurs membres et au détriment des autres, des avantages particuliers. » (art. 2). C'est le cas de sociétés telles que les *Prévoyants de l'avenir*, dont les statuts accordent aux adhérents des premières années, notamment aux fondateurs, des privilèges hors de proportion avec leur apport social. L'équité veut qu'à charges égales tous les membres jouissent de droits égaux.

Conformément aux conclusions du rapporteur à la Chambre des députés, M. Audiffred, la loi pose en principe l'égalité des charges et des droits. Or, c'est une règle fondamentale en matière d'assurance, que la prime couvre le risque, qu'elle est proportionnelle à la probabilité du sinistre et à l'importance de l'indemnité. Chaque participant devrait donc payer une cotisation différente suivant son âge d'admission et les chances défavorables qu'il représente. Cette diversité des primes ne laisserait pas que de compliquer singulièrement la besogne du receveur. On tourne la difficulté en établissant une prime uniforme, correspondant par l'exemple à l'âge d'admission minimum, mais à condition de réclamer aux sociétaires reçus à un âge plus avancé un droit d'entrée égal à la réserve qui serait déjà constituée à leur nom. Toute société qui renonce à cette exigence et demande à tous ses membres une cotisation uniforme, sans rachat, favorise les derniers venus aux dépens des jeunes assurés. Elle viole l'équité et prépare sa ruine en donnant de sérieux motifs de désertion à une partie de son effectif.

En dehors de la question d'âge, il convient, pour égaliser les risques, que la composition de chaque société soit suffisamment homogène. Qu'ils appartiennent ou non à la même profession, il faut que tous les membres participants vivent dans des conditions analogues d'hygiène et de sécurité.

En fait, la clientèle des sociétés de secours mutuels se recrute surtout parmi les ouvriers ; les unes sont professionnelles, d'autres générales, certaines réservées aux hommes ou aux femmes, et d'autres mixtes. La plupart comptent un certain nombre de membres honoraires, qui paient la cotisation fixée ou font des dons à l'association, sans prendre part aux avantages qu'elle procure à ses membres participants.

Les sociétés qui s'occupent d'assurance en

cas de décès et de rente viagère ne possèdent jamais de trop nombreux effectifs. Les calculs relatifs à la vitalité humaine se vérifient d'autant plus exactement qu'ils portent sur des observations plus souvent répétées. Au contraire, quand il s'agit seulement de secours en cas de maladie, un personnel plus restreint rend plus facile la découverte des simulations intéressées. Tous les membres se connaissent entre eux, entretiennent des relations quotidiennes de voisinage, et exercent les uns sur les autres une surveillance qui empêche les abus.

Au point de vue des retraites, les sociétés qui les inscrivent dans leurs statuts opèrent de deux façons différentes. Les unes ne prennent pas d'engagement ferme. Chaque année, après avoir fait face aux dépenses de maladie, elles attribuent sur les excédents de recettes des secours à leurs vieillards. Il s'agit là de libéralités qu'on appelle des pensions « non garanties », pensions dont l'importance dépend des ressources disponibles et dont rien n'assure la liquidation à une échéance déterminée. D'autres sociétés, au contraire, contractent l'obligation formelle de servir des retraites garanties tant au point de vue de leur quotité que de l'âge d'entrée en jouissance.

La distinction est très nette entre les pensions des deux catégories consacrées par la loi. M. Audiffred l'a mise en évidence dans un rapport supplémentaire, annexé au procès-verbal de la séance de la Chambre des députés du

22 janvier 1896 : « Les sociétés peuvent, suivant leur convenance, créer ou ne pas créer de pensions de retraite. Toute liberté leur est laissée à cet égard. Mais, lorsqu'elles créent des pensions de retraite, elles doivent déclarer dans leurs statuts si elles entendent simplement attribuer à l'aide de leurs excédents de recettes des secours aux vieillards infirmes, ou si, au contraire, elles entendent contracter l'obligation précise de servir de véritables pensions, d'un chiffre arrêté d'avance, et à un âge également déterminé.

La loyauté qui doit présider à tous les engagements, la nécessité de voir clair dans leurs opérations doivent faire un devoir aux sociétés d'accepter ces prescriptions... établies uniquement pour protéger les droits des mutualistes. »

En pareil cas, les statuts sociaux indiquent les prélèvements à opérer pour le service spécial des retraites sur les cotisations des membres honoraires ou participants, que les pensions soient constituées au moyen d'un fonds commun ou de livrets individuels ouverts au nom des sociétaires (article 5, II°).

Les sociétés approuvées sont en effet admises à verser des capitaux à la Caisse des dépôts et consignations, soit en compte-courant disponible, soit en un compte affecté pour toute la durée de la société à la formation et à l'accroissement d'un fonds commun inaliénable (art. 21).

Les statuts de chaque société déterminent si elle entend user de cette faculté de constituer un fonds commun et dans quelles conditions;

ils règlent les moyens de l'alimenter, ils décident notamment s'il devra s'augmenter, en totalité ou en partie, des subventions de l'État, des dons et legs, des cotisations des membres honoraires, et des autres ressources disponibles.

Le compte-courant et le fonds commun portent intérêt à un taux égal à celui que la Caisse des dépôts et consignations a retiré de ses placements durant le cours de l'année précédente [1]. Mais, chaque année, un crédit inscrit au budget du Ministère de l'Intérieur bonifie cet intérêt au taux de 4 1/2 p. 100 déjà fixé par le décret-loi de 1852 et le décret de 1856. En somme, les sociétés de secours mutuels approuvées ou reconnues d'utilité publique peuvent placer leur avoir à la Caisse des dépôts et consignations (fonds libres et fonds de retraites) au taux de faveur de 4 1/2 p. 100.

Les pensions de retraite alimentées par le fonds commun sont constituées à capital réservé au profit de la société. Rien de plus naturel, semble-t-il, puisque ces sommes, provenant de ressources sociales, souscriptions des membres honoraires, subventions, dons et legs, doivent faire retour à l'œuvre elle-même. Cette masse commune représente l'effort collectif qui sert de lien entre mutualités et mutualistes ; elle assure la durée de l'association et contribue grandement à sa valeur éducative. Cependant il peut arriver que les cotisations des membres participants soient aussi affectées en partie au fonds commun : la

1. Depuis la loi de finances du 31 mars 1903.

méthode les dépouille alors au profit de leurs successeurs qui auront besoin d'un moindre effort pour obtenir le même résultat [1].

Les pensions sont servies directement par la société sur les intérêts du fonds commun, ou par l'intermédiaire de la Caisse Nationale des retraites. Mais pour en bénéficier, les membres participants doivent être âgés d'au moins 50 ans, avoir acquitté la cotisation sociale pendant 15 ans au moins et remplir les conditions statutaires fixées pour l'obtention de la rente. Enfin, la société doit produire tous les 5 ans au Ministre de l'Intérieur la situation de ses engagements, éventuels ou liquidés, et des ressources correspondantes, et modifier, s'il y a lieu, ses statuts d'après les résultats de ces inventaires au moins quinquennaux.

La loi veut ainsi éviter des mécomptes dans l'estimation des retraites garanties. Les sociétés useront de prudence en déclarant une quotité plutôt inférieure, sauf à allouer des suppléments à l'aide des intérêts de leurs fonds libres.

Les pensions de retraite peuvent aussi être constituées sur un livret individuel qui appartient en toute propriété à son titulaire, à capital aliéné ou réservé. La société effectue alors des versements à la Caisse Nationale des retraites ou à une caisse autonome, au compte de chacun de ses membres participants. Les sommes

1. Le rapport cité de M. Lourties supprime l'inaliénabilité du fonds commun pour la partie provenant des cotisations des membres participants.

versées proviennent : d'une cotisation spéciale du sociétaire ou d'une portion de sa cotisation unique ; de tout ou partie des arrérages annuels du fonds commun inaliénable, s'il en existe un, et des autres ressources prévues par les statuts.

Les versements effectués par la société sur le livret individuel sont faits à capital aliéné ou à capital réservé au profit de la société, suivant les dispositions statutaires ; ceux qui proviennent des cotisations du membre participant peuvent être, à son choix, faits à capital aliéné ou à capital réservé au profit de ses ayants droit. En cas d'aliénation, c'est-à-dire d'abandon du capital aux rentiers, leur décès donne lieu à la reprise par l'État de ses subventions.

Beaucoup de sociétés ont recours à un système mixte qui unit le fonds commun au livret individuel. Elles évitent ainsi le calcul des réserves, l'établissement des bilans et la tenue d'une comptabilité difficile. Tous les adhérents reçoivent un livret de la Caisse Nationale des retraites, sur lequel la société verse les cotisations des membres participants ; ceux qui se retirent l'emportent avec eux et profitent de leurs droits acquis sans qu'il y ait lieu à restitution d'une somme d'argent ; enfin, la société n'encourt aucune responsabilité quant aux charges futures. Les ressources provenant des souscriptions de membres honoraires, de subventions, dons et legs, sont versées à la Caisse des dépôts et consignations au compte du fonds commun inaliénable dont les revenus, au taux de 4 1/2 p. 100, permettent d'ajouter un complément à la pension inscrite au livret.

Ainsi procèdent les mutualités scolaires qui, malgré la date récente de leur fondation, comptent déjà plus de 700.000 adhérents, — les petits Cavé, comme on les appelle, du nom de l'infatigable propagateur de l'institution. On connaît le mécanisme ingénieux de son fonctionnement. L'enfant y est admis dès l'âge de 3 ans jusqu'à la fin de sa scolarité primaire, qu'il termine à 13 ans. Il verse entre les mains du directeur de l'école 10 centimes par semaine, dont la moitié est destinée à le soigner en cas de maladie, et l'autre moitié à former le noyau de sa pension de retraite. Ces 5 centimes sont inscrits sur le livret personnel de l'enfant à la Caisse Nationale des retraites ; d'autre part, le reliquat du fonds social, accru des souscriptions des membres honoraires, est versé au nom de la société à la Caisse des dépôts et consignations où il reçoit des subventions proportionnelles de l'État et constitue un fonds de retraites [1].

Telle est aussi la combinaison adoptée par la puissante Union du Sud-Est, qui ne groupe pas moins de 300 syndicats agricoles. D'après les statuts-types de ses caisses mutuelles de retraites, les cotisations des membres participants et les versements supplémentaires effectués en leur nom sont entièrement versés sur livrets individuels à la Caisse Nationale des

1. Barberet. Ouvr. cité.

retraites ; les recettes complémentaires — cotisations des membres honoraires, produit des amendes, dons et legs, subventions de l'État, du département, de la commune ou des particuliers, produit des fêtes, tombolas, collectes organisées par la société, intérêts de tous ces fonds — servent d'abord à payer les frais de gestion, puis à constituer soit un fonds disponible destiné à faire face aux frais de gestion, aux allocations renouvelables, aux secours, soit un fonds commun inaliénable destiné à servir des compléments de retraite [1].

Ce fonds commun est placé à titre inaliénable à la Caisse des dépôts et consignations. Il est alimenté par une partie des cotisations des membres honoraires et par des prélèvements opérés sur les fonds disponibles.

De cette façon, les membres participants hésiteront moins à faire un versement qui n'est pas destiné à la collectivité, mais à eux-mêmes, et dont ils garderaient le bénéfice en cas de départ. D'un autre côté, les membres honoraires verseront plus volontiers des sommes destinées à former une réserve commune et à revenir aux fidèles de la caisse, c'est-à-dire à ceux qui en feront encore partie au moment de la constitution de leur retraite [2].

Ce système mixte présente de grands avantages pour les associations peu nombreuses, qui

---

1. Article 24 des statuts-types.
2. *Commentaire des statuts-types*, par E. Voron, secrétaire général de l'Union du Sud-Est. Grenoble, Vallier, 1900.

ne peuvent entreprendre elles-mêmes les opérations à long terme d'assurance contre la vieillesse. Mais il avait naguère encore l'inconvénient que les fonds déposés à la Caisse Nationale des retraites ne rapportent que 3 1/2 p. 100, taux d'intérêt qui peut baisser, dans un temps plus ou moins éloigné, tandis que la loi de 1898 accorde 4 1/2 p. 100 aux capitaux mutualistes confiés à la Caisse des dépôts et consignations. Les subventions allouées aux sociétés qui font leurs retraites au moyen du livret individuel ne suffisaient pas à combler cette différence qui atteignait environ 55 centimes p. 100.

Elle a disparu depuis le 1ᵉʳ octobre 1903. En effet, sur la demande réitérée des sociétés de secours mutuels et conformément au vœu du Conseil supérieur de la mutualité, un arrêté du ministre de l'Intérieur, en date du 3 septembre 1903, décide que les pensions de retraite que constituent les sociétés de secours mutuels par l'intermédiaire de la Caisse Nationale des retraites pour la vieillesse seront à l'avenir servies aux titulaires sur le taux de 4,50 p. 100, au moyen d'une majoration donnée par l'État. Cette mesure supprime l'anomalie existant depuis 1898 entre les pensions payées sur les intérêts du fonds commun qui bénéficiaient du taux de 4,50, et les pensions servies par l'intermédiaire de la Caisse Nationale des retraites qui n'étaient constituées qu'au taux de 3,50 p. 100, élevé par diverses majorations à 3,85, 4 ou 4,05 p. 100.

Désormais, il n'y a plus aucune différence,

quel que soit le mode de liquidation choisi par les sociétés. Pour les pensions constituées au moyen du livret individuel, on prélève sur l'avoir disponible du fonds commun de retraites inaliénable de la société intéressée le capital qui serait nécessaire pour constituer la pension au taux de 4 1/2 p. 100, c'est-à-dire suivant le barème qui était en usage à la Caisse Nationale de 1883 à 1886. Mais, comme elle ne peut donner aujourd'hui qu'un intérêt de 3 1/2 p. 100, le complément de rente est fourni par l'État sur un crédit spécial inscrit au budget du Ministère de l'Intérieur. La société n'a pas à s'en préoccuper ; il lui suffit d'indiquer le chiffre réel de la retraite qu'elle entend assurer à son pensionnaire comme lorsque la rente était liquidée à 4 1/2 p. 100 par la Caisse Nationale des retraites ou comme lorsqu'il s'agit d'une pension payée par les intérêts du fonds commun.

Ainsi tombe la principale objection contre l'emploi du livret individuel. Rien n'empêche désormais d'en faire usage avec le fonds commun, et cette combinaison mixte réunit tous les avantages de l'un et de l'autre système. Tel est bien l'avis du conseil supérieur de la mutualité. Il recommande aux sociétés, pour le service de leurs pensions, « le système du livret individuel mutualiste à capital aliéné, en réservant la portion réellement commune du fonds commun, à savoir les ressources extraordinaires de tout ordre, et en utilisant, pour le plus grand profit de l'intéressé, la totalité des cotisations spéciales versées par lui en vue de sa retraite. »

Que les pensions soient constituées à l'aide du fonds commun ou du livret individuel, les sociétés qui les forment reçoivent de nombreux encouragements de l'État.

Non seulement il garantit un taux de faveur de 4 1/2 p. 100 au fonds commun inaliénable, mais encore à chaque versement fait par la société il ajoute le quart de la somme versée, plus un franc par membre participant âgé de moins de 55 ans, et 2 francs par membre au-dessus de cet âge. D'autre part, des bonifications annuelles majorent les pensions liquidées dont le montant se trouve inférieur à 360 francs. Ces avantages, taux spécial d'intérêt, subventions, remise de droits d'enregistrement et de frais de justice, ne profitent pas aux sociétés qui accordent à leurs membres ou à quelques-uns d'entre eux des indemnités de maladie supérieures à 5 francs par jour, des allocations annuelles ou des pensions supérieures à 360 francs et des capitaux en cas de vie ou de décès supérieurs à 3.000 francs.

Malgré tous ces encouragements, la retraite moyenne servie par les sociétés de secours mutuels approuvées et libres n'atteint pas 100 fr. L'exiguïté de ce chiffre tient à l'absence, dans la plupart des cas, de cotisations spéciales. Le service des retraites n'est guère alimenté que par les excédents des recettes sur les dépenses de maladie et d'administration, et les sommes affectées à cet usage proviennent presque uniquement des libéralités des membres honoraires.

Au 31 décembre 1901, les 10.804 sociétés de secours mutuels approuvées comptaient 323.969 membres honoraires et 1.994.206 membres participants. Le montant de leurs fonds de retraites placés à la Caisse des dépôts et consignations s'élevait à 158.038.435 francs. Le nombre de leurs pensions, liquidées par la Caisse Nationale des retraites, atteignait 46.077, pour 3.246.771 francs d'arrérages. 8.938 allocations annuelles payées sur les intérêts du fonds commun, coûtaient ensemble 332.956 francs. En outre, une somme de 3.285.190 francs, prélevée sur les fonds libres, était répartie entre 30.484 pensions et 6.203 suppléments.

Les sociétés libres, au nombre de 3.153, comprenait 31.220 membres honoraires et 365.607 membres participants. Elles servaient 21.400 pensions, représentant 1.438.925 francs de rentes.

En résumé, d'après le dernier rapport annuel sur les opérations des sociétés de secours mutuels présenté par le Ministre de l'Intérieur au Président de la République[1], 14.872 sociétés de secours mutuels, comprenant un effectif de 2.718.000 membres honoraires ou participants, et possédant un capital de 338.881.355 francs, ont distribué pendant l'année 1901, 106.980 retraites, représentant environ 8.300.000 francs d'ar-

[1]. Avril 1901.

rérages. A ce chiffre, il convient d'ajouter les allocations annuelles, secours aux vieillards infirmes et incurables, véritables pensions d'invalidité, qu'on peut évaluer à 500.000 francs, répartis entre 3.000 ou 4.000 bénéficiaires. Au total, l'effort mutualiste pour réaliser l'assurance contre l'invalidité et la vieillesse distribue près de 9 millions de francs entre 110.000 retraités, et la moyenne réelle des pensions approche de 100 francs [1]. C'est peu si l'on songe qu'il existe en France 10 à 12 millions de travailleurs dont 800.000 âgés de plus de 65 ans, et que la retraite devrait atteindre au moins 360 francs par an.

Mais pour apprécier ces résultats, il faut remarquer qu'ils ont été obtenus, sauf de rares exceptions, sans cotisation spéciale pour la retraite. Le capital ainsi constitué correspond à peu près au montant des souscriptions des membres honoraires depuis la formation du fonds de retraites. Car il n'est pas douteux que le budget de la Mutualité, réduite à ses seules forces, serait en déficit. On a calculé qu'en 1899, dans les sociétés approuvées, la cotisation moyenne du participant était de 14 fr. 17, et sa dépense moyenne de 17 fr. 33, soit 3 fr. 16 d'excédent. Dans les sociétés libres, pour une cotisation moyenne de 14 fr. 89, on trouvait une dépense de 10 fr. 47, supérieure

---

1. Cette situation s'améliore sans cesse. La mutualité recrute chaque année plus de 500 000 nouveaux adhérents. A la fin de 1901, il est vraisemblable qu'elle sert 120.000 pensions, dont la moyenne atteint 100 francs.

de 4 fr. 58. D'autre part, il ressort des statistiques que les sociétés de secours mutuels avaient reçu, en 1899, de leurs membres honoraires, 2.591.052 francs, et qu'elles avaient affecté à leurs réserves collectives de retraites une somme de 2.703. 582 francs. On peut en conclure que c'est en définitive au concours des membres honoraires que sont dus les versements au fonds commun.

Si donc les ressources des sociétés se trouvaient réduites aux seules cotisations des membres participants, loin de constituer des pensions de retraite, elles parviendraient avec peine à couvrir leurs frais de maladie. Et d'autre part un relèvement du taux des cotisations risquerait fort de ralentir les adhésions, en admettant même qu'il ne produisît qu'un petit nombre de défections. Aussi les mutualistes visent-ils à augmenter leurs ressources en annexant aux sociétés des coopératives de consommation dont les bonis viennent alimenter le fonds de retraites.

La loi de 1893 a provoqué de grandes espérances. Elle permet aux sociétés de secours mutuels de former des Unions ayant pour objet notamment la création de caisses de retraites et d'assurances communes à plusieurs sociétés pour les opérations à long terme et le règlement des rentes viagères de leurs membres. Conformément à ce texte, il s'est constitué un grand nombre d'Unions, départementales ou régionales, qui, à la fin de 1902, ont créé la Fédération

Nationale de la Mutualité Française. Ainsi groupées, les associations mutualistes pourront organiser des services qui échappent aux sociétés isolées, dans le domaine si vaste des assurances mutuelles.

A la veille de ce grand effort, l'élaboration des projets de loi sur les retraites ouvrières a fait naître des craintes dans le monde de la prévoyance pour le maintien des œuvres d'initiative privée, caisses patronales et syndicales et surtout sociétés mutualistes. On redoute que, privée du service des retraites, la société de secours mutuels n'apparaisse comme un organisme incomplet et ne perde bientôt une partie de sa clientèle.

Ce n'est pas toutefois la simple conservation des institutions existantes que réclament les mutualistes; c'est aussi le développement de ces institutions en vue de la retraite. Si, en effet, les sociétés de secours mutuels n'ont pas donné tous les résultats qu'en attendent leurs défenseurs, il ne faut pas oublier, disent ces derniers, que la législation nouvelle qui les régit ne date que de quelques années et que l'éventualité de la création d'une organisation générale de retraites a pu ralentir la propagande et paralyser les initiatives. Il serait injuste de les condamner avant qu'elles aient pu donner leur mesure. On ne pourra juger de leur puissance d'action pour l'œuvre de la retraite qu'après la mise en pratique d'un régime adapté à leur fonctionnement, comportant à la fois une réglementation libérale et un système d'encouragement[1]. Il faut faire confiance à la mutualité; elle remplit un grand rôle social. Il y a en effet dans la prévoyance « des éléments qui ne se chiffrent point, qui n'entrent pas dans les barêmes et qui sont quand même des facteurs sociaux de premier ordre : l'espérance et la foi, l'ambition et la ténacité, l'esprit de sacrifice et de prosélytisme [2]. » Voilà ce qui donne aux institutions mutualistes leur haute valeur sociale.

Mais peut-on, dans la situation actuelle, les prendre pour base d'une organisation légale des retraites ouvrières? C'est ce qu'ont proposé dans l'Enquête de 1901 la plupart des grandes Chambres de Commerce, des associations patronales ou agricoles et des syndicats mixtes. La Mutualité servant de fondement au système, l'ajusterait à toutes les circonstances de la pratique et à la variété des conditions des différentes catégories de travailleurs; elle réaliserait l'économie dans l'administration; elle affranchirait l'État des charges d'un fonctionnarisme excessif et de la responsabilité de la gestion financière. La liberté sous le contrôle et avec la subvention de l'État, en d'autres termes, selon l'exemple de la Belgique « la liberté subsidiée », tel serait le programme à réaliser[3].

1. Société des Agriculteurs de France, Enquête de 1901. Tome III, p. 818.
2. L. Mabilleau. *La Mutualité Française.* Librairie de la Mutualité, Bordeaux, 1901.
3. Maurice Bellom. *Les retraites ouvrières en France. Revue politique et parlementaire.* Janvier 1902.

Restcrait à savoir si l'expérience de la législation belge doit paraître décisive et le fût-elle, il faudrait tenir compte de la différence des situations antérieures au régime nouveau. Ainsi, en Belgique, les sociétés mutualistes ne font pas elles-mêmes le service de la retraite ; leur rôle se réduit à celui d'intermédiaires pour l'affiliation à la Caisse d'État. De plus, la loi belge ne s'occupe que subsidiairement de l'invalidité à laquelle beaucoup de bons esprits attribuent la première place.

Il n'en est pas moins vrai qu'une institution de prévoyance aussi puissante que la mutualité contemporaine doit jouer un rôle considérable dans l'organisation des retraites. C'est une nécessité qui s'impose à tous les systèmes, non seulement de respecter les œuvres mutualistes, de favoriser leurs initiatives parallèles, mais encore d'obtenir leur concours effectif en les associant à l'action légale pour le service des retraites.

CHAPITRE VI

LES RETRAITES A L'ÉTRANGER

L'assurance ouvrière contre la vieillesse a pris place, depuis une vingtaine d'années, dans les préoccupations d'un grand nombre de gouvernements. Si certains États, comme la Grande-Bretagne, attendent tout de l'initiative privée et se contentent de pratiquer largement l'assistance, d'autres, comme la France et les pays limitrophes, la Belgique et l'Italie, ont préféré une organisation mixte qui encourage la prévoyance volontaire par des subventions et des privilèges ; enfin l'Allemagne a établi l'assurance obligatoire pour la plupart des risques qui menacent les travailleurs. L'Autriche et la Hongrie, qui s'inspirent des mêmes principes, ne pratiquent pas encore officiellement l'assurance contre la vieillesse.

Un seul pays met tous les frais à la charge de l'État : c'est la Nouvelle-Zélande. Depuis 1898, tout citoyen parvenu à l'âge de 65 ans et sans ressources, ou même dont le revenu ne dépasse pas 34 livres sterling (850 francs) a droit à une pension de 18 livres sterling (450 francs).

Si même son revenu est inférieur à 52 livres (1.300 francs), il a droit encore à une pension, mais réduite, de telle façon que cette pension et son revenu personnel cumulés ne puissent pas dépasser la limite de 1.300 francs [1].

En Danemark, la loi du 9 avril 1891 donne droit à une pension à tout citoyen indigent âgé de 60 ans, mais sans fixer la quotité de la pension, qui, en fait, ne dépasse pas 150 francs. Ce sont là des mesures qui relèvent de l'assistance publique.

L'étude des lois allemandes et de la loi belge présente un intérêt tout particulier ; mais il convient d'abord de jeter un coup d'œil sur l'organisation anglaise et sur les institutions récentes de l'Italie.

En Angleterre, la reconnaissance du droit à l'assistance est la base de la législation charitable. La loi des pauvres, la *poór law* consacre l'obligation du secours, l'assistance par le travail, la taxe spéciale des pauvres et la responsabilité des paroisses. Chacune d'elles doit en effet entretenir ses pauvres dans des *workhouses* ou à domicile, et doit pourvoir à ces dépenses par un impôt spécial, le *poor-rate*, dont le total s'élève à environ 200 millions de francs. Le nombre des assistés, après avoir progressé jusqu'à plus d'un million en 1871, reste à peu près stationnaire depuis cette époque. Dans la lutte contre le paupérisme, la charité officielle, avec

1. Ch. Gide. *Rapports du Jury International de l'Exposition de 1900. Économie sociale.* Paris. Imprimerie Nationale, 1903.

ses moyens curatifs, sert ici de corollaire à la prévoyance libre dont elle ne laisse d'ailleurs pas que de démontrer l'insuffisance.

Sans doute, les associations mutuelles groupent environ 9 millions de membres, mais si elles se proposent des buts très nombreux, elles ne font guère de pensions de retraites. La plupart des *friendly societies* assurent leurs adhérents contre la maladie, le chômage et les accidents ; parfois aussi elles se chargent des frais funéraires, et donnent des secours à la veuve et aux orphelins. Mais la question des retraites demeure le plus souvent en dehors de leurs prévisions. Ainsi que le constate M. Émile Chevalier dans son livre *La loi des pauvres et la société anglaise,* « même dans les meilleures sociétés, la cotisation en vue d'une pension de retraite n'est pas populaire. » Les membres des *friendly societies* préfèrent s'assurer aux *industrial companies* qui pratiquent l'assurance des petits capitaux avec recouvrement hebdomadaire des primes à domicile. Cependant quelques mutualités importantes étudient la transformation de leur système d'assurance-maladie pour y adjoindre un service de pensions à partir de 65 ou 70 ans.

L'État n'intervient pas dans l'administration des sociétés libres. Mais les sociétés *enregistrées,* qui jouissent de certains avantages, ne peuvent servir de rentes viagères que si leurs tarifs ont été certifiés par un actuaire et à condition que les retraites ne dépassent pas un maximum de 1.250 francs par an. Leurs réserves doivent être calculées au moins tous les cinq ans avec un inventaire complet au moins une fois pendant cette période.

Ce n'est que dans les associations professionnelles, syndicats ouvriers ou *trade-unions*, que l'assurance-vieillesse a reçu un commencement de réalisation pratique. Les plus puissantes de ces sociétés ont fondé au profit de leurs adhérents des caisses de retraites qui distribuent annuellement environ 3 millions de francs à 8 ou 9 mille pensionnés. Les conditions requises pour la retraite diffèrent considérablement d'une union à l'autre. La plupart l'accordent à partir d'un âge fixé dans les statuts, après un certain nombre d'années, et elle varie de 7 fr. 50 à 10 francs par semaine. Ailleurs, c'est l'assurance-invalidité qui fonctionne; parfois aussi, on limite le nombre des pensions d'après les ressources disponibles.

A vrai dire, l'Angleterre n'a pas encore organisé l'assurance contre la vieillesse. Elle fonde de grandes espérances sur la prévoyance volontaire et borne le rôle des pouvoirs publics à l'assistance par la loi des pauvres, avec cette prison à peine déguisée qu'est la workhouse. Cependant de nombreux projets ont vu le jour depuis une vingtaine d'années, qui tendent à instituer, en faveur des vieillards, une législation plus équitable et mieux ordonnée. En 1892, M. Chamberlain, ancien ministre des colonies, a pris la tête du mouvement et attaché son nom à un projet demeuré célèbre [1]. Ce texte prévoit trois cas différents et laisse aux intéressés le choix entre les combinaisons correspondantes.

La première comporte le service d'une pension de 5 shillings (6 fr. 25) par semaine à partir de 25 ans. Pour en profiter il faut avoir versé 2 livres 10 shillings (62 fr. 50) dans les caisses publiques avant l'âge de 25 ans et payer de 25 à 65 ans la somme annuelle de 10 shillings (12 fr. 50). En cas de prédécès, les primes ne font pas retour aux héritiers. L'État contribue à l'assurance par une subvention initiale de 10 livres et bonifie sur les versements un intérêt de 2 1/2 p. 100.

Une seconde combinaison exige un dépôt obligatoire de 5 livres et une prime annuelle d'une livre. L'État de son côté verse une subvention initiale de 15 livres et assure des allocations à la veuve et aux enfants de l'intéressé.

Enfin, quiconque déposera 30 shillings pour les hommes et 25 pour les femmes au Post Office (caisse d'épargne postale) et s'assurera volontairement à une société pour une annuité de 6 livres 10 shillings (3 livres 18 shillings pour les femmes), verra le chiffre de sa pension doublé grâce à une subvention de l'État.

Le projet Chamberlain compte de nombreux partisans; mais il soulève aussi de sérieuses

---

1. E. Martin Saint-Léon. *Une réforme sociale en Angleterre.* Paris, Rondelet, 1900.

critiques. On lui reproche de ne s'adresser qu'aux privilégiés de la classe ouvrière, aux *skilled labourers* des Trade-Unions. Ceux-là seuls disposeront avant 25 ans de ressources qui leur permettent le versement initial. En outre, le système ne s'appliquerait que dans quarante ans au plus tôt, puisque seuls les jeunes gens âgés de moins de 25 ans pourraient contracter l'assurance. Il y aurait lieu tout au moins de prévoir des dispositions transitoires. Mais les objections les plus graves consistent d'une part dans la dépense considérable imposée à l'État et d'autre part, dans la difficulté de faire valoir les sommes énormes à provenir des versements.

Enfin, une Commission, instituée en avril 1899 par la Chambre des Communes, a préparé un système de pensions pour vieillards indigents et méritants[1].

Tout sujet britannique, âgé d'au moins 65 ans, qui réside dans la circonscription et ne possède pas un revenu supérieur à 10 shillings par semaine aura droit à un certificat qui lui servira de titre pour l'obtention d'une pension. Il doit seulement établir que pendant les vingt dernières années, il n'a pas commis de délit entraînant la prison ou la servitude pénale sans faculté de s'y soustraire par le paiement d'une amende, qu'il n'a pas reçu le *poor relief* au cours des vingt années qui ont précédé la demande de pension, et enfin, qu'il s'est efforcé de son mieux, en travaillant et en faisant acte de pré-

---

1. E. Martin Saint-Léon. *Ouvr. cité.*

voyance, de s'assurer dans l'avenir des moyens d'existence pour lui-même et pour ceux qui dépendent de lui.

Le trait caractéristique de cette organisation est de laisser aux pouvoirs publics le soin de décider si le vieillard indigent a mérité la retraite en s'efforçant à la prévoyance et à l'épargne. Dans chaque circonscription d'assistance publique, chaque Union de paroisses, le *Board of guardians*, bureau des gardiens des pauvres, élu par les habitants, nomme un Comité de six à douze membres qui statue sur les demandes de pensions et en fixe le taux, eu égard au coût de la vie dans la région, dans les limites de 5 à 7 shillings par semaine. La dépense est supportée par le fonds commun de chaque Union de paroisses, avec l'aide d'une subvention versée par l'État et proportionnelle à la population. La pension, accordée pour 3 ans, sauf renouvellement, peut toujours être retirée dans certaines circonstances.

Ce projet, adopté définitivement par la Chambre des Communes, n'exige aucun concours de la part des intéressés. Par là il se rapproche de la méthode danoise qui distribue aussi des pensions aux vieillards, mais à titre de pure assistance.

En Italie, deux lois du 17 juillet 1898 et du 7 juillet 1901, réunies en un seul texte [1] par décret royal du 20 juillet 1901 et modifiées par une loi du 13 mars 1904, ont institué une *Caisse*

_____

1. Voir le texte aux *Annexes:*

Nationale de prévoyance pour l'invalidité et la vieillesse des ouvriers, qui a pour but de provoquer, de centraliser et de subventionner les libres initiatives tant individuelles que mutualistes pour la constitution de rentes viagères au profit des classes laborieuses. La Caisse est une institution autonome, indépendante de l'État, qui exerce sur elle un droit de surveillance et qui l'a dotée d'une somme de 10 millions graduellement augmentée par différentes ressources.

D'après les statuts, tous les citoyens italiens des deux sexes occupés à des travaux manuels payés à la tâche ou à la journée peuvent s'inscrire à la Caisse. Les femmes mariées et les mineurs n'ont pas besoin du consentement du mari ou de l'intervention des parents ou des tuteurs. Les limites d'âge sont respectivement 10 et 65 ans. Le maximum de la cotisation annuelle est fixé à 100 lires (francs), que l'associé peut payer à son gré, même sous forme de versements de 50 centimes, en espèces ou en timbres-poste collés sur des feuilles préalablement distribuées par la Caisse. La cotisation individuelle doit atteindre un minimum de 6 lires (francs) par an pour assurer au déposant le concours de la Caisse dans la formation de son fonds individuel de pension.

Le droit à la retraite n'est acquis qu'après vingt-cinq ans d'inscription. Cependant, à titre transitoire, on consent des périodes d'une durée inférieure jusqu'au minimum de dix ans, à la condition que l'associé s'engage à verser en une seule fois ou proportionnellement pendant les années d'inscription, le montant des arriérés plus les intérêts composés.

La Caisse nationale de prévoyance admet deux formes différentes d'inscription : celle de la mutualité ou du capital aliéné, comme on dit en France, et celle des cotisations réservées ou du capital réservé. Dans la première hypothèse, les versements sont perdus en cas de décès prématuré du titulaire et partagés également entre les associés vivants du même âge, inscrits sous la même forme à la Caisse. Dans le second cas, les cotisations reviennent aux héritiers mais sans les intérêts accumulés qui passent également au profit des inscrits du même âge.

La clôture du compte individuel a lieu lorsque le titulaire atteint l'âge de 60 ans pour les hommes et 55 ans pour les femmes, après avoir payé au moins vingt-cinq cotisations annuelles. Toutefois, il peut retarder l'ouverture de la pension jusqu'à 65 ans. Dans le cas d'invalidité dûment constatée, la liquidation est faite sans avoir égard à l'âge de l'associé, mais à condition qu'il soit inscrit depuis au moins cinq ans.

A la fin de chaque année, le Conseil d'administration prélève une fraction des revenus annuels pour la répartir entre les inscrits qui ont versé une cotisation d'au moins 6 francs, les parts ne pouvant pas dépasser 12 francs par tête.

Les sociétés ouvrières de secours mutuels peuvent centraliser leurs opérations à la Caisse en versant les sommes qu'elles ont recueillies en vue d'assurer à leurs adhérents des pensions de vieillesse ou d'invalidité. Elles obtiennent par ce moyen l'inscription de leurs membres et les font bénéficier des parts de concours de la Caisse et même de primes spéciales.

Les résultats obtenus pendant la courte période d'application de la loi italienne paraissent déjà satisfaisants. A la suite d'une active propagande du Dr Magaldi, directeur du Crédit et de la Prévoyance au Ministère de l'Agriculture et du Commerce, plusieurs grandes maisons industrielles et l'État lui-même, ont inscrit en bloc leurs ouvriers ou employés et versé des sommes considérables destinées à augmenter les fonds individuels des pensions [1]. Le Ministère des Finances a affilié les ouvriers des Tabacs et verse 24 lires par an pour les hommes et 12 pour les femmes; le Ministère des Postes et Télégraphes dispose d'une allocation annuelle de 5.000 francs en faveur de ses agents subalternes. Beaucoup d'administrations communales ou provinciales ont également inscrit leurs salariés en versant à leur profit des cotisations annuelles.

En outre le concours de la Caisse elle-même a été considérable. En 1900 et en 1901, elle a pu inscrire sur chaque compte individuel une somme de 10 lires.

Le nombre des inscrits a passé de 11.671 à

1. P. Ghio. *Les retraites ouvrières en Italie.* Paris, Rousseau, 1902.

la fin de 1900, à 21.349 le 30 juin suivant et à 44.524 le 31 décembre 1901.

Malgré ces brillants débuts, il semble douteux que l'institution ait l'ampleur nécessaire pour atteindre l'universalité de la population ouvrière. On peut craindre que la faible rémunération du travail manuel en Italie ne permette pas à la plupart des salariés de profiter dans une large mesure des avantages offerts par la *Caisse nationale de prévoyance pour l'invalidité et la vieillesse des ouvriers.*

CHAPITRE VII

LES PENSIONS DE VIEILLESSE EN BELGIQUE

En Belgique une loi encore récente, qui porte la date du 10 mai 1900, a réglé la question des pensions de vieillesse [1].

L'histoire parlementaire offre peu d'exemples de lois sociales de cette importance dont la discussion et le vote aient été enlevés avec autant de rapidité. Mais les travaux législatifs antérieurs, les études des publicistes, l'exemple des pays étrangers et surtout le développement des mutualités et la pratique des affiliations à la Caisse des Retraites, avaient déjà préparé les éléments d'une solution.

Aux combinaisons fondées sur le principe d'obligation, le législateur belge a préféré un régime de liberté encouragée, de liberté avec subsides. Dans la controverse entre les deux méthodes, l'expérience de la Belgique apporte des données du plus vif intérêt.

A la base du système se trouve la Caisse Générale de retraite, institution analogue à celle qui fonctionne en France. Elle est ouverte à tous et les versements individuels reçoivent de l'État une subvention ou prime annuelle dont le mon-

1. Voir le texte aux *Annexes*.

tant est fixé à 60 centimes par franc et par livret à concurrence de 15 francs versés. Pour bénéficier des primes, il faut être Belge et avoir une résidence en Belgique. Sont admis toutefois à participer aux mêmes faveurs les étrangers ayant depuis dix ans leur résidence en Belgique et appartenant à une nation qui accorde des avantages analogues aux Belges. Le cas ne se présente d'ailleurs actuellement que pour l'Allemagne et le canton de Neufchâtel. Mais on exige en outre des affiliés directs qu'ils aient accompli l'âge de 16 ans et qu'ils se trouvent dans une situation de fortune méritant intérêt.

Pour déterminer les catégories de déposants qui remplissent cette dernière condition, la loi n'a pas voulu établir de classifications professionnelles, toujours plus ou moins arbitraires. Elle préfère s'attacher au signe extérieur de l'aisance qui consiste dans le montant des cotisations fiscales.

Sont donc exclues, parmi les personnes assurées directement à la Caisse, celles qui payent en impôts directs, patentes comprises, au profit de l'État, une somme variant de 50 francs dans les communes au-dessous de 10.000 habitants à 80 francs dans celles de 50,000 et plus. L'exclusion d'une personne entraîne celle de ses enfants habitant avec elle, mais cette déchéance ne pèse que sur les affiliés directs.

Les personnes assurées à la Caisse par l'intermédiaire d'une société mutualiste reconnue n'ont pas à justifier d'une situation besogneuse, mais leurs versements ne doivent pas dépasser 60 francs pour l'année entière.

Le droit aux primes n'est acquis à tout affilié, quel qu'il soit, qu'à condition qu'il ait effectué des versements sur son livret pendant l'année qui précède l'exercice budgétaire. On assimile aux versements personnels ceux de la société mutualiste ou d'une tierce personne, le patron par exemple. Mais il n'est pas tenu compte des versements effectués au moyen de subventions des pouvoirs publics. M. de Smet de Naeyer, président du Conseil et Ministre des Finances, s'est expliqué sur ce point à la Chambre des Représentants : « Le système de la loi, a-t-il dit, consiste à subsidier l'effort personnel de l'ouvrier, ainsi que l'intervention très louable du patron ; ce sont là deux manifestations en quelque sorte connexes de l'initiative privée. Mais il ne peut être question pour l'État de superposer son subside à celui de la province ou de la commune.... Les pouvoirs publics ne se subsidient pas entre eux. »

Les versements servant de base à l'attribution des primes peuvent être effectués indifféremment à capital *abandonné*[1] ou à capital réservé. En fait ce dernier mode est de beaucoup le plus répandu. Le législateur a reculé devant la complexité du système bien préférable qui combine la rente viagère à capital aliéné avec une assurance au décès. Toutefois les primes de l'État sont toujours versées à la Caisse à capital

---

1. La loi belge emploie ce mot dans le sens d'*aliéné*.

abandonné, le but poursuivi étant, non d'assurer un pécule aux héritiers du déposant, mais d'augmenter sa pension pour le mettre lui-même à l'abri du besoin. Il peut demander l'ouverture des rentes acquises à partir de chaque année d'âge accomplie, depuis 55 jusqu'à 65 ans.

Le montant de la prime annuelle est fixé à 60 centimes par franc et par livret à concurrence de 15 francs versés ; elle ne peut donc pas dépasser 9 francs par an et par livret. Chaque titulaire n'a le droit d'avoir qu'un seul compte. Il cesse d'être admis au bénéfice des subventions lorsque l'ensemble des sommes portées à son livret suffit à lui constituer une rente annuelle et viagère de 360 francs. En vue d'appliquer un traitement identique à tous les assurés, on établit ce maximum en supposant les versements à capital réservé effectués à capital abandonné et l'entrée en jouissance des rentes fixée uniformément à 65 ans.

A côté du régime normal, des dispositions transitoires améliorent la condition des travailleurs qui ne sont plus assez jeunes pour bénéficier longtemps des subventions de l'État. Ainsi, les intéressés qui avaient atteint l'âge de 40 ans au 1er janvier 1900 jouissent de la prime à concurrence, non plus de 15, mais de 24 francs versés annuellement. Ils peuvent donc toucher une subvention de 14 fr. 40, au lieu de 9 francs par tête et par an.

D'autre part, une allocation annuelle de 65 francs est accordée à tout ouvrier ou ancien ouvrier belge, ayant une résidence en Belgique, âgé de 65 ans au 1er janvier 1901 et se trouvant dans le besoin.

Sont également admis, dans les mêmes conditions, à jouir de cette allocation, au fur et à mesure qu'ils atteindront l'âge de 65 ans, les travailleurs âgés d'au moins 55 ans le 1er janvier 1901; mais ceux qui à cette date avaient moins de 58 ans accomplis sont mis en demeure de fournir un léger effort personnel : ils doivent, pendant une période de trois ans au moins, effectuer à la Caisse Générale de retraite des versements s'élevant au minimum à 3 francs par an et formant un total de 18 francs.

Un arrêté royal du 20 octobre 1900 a établi les règles générales d'attribution de ces allocations de vieillesse. Il s'agit, en définitive, d'un secours de pure assistance, annuellement renouvelable, mais qui doit être retiré au nécessiteux le jour où il revient à meilleure fortune.

Les demandes sont adressées, par l'intermédiaire de l'administration communale, au Comité de patronage des habitations ouvrières et des institutions de prévoyance dont la circonscription comprend la résidence du requérant. Cet organe, créé par la loi du 9 août 1899, joue un rôle considérable dans le développement de la prévoyance en Belgique. Il tient compte des ressources et des charges de l'intéressé, et statue sur la demande, sauf appel en cas de rejet auprès du gouverneur de la province.

En vue de liquider les dépenses résultant de

son application, la loi du 10 mai 1900 institue un fonds spécial des dotations allouées par l'État pour la constitution de pensions de vieillesse. Rattaché à la Caisse des dépôts et consignations, ce fonds est alimenté par une allocation annuelle de 12 millions, inscrite au budget ordinaire de l'État et, en cas d'insuffisance, par des ressources exceptionnelles — et remboursables au Trésor, — éventuellement sollicitées du Parlement.

Le côté le plus original de l'organisation belge consiste dans le rôle prépondérant de la mutualité. Avant la loi de 1900, les primes de l'État étaient réservées aux sociétés mutualistes reconnues qui affiliaient leurs membres à la Caisse Générale de retraite. Dorénavant, les affiliés directs participent, sous certaines réserves, au bénéfice des subventions, mais les mutualistes conservent une situation privilégiée et jouissent de faveurs spéciales. Toute personne assurée à la Caisse par l'intermédiaire d'une société mutualiste reconnue, a droit à la prime, quel que soit le montant de ses impôts, pourvu que ses versements ne dépassent pas 60 francs pour l'année entière. D'autre part, une subvention annuelle de 2 francs est accordée aux sociétés pour chaque livret sur lequel il aura été versé pendant l'année écoulée, une somme de 3 francs au moins, non compris les subsides des pouvoirs publics, et à la condition que la gestion et les écritures de la société aient été trouvées régulières.

Cette subvention est allouée, non pas aux

titulaires pris individuellement, mais à la société considérée comme personne morale. Elle peut en disposer librement, par exemple pour effectuer au profit de ses membres des versements supplémentaires donnant lieu à prime.

Enfin, tandis que les affiliés directs ne bénéficient qu'à partir de 16 ans des libéralités de l'État, on y admet au contraire les jeunes mutualistes dès l'âge de 6 ans, minimum fixé par la loi du 9 août 1897 pour l'affiliation à la Caisse Générale de retraite. On se propose ainsi d'encourager les mutualités scolaires, déjà nombreuses et florissantes.

Cet ensemble de faveurs légales explique les progrès si rapides de la mutualité en Belgique au cours des dernières années. Le nombre des sociétés mutualistes se faisant les intermédiaires entre leurs membres et la Caisse Générale de retraite, a passé de 1.887 au 31 décembre 1899 à 3.604 en 1900, 4.468 en 1901 et 4.734 au 31 décembre 1902. Le nombre des versements s'est élevé, pendant la même période, de 627.100 à 856.116, à 1.368.406, et en 1902, à 1.810.402, tandis que le total des affiliations nouvelles atteignait respectivement 66.712 en 1899, 136.384 en 1900, 133.606 en 1901 et 90.597 en 1902, dues en grande majorité à l'intervention d'intermédiaires, patrons ou mutualités. Il ne reste qu'un chiffre insignifiant de versements directs.

De tels résultats, obtenus dès les premières années d'application, affirment nettement le succès de la loi belge. Il faut dire aussi que la propagande a pris les formes les plus ingénieuses et les plus variées : distribution gratuite de brochures de vulgarisation, appositions d'affiches sur les voies publiques, dans les églises, les gares et les compartiments de chemins de fer, conférences organisées par les provinces et les communes, substitution de livrets de retraite aux volumes donnés comme prix dans les écoles primaires, etc... D'autre part, les sociétés mutualistes recueillent les cotisations à domicile, les centralisent et les versent à la Caisse Générale de retraite. Elles évitent ainsi tout dérangement aux intéressés, et déchargent l'État de dépenses d'administration considérables,

Cependant les prévisions financières de 1900 se sont trouvées notablement dépassées dès l'année suivante. Sans doute les frais de gestion n'ont pas atteint 200.000 francs ; les primes de 60 centimes n'ont guère coûté que 1.100.000 fr. et celles de 2 francs 410.000 francs, mais les allocations de vieillesse ont absorbé 11.450.000 francs soit presque la totalité des 12 millions du fonds spécial annuel. On est loin des 6 millions 500.000 francs dont il avait été question dans les travaux préparatoires. Les Comités de patronage se sont montrés trop larges dans l'octroi des allocations de 65 francs. En 1901, 170.000 vieillards de 65 ans et plus en ont bénéficié, ce qui représente environ 40 p. 100 de la population du même âge. C'est là un point faible de la loi belge, d'autant plus grave qu'on peut redouter que le secours de vieillesse, de passager ne devienne insensiblement définitif. On s'accorde aussi à trouver insuffisantes les mesures d'exception en faveur des personnes âgées de 55 à 58 ans. Cette période transitoire paraît trop courte; un projet nouveau propose de l'étendre jusqu'à l'âge de 45 ans.

Quoi qu'il en soit de ces critiques de détail, la loi du 10 mai 1900 offre une expérience curieuse de « liberté encouragée». Le mouvement d'opinion qui la soutient a fait naître de grandes espérances. Les premiers résultats d'application ne laissent pas que d'être séduisants. La propagande dont le gouverneur de la province de Hainaut, M. du Sart de Bouland, donne l'exemple, est accueillie partout avec la plus grande faveur. Très habilement, la loi entoure la caisse des retraites d'un immense réseau de sociétés mutualistes, qui servent d'intermédiaire entre les intéressés et l'État. Par contre elle repousse tout principe d'obligation et rien ne prouve encore qu'elle ait réussi à s'en passer. Pénètre-t-elle vraiment dans les milieux ouvriers, atteint-elle le plus grand nombre des travailleurs ? On peut en douter. Il semble au contraire que les affiliés se recrutent surtout parmi les gens relativement aisés et seulement dans une élite restreinte de salariés [1]. Aussi proposait-on naguère d'associer les bureaux de bienfaisance à l'application de la loi. Ils inscriraient à leur budget un crédit spécial pour favoriser l'affilia-

---

1. G. Salaun. *Les résultats de la loi belge sur les Retraites ouvrières.* Paris, Rousseau, 1902.

tion des pauvres à la Caisse des retraites. C'est constater le défaut d'empressement des moins fortunés. Si l'avenir ne modifie pas sensiblement cet état de choses, la loi belge n'aura pas justifié tout l'enthousiasme que soulèvent ses débuts. Malgré le vif essor qu'elle imprime à la mutualité, on peut craindre qu'elle n'échoue auprès des masses populaires, manquant ainsi son objectif essentiel, la vulgarisation de la prévoyance.

CHAPITRE VIII

L'ASSURANCE OBLIGATOIRE EN ALLEMAGNE

L'assurance contre la vieillesse fait partie, en
Allemagne, d'un ensemble législatif, d'un système de trois lois sociales dont les éléments
visent pour le travailleur la réparation de la
maladie, des accidents et de l'invalidité.

Cette trilogie, comme on l'appelle, la gloire
de Guillaume Ier, « l'œuvre de paix et de réforme
sociale », repose tout entière sur le principe
d'obligation. Comme l'Angleterre et les autres
pays protestants, l'Allemagne avait inscrit dans
son droit public l'obligation légale d'assistance.
Après l'avènement de la grande industrie et la
disparition des corporations, cette charge devint
trop lourde pour les provinces et les communes.
D'autre part, les philosophes et les économistes allemands, depuis Fichte et Adan Müller
jusqu'à Wagner, Schæffle et Schmoller, réa-
gissant contre les doctrines d'Adam Smith et de
l'École anglaise, orientaient l'esprit public vers
les théories d'intervention de l'État. Ils se ren-
contraient sur ce terrain avec les théoriciens de
la monarchie, Rado itz, Rodbertus Jagetzow,

Stein, et avec les premiers artisans de l'unité nationale.

Dans sa lutte contre le socialisme, M. de Bismarck comprit la nécessité de renforcer la centralisation politique, en prenant l'initiative des grandes réformes ouvrières. Menacée par les partis révolutionnaires, la monarchie chercha un appui dans les forces du Christianisme social. De là le célèbre message du 17 novembre 1881, transmis par Guillaume Ier au Reichstag, et qui fut en quelque sorte l'introduction des lois d'assurance sociale en Allemagne. « Nous considérons, déclarait le souverain, qu'il est de notre devoir impérial de demander de nouveau au Reichstag de prendre à cœur le bien des ouvriers, et nous regarderions avec une satisfaction bien plus complète toutes les œuvres que notre gouvernement a pu réaliser avec l'aide de Dieu, si nous pouvions acquérir la certitude de laisser après nous à la patrie une garantie nouvelle et durable, qui assurerait la paix intérieure et donnerait à ceux qui souffrent l'assistance à laquelle ils ont droit. »

Le programme ainsi tracé reçut une exécution rapide. Ce fut d'abord, dès 1883, la loi d'assurance contre la maladie, rendue applicable à 9 millions de travailleurs industriels ou assimilés qui gagnent moins de 2.000 marks (2.500 francs), avec cotisation obligatoire pour les ouvriers et les patrons ; puis la loi du 6 juillet 1884 contre les accidents, qui, après une série d'extensions, protège aujourd'hui près de 18 millions de personnes organisées corporativement ; enfin, la loi d'assurance contre l'invalidité et la vieillesse, dont le projet, déposé le 22 novembre 1888, avait donné lieu à de longues études et à une vaste enquête auprès des intéressés eux-mêmes. Mis en discussion le 6 décembre suivant, il dut être retiré et soumis à une nouvelle Commission qui le remania profondément. Enfin, le 24 mai 1889, une majorité de 20 voix (185 contre 165), adopta l'ensemble de la loi qui fut promulguée le 22 juin pour entrer en vigueur le 1er janvier 1891. Une loi de revision du 13 juillet 1899, votée à l'unanimité moins trois voix [1], a modifié le mécanisme financier du système à partir du 1er janvier 1900.

C'est à l'assurance contre l'invalidité que le législateur allemand attribue la première place. La vieillesse n'entre en ligne que comme une présomption d'invalidité. Ce dernier risque figure même seul dans le titre de la loi de 1899. Trop longtemps négligée par les sociologues français, l'assurance contre l'invalidité présente de nombreux avantages ; elle intervient dès que la capacité de travail se trouve notablement réduite et par conséquent dès que le besoin du secours commence à se faire sentir ; au contraire, l'allocation de vieillesse due à partir d'un âge déterminé, peut venir trop tard ou trop tôt : dans le premier cas, elle est inefficace et insuffisante, dans le second, superflue et onéreuse pour l'établissement d'assurance. En outre, dans une clientèle nombreuse, la mortalité varie avec les

1. Voir aux *Annexes.*

conditions d'existence et notamment avec la profession. Or, les cotisations d'assurance, le taux et l'origine des pensions ne tiennent pas compte de ces éléments. Il en résulte des inégalités dans la durée du service des retraites de vieillesse, au détriment des professions de vie moyenne plus courte. Au contraire, l'assurance-invalidité favorise plutôt les professions moins bien partagées au point de vue des conditions sanitaires [1].

Le but essentiel de la loi allemande est donc la rente d'invalidité ; la retraite de vieillesse ne vient que comme accessoire. Le projet primitif lui donnait un rôle plus important et la loi de 1889 s'intitulait encore : « loi sur l'assurance contre la vieillesse et l'invalidité ». D'où un malentendu qui a failli compromettre le succès de l'œuvre nouvelle. Il a fallu une active propagande pour faire mieux comprendre le caractère de la législation d'assurance et lever le discrédit qu'elle avait encouru auprès des classes populaires.

Par contre, l'obligation légale n'a pas soulevé en Allemagne les mêmes objections de principe qu'elle rencontre ailleurs. L'opinion publique y était préparée dès longtemps par les théories du socialisme de la chaire. Wagner pose ainsi le problème : « La question de savoir si l'État doit forcer les individus à s'assurer n'est pas de

---

1. M. Bellom. *Des relations mutuelles des branches de l'assurance ouvrière.* Congrès international des accidents du travail et des assurances sociales. Paris, 1900.

celles qu'on puisse résoudre par une réponse absolue. Tout dépend des situations particulières. Là où l'intérêt individuel suffit, il n'y a pas lieu de recourir à l'obligation : l'assurance doit être libre. Mais quand le manque d'éducation, l'indolence, l'imprévoyance dominent et que l'assurance volontaire ne peut grouper un nombre suffisant d'assurés pour une large répartition des risques, l'obligation d'assurance est indispensable pour les imprévoyants et aussi pour la société tout entière et l'ensemble des assurés. Ainsi, par exemple, il n'est pas nécessaire d'imposer l'assurance contre l'incendie parce que l'intérêt particulier suffit : la crainte d'un sinistre excite les propriétaires à assurer leurs maisons. Mais, au contraire, s'il est constaté que l'ouvrier, par imprévoyance, ne songe pas à s'assurer contre les risques de l'existence, la maladie, les accidents, les infirmités, l'État doit intervenir et instituer l'obligation d'assurance. C'est un devoir, non seulement vis-à-vis des individus eux-mêmes dont il doit accroître le bien-être, mais aussi vis-à-vis du corps social tout entier. »

Cette doctrine fait autorité en Allemagne ; développée dans une série d'ouvrages retentissants, dont les auteurs occupaient les plus hautes situations universitaires, elle a frayé la voie à l'assurance obligatoire. Aussi le principe n'a-t-il pas donné lieu à discussion sérieuse : la cause était entendue d'avance.

La loi du 22 juin 1889 assure d'office tous les

salariés âgés de 16 ans révolus, dont le salaire ne dépasse pas 2.000 marks par an (2.500 francs). Cette définition comprend non seulement les ouvriers, aides, compagnons, apprentis, domestiques et gens de mer, mais encore les employés d'exploitation, contremaîtres et chefs d'ateliers, les commis et apprentis de commerce et tous autres employés dont le travail salarié forme la principale occupation; enfin, depuis la loi de 1899, les professeurs et répétiteurs, pourvu que ces catégories de personnes touchent un salaire ou traitement et que celui-ci ne dépasse pas 2.000 marks par an.

On voit combien est vaste le champ d'action de la loi; il n'englobe pas moins de 13 millions d'assujettis. Du reste, la généralité des mesures s'impose presque nécessairement en matière d'assurance contre la vieillesse et l'invalidité : l'ouvrier moderne se déplace fréquemment, surtout en Allemagne, il passe tour à tour d'un travail à un autre, et il faut une organisation étendue pour l'atteindre pendant toute sa vie [1].

Ce système n'en rencontra pas moins d'ardents adversaires. Le Dr Hitze, du parti du Centre, combattit l'extension de la loi aux ouvriers agricoles, mais la majorité du Reichstag décréta l'assurance aussi bien dans l'agriculture que dans l'industrie.

Les difficultés survenant à propos de l'application de la loi sont réglées par le Conseil Fédé-

1. De Saint-Aubert. *L'assurance contre l'invalidité et la vieillesse en Allemagne.* Paris, Larose, 1901.

ral, assemblée représentant les différents États de l'Empire allemand et qui sert d'organe aux Confédérés pour l'exercice de leur souveraineté. Il peut étendre l'obligation pour tout le territoire de l'Empire ou seulement pour des régions déterminées : aux petits industriels et autres entrepreneurs qui n'occupent pas régulièrement au moins un ouvrier salarié, et aux travailleurs en chambre sans égard au nombre de leurs ouvriers. Les étrangers sont généralement exclus de l'assurance, mais les patrons qui les emploient doivent verser à la Caisse commune les cotisations qu'ils paieraient pour un ouvrier allemand. Il n'y a d'exception que pour les personnes remplissant une fonction gouvernementale donnant droit à une retraite, et dans des cas exceptionnellement prévus par la loi.

A côté de l'assurance obligatoire fonctionne l'assurance volontaire, permettant aux personnes en dehors du cadre légal de payer des cotisations et d'acquérir ainsi le droit à une rente d'invalidité et de vieillesse. Cette faculté appartient aux petits patrons et entrepreneurs indépendants qui n'emploient pas régulièrement plus de deux ouvriers salariés, aux industriels en chambre qui n'ont pas été obligés à l'assurance par le Conseil Fédéral, aux employés, professeurs, instituteurs, dont le traitement est compris entre 2.000 et 3.000 marks (2.500 à 3.750 francs), et aussi aux ouvriers exemptés de l'assurance à cause du caractère trop passager de leurs occupations.

Grâce à la subvention de l'Empire qui majore les rentes de 50 marks, les assurés volontaires jouissent d'avantages hors de proportion avec leurs sacrifices. Aussi la loi de 1889 leur imposait-elle le paiement d'une cotisation supplémentaire de 28 pfennigs et ne les admettait que dans la deuxième classe de salaires. Cette restriction a disparu en 1899 en même temps que le timbre supplémentaire. Mais, pour éviter les abus, il faut que l'assurance soit contractée avant quarante ans, et le droit à la rente ne peut naître qu'après un versement de 500 cotisations. On espère que ces dispositions plus libérales augmenteront le nombre encore restreint des petits patrons et employés inscrits à l'assurance volontaire.

En échange de leurs cotisations, les assurés ont droit à l'obtention d'une rente dans les cas d'invalidité ou de vieillesse, subsidiairement à des secours médicaux pour conjurer ou retarder l'invalidité, et même, dans certaines hypothèses, au remboursement des cotisations personnelles : en cas de mort, d'incapacité de travail à la suite d'un accident indemnisé par l'assurance-accidents et enfin en cas de mariage des femmes assurées.

Mais l'objet fondamental de l'assurance est la rente d'invalidité. La vieillesse ne donne ouverture à la pension qu'à partir de 70 ans et après 1200 semaines de cotisations. Au contraire, l'invalidité n'a pas d'âge et n'exige qu'une période d'attente de 200 semaines de cotisations, s'il en a été payé 100 en vertu de l'assurance obligatoire, et 500 semaines dans les autres cas.

On voit que l'invalidité passe au premier plan. Elle consiste dans une réduction permanente de la capacité de travail. Pour la définir, la loi de 1889 combinait deux éléments : le salaire de l'ouvrier au moment où l'invalidité le frappe, et le salaire moyen des ouvriers ordinaires du lieu de son domicile. On tenait l'assuré pour invalide lorsqu'il ne pouvait plus gagner une somme au moins équivalente au sixième du salaire moyen de la classe à laquelle il avait appartenu pendant les cinq dernières années, ou encore un sixième de 300 fois le salaire journalier moyen des ouvriers ordinaires de la localité, fixé par les autorités compétentes.

Cette règle trop compliquée a fait place en 1899 à une formule plus simple. Est présumé invalide l'assuré qui ne peut plus gagner, par une occupation en rapport avec ses forces et ses aptitudes, en tenant compte de son éducation professionnelle et de son métier antérieur, un tiers de ce qu'une personne de la même profession, d'une éducation égale, gagne dans la même région par son travail. Il s'agit donc de savoir si la capacité de travail a subi une réduction des deux tiers. Cette appréciation des plus délicates est exercée souverainement par la Caisse d'assurances et ses médecins.

La rente d'invalidité est aussi accordée à l'assuré qui, bien que n'étant pas incapable de

travail d'une façon permanente, est cependant
en état d'incapacité depuis 26 semaines sans
interruption. Les Caisses d'assurances contre la
maladie doivent des secours pendant les 13 premières semaines, mais la plupart réussissent
à prolonger leur aide jusqu'à la vingt-sixième
semaine. C'est donc au moment où l'assurance-
maladie cesse de fonctionner qu'intervient,
en faveur des malades, l'assurance contre l'invalidité. Elle ne dure d'ailleurs que pendant la
période d'incapacité. Elle n'est pas due si l'invalidité provient d'un crime ou délit commis
par l'assuré ou d'une mutilation volontaire ;
elle ne se cumule pas avec les rentes que procure la loi des accidents : en pareil cas, on
applique le taux le plus élevé.

Une des dispositions les plus originales de la
loi allemande consiste dans le droit pour les établissements d'assurance de veiller sur la santé
des assurés et de leur imposer un traitement
de guérison. Les secours ainsi donnés consistent en soins médicaux, traitement et entretien
gratuit dans un hôpital ou une maison de santé,
subsides à la famille. Si le malade est marié et
a son propre ménage, ou s'il fait partie du
ménage de ses parents, il faut obtenir son consentement pour le faire entrer dans un hôpital.
Ces secours ne constituent pas un droit, mais
celui qui les refuse s'expose à perdre ses titres
à la rente d'invalidité. Il y a là un très curieux
exemple de coercition légale.

Les pensions de vieillesse et d'invalidité se

composent de deux éléments : une partie fixe consistant dans la somme annuelle de 50 marks (62 fr. 50) fournie par l'État, et une partie variable produite par les cotisations du patron et de l'ouvrier. Ce principe de la triple contribution était contenu en germe dans le message impérial de 1881. Il s'agit d'améliorer le sort des ouvriers insuffisamment protégés par le contrat de travail. Or, disent les auteurs de la loi de 1899 dans leur exposé des motifs, « la communauté, c'est-à-dire l'Empire qui est son expression même, a le devoir rigoureux de maintenir la paix et l'harmonie dans le corps social. Pour atteindre ce but, il ne saurait se dispenser de créer des lois de nature à améliorer le sort souvent malheureux de la classe laborieuse.

« Pour assurer le succès de pareilles lois, l'Empire peut bien faire appel au concours des patrons et des ouvriers, puisqu'en réalité ceux-ci sont les principaux intéressés au maintien de la paix sociale. Mais il doit encore apporter lui-même sa contribution particulière, sans laquelle d'ailleurs les sacrifices des patrons et des ouvriers seraient insuffisants.

« Il ne faut pas non plus perdre de vue que l'assurance contre la vieillesse est de nature à diminuer les charges de l'assistance publique.... Il est donc naturel qu'une notable fraction de ces charges se reporte sur l'Empire lui-même, c'est-à-dire sur l'ensemble des contribuables. »

Ainsi, la participation de l'État aux pensions d'invalidité et de vieillesse se justifie non seulement par l'intérêt social de l'institution, mais aussi par le dégrèvement qu'elle opère dans le budget de l'assistance publique. D'autre part, l'invalidité résulte, en général, du travail, et les pensions allouées suppléent aux forces rédui-tes par le travail. C'est donc au produit du travail qu'il faut logiquement demander les ressources correspondantes. De là la contribution obligatoire des ouvriers et des patrons. L'exposé des motifs du 22 novembre 1888 répond aux objections contre le principe : « Il est impossible de dispenser les ouvriers de payer leur part des frais de l'assurance. Une institution qui, en créant des ressources gratuites à l'ouvrier, lui enlèverait le sentiment de la responsabilité et le souci de l'avenir, abaisserait son caractère dans de désastreuses proportions. L'homme, quel qu'il soit, ne doit jamais perdre de vue que, dans les années de santé, il a le devoir de penser aux mauvais jours. Mais, si l'ouvrier seul est incapable d'une épargne suffisante, il est légitime que le patron lui vienne en aide pour lui permettre de réaliser l'assurance. Car le salaire ne comprend pas toujours l'indemnité nécessaire à compenser la déperdition de forces qui est la conséquence du travail. La participation au paiement des cotisations de l'assurance comble d'une façon très heureuse cette lacune dans la constitution des salaires. »

L'ouvrier doit verser chaque semaine une cotisation d'assurance, sorte de prime qui lui procure le droit à la rente. Mais le patron doit payer lui-même la moitié de cette cotisation. Elle varie, suivant le salaire, de 9 à 23 francs par an, 12 francs en moyenne, dont moitié seulement à la charge de l'ouvrier.

Pour le calcul des rentes, les assurés sont divisés en cinq classes : la première comprend les salaires inférieurs à 350 marks (437 fr. 50) ; la seconde, de 350 à 550 marks (437 fr. 50 à 687 fr. 50) ; la troisième, de 550 à 850 marks (687 fr. 50 à 1.060 fr. 50) ; la quatrième, de 850 à 1.150 marks (1.060 fr. 50 à 1.437 fr. 50) ; la cinquième, au-dessus de 1.150 marks (1.437 fr. 50). La pension d'invalidité varie suivant le taux du salaire et le nombre des versements. Le minimum étant de 116 marks (145 francs), elle peut atteindre dans des cas extrêmes jusqu'à 524 marks (655 francs) et davantage. En moyenne elle ne dépasse pas 132 marks (165 francs).

La vieillesse est beaucoup moins bien traitée. Elle ne donne droit à la pension qu'à partir de 70 ans et après 1.200 semaines de cotisation. Il est vrai que le temps de service militaire et les journées de maladie entrent en ligne dans ce décompte. Mais la retraite, toujours peu élevée, varie suivant la classe de 110 à 230 marks (137 fr. 50 à 287 fr. 50), y compris la subvention d'Empire de 50 marks. La moyenne ressort à 142 marks.

On aura une idée plus précise des résultats de l'institution si l'on emprunte à M. Klein, membre de l'Office impérial des Assurances, l'exemple concret suivant : un ouvrier gagnant 1.500 francs par an paie chaque semaine 0 fr. 23, soit 11 fr. 95 par an. Le patron verse la même cotisation. En cas d'invalidité, cet ouvrier touchera 262 fr. 50, 412 fr. 40 ou 562 fr. 50 suivant que les primes auront été payées pendant 10, 30 ou 50 ans et qu'il sera âgé par conséquent de 20, 40 ou 60 ans. S'il meurt avant d'être entré en jouissance de la rente, toutes ses cotisations personnelles reviendront à sa veuve et aux enfants âgés de moins de 15 ans. S'il peut encore travailler à 70 ans, on lui accordera une pension de vieillesse de 287 fr. 50, servie tant qu'il pourra exercer son métier.

Cette modicité de la pension de vieillesse et surtout l'âge avancé de l'entrée en jouissance ont produit dans le peuple une impression défavorable. Il a fallu, pour l'effacer, une campagne persévérante. Or, de deux choses l'une : à 70 ans, ou le vieillard sera invalide, et dans ce cas il aura droit, non à la pension de vieillesse mais à celle d'invalidité ; ou il sera encore valide, et dans ce cas, il pourra ajouter le produit de son travail au montant de la pension de vieillesse [1].

Les rentes se paient aux guichets de la poste, sur mandat des établissements d'assurance, et peuvent être remplacées dans certains cas par

1. Ch. Gide. *Rapports du Jury international de l'Exposition de 1900*. Economie sociale. Paris, Imprimerie Nationale, 1903.

des prestations en nature, par un versement en capital ou par l'entretien dans un hôpital, hospice ou maison de santé; elles sont insaisissables et incessibles.

La détermination du taux des cotisations a donné lieu à des combinaisons d'un vif intérêt. En 1889, on adopta la capitalisation par périodes. Les cotisations, fixées pour 10 ans, devaient, dans chaque classe, fournir le capital nécessaire pour payer jusqu'à leur extinction les rentes attribuées pendant ce laps de temps aux personnes de la même classe, d'après les tables de mortalité, de morbidité, de survie. Cette méthode a le double inconvénient de faire débourser pendant les premières années des cotisations très élevées et d'accumuler dans les caisses des capitaux énormes, d'un emploi difficile.

La loi de 1899 a remplacé ce système par celui des primes fixes moyennes. On a calculé, d'après les statistiques dressées depuis 1891, le total des primes variables et croissantes que les assurés devraient payer pendant 100 ans dans le système de la répartition et on prend la moyenne qui est convertie en cotisation fixe. Cette cotisation, supérieure aux besoins du début, laisse un excédent qui se capitalise en vue de l'avenir, mais qui est bien moins considérable que dans un système de capitalisation proprement dite. Ainsi, pour la période de 1891 à 1990, on évalue la dépense totale de l'assurance à 12 milliards 267 millions de marks. Le nombre des assurés par année étant de

11.850.000, la dépense doit se répartir entre 1 milliard 185 millions de cotisants. La prime annuelle par assuré ressortira donc à environ 10 marks (12 fr. 50). Connaissant aussi la répartition des assurés par classe, on a pu graduer les cotisations de 14 à 36 pfennigs par semaine (0 fr. 175 à 0 fr. 45). Le patron et l'ouvrier en paient chacun la moitié, ce qui représente un sacrifice très modéré eu égard au résultat.

Les employeurs sont responsables du versement pour leurs ouvriers; ils le retiennent sur le salaire et le constatent par des timbres spéciaux collés sur des cartes-quittances qui portent 52 cases pour les 52 semaines de l'année. Les timbres, émis par les établissements d'assurance, ont une valeur de 15, 20, 24, 30 et 36 pfennigs. Ce mode de perception, le *Marken system*, n'entraîne pas d'autres frais que ceux de la fabrication des timbres.

Tout ouvrier doit avoir une carte-quittance qu'il reçoit gratuitement au bureau de police et sur laquelle le patron colle chaque semaine un timbre de la classe correspondante. La moitié de la valeur du timbre reste à la charge du patron qui peut retenir l'autre moitié sur le salaire. Une fois la carte couverte de timbres, l'ouvrier l'échange au bureau de police contre une nouvelle carte sur laquelle les employés doivent inscrire le relevé du nombre des timbres collés, des semaines de maladie, des périodes de service militaire, mentionnés sur la carte précédente. Grâce à ce tableau récapitulatif, les assurés et l'administration peuvent à chaque instant contrôler le montant de la rente acquise.

Les bureaux de police transmettent les cartes échangées et couvertes de timbres à l'établissement d'assurance du ressort, qui lui-même les fait parvenir à celui qui les a émises. Les ouvriers peuvent se déplacer et coller des timbres de leur nouvelle circonscription, mais ils continuent à employer la même carte.

Les établissements d'assurance conservent les cartes-quittances dans un local spécial où chaque assuré possède son casier. S'il devient invalide, toutes ses cartes sont transmises au bureau de calcul de l'Office impérial qui répartit la charge de sa rente entre les établissements d'assurance proportionnellement au nombre des timbres et à leur valeur.

La loi évite avec soin tout ce qui pourrait donner aux cartes-quittances quelque analogie avec un livret de travail. L'ouvrier redouterait d'y voir inscrire par le patron des mentions relatives à son habileté professionnelle ou à sa conduite. Toute annotation de ce genre est punie de peines sévères. De plus, la carte n'a qu'une durée limitée, deux ans au maximum, et peut s'échanger à tout moment au gré du titulaire. Elle appartient à l'assuré, bien qu'ordinairement le patron ou l'autorité la conservent jusqu'au moment où l'ouvrier change de travail ou de domicile. Mais il peut toujours en exiger la remise, au besoin par l'intermédiaire de la police locale.

En principe, le collage des timbres doit se faire au moment de la paye, et la retenue s'opère en même temps. Mais la loi de 1899 donne aux établissements d'assurance la faculté d'autoriser certains grands industriels à ne coller les timbres qu'au bout d'une période qui ne peut excéder l'année. On met à leur disposition des timbres d'une valeur plus élevée, pour simplifier la formalité du collage. Elle doit être suivie aussitôt de l'oblitération qui consiste dans l'inscription sur la carte de la première lettre du jour et de la date.

L'ouvrier peut aussi coller les timbres lui-même et réclamer au patron la moitié de leur valeur à la paye suivante: c'est le procédé qu'emploient les travailleurs à domicile. Quant aux assurés volontaires qui choisissent eux-mêmes leur classe, ils n'ont évidemment rien à se faire rembourser. Les uns et les autres doivent effectuer l'opération avec régularité et sans négligence. Un assuré perd le droit à la rente s'il n'a pas dans les deux ans qui suivent l'émission de la carte-quittance collé au moins vingt timbres d'assurance obligatoire ou quarante timbres d'assurance volontaire. Il pourra d'ailleurs recouvrer le bénéfice des cotisations antérieures en recommençant une nouvelle période d'attente.

Un abus contraire consisterait dans l'apposition d'un nombre excessif de timbres à l'approche de l'invalidité: on y obvie en tenant pour nuls tous les timbres en trop.

Malgré sa grande simplicité, le système des timbres paraît assez impopulaire en Allemagne; patrons et ouvriers supportent avec peine l'obligation de les coller chaque semaine, de conserver la carte-quittance et de la faire échanger. Certains États confédérés, la Saxe notamment, ont chargé les Caisses de maladie de coller elles-mêmes les timbres de leurs membres et d'en recouvrer le prix en même temps que les cotisations d'assurance contre la maladie. Le même rôle peut aussi être confié aux autorités communales ou à des bureaux de perception locaux. Mais il en résulte un surcroît de dépenses pour les établissements d'assurance. Aussi a-t-on proposé, en 1899, des modes de perception différents. M. Bœdiker, ancien Directeur de l'Office impérial des Assurances, a imaginé un procédé fort séduisant. Dans l'industrie, les patrons verseraient directement une cotisation proportionnelle au nombre de leurs ouvriers et au montant de leurs salaires. Les listes seraient envoyées périodiquement aux établissements d'assurance. A la campagne, la taxe serait perçue en même temps que les impôts. Les autorités administratives la fixeraient d'après le nombre normal d'employés occupés par chaque entreprise. Dans les deux cas, les patrons retiendraient au personnel, au moment de la paye, la moitié de la taxe [1].

M. Bœdiker supprime les classes d'assurés ;

1. De Saint-Aubert. *Ouvr. cité.*

il fixe la base de la rente à 12 marks par mois pour les hommes et à 9 marks par mois pour les femmes. Elle serait acquise à toute personne ayant travaillé pendant les cinq ans qui précèdent l'invalidité et s'accroîtrait d'une somme déterminée par année de travail, sans pouvoir excéder le triple de la base[1]. On reproche à ce projet de n'établir aucune corrélation entre le salaire et la rente d'invalidité, et surtout, de présenter des difficultés sérieuses en ce qui concerne la détermination du nombre normal d'ouvriers dont chaque industrie a besoin. En somme, le *Marken system* a de grands avantages; il finira par entrer dans les mœurs et l'on peut dire, avec l'exposé des motifs de la loi de 1899 : « Tant que la durée du travail et le montant du salaire serviront de base à la rente, il n'existera pas de procédé plus ingénieux et plus efficace que le système du timbre, qui a pour lui une expérience de plus de dix années. »

L'exécution financière de la loi d'assurance contre l'invalidité et la vieillesse est confiée à des institutions régionales chargées de percevoir les cotisations d'assurance de leur ressort, de les faire fructifier et de servir les rentes correspondantes. Ces établissements d'assurance, au nombre de trente et un, constituent des caisses autonomes administrées par les patrons et les assurés eux-mêmes sous le contrôle et la garantie de l'État. A côté d'eux subsistent neuf Caisses de syndicats patronaux assimilés qui

---

1. De Saint-Aubert. *Ouvr. cité*.

accordent à leurs membres des avantages au moins égaux à ceux prévus par la loi. Au-dessus de toute cette organisation se trouve l'Office impérial des assurances, créé en 1890, qui fonctionne à Berlin. C'est lui qui contrôle la gestion des établissements d'assurance, qui tranche les difficultés d'ordre général et qui établit les calculs servant à fixer le taux des cotisations et la valeur des rentes.

Les établissements d'assurance jouissent de la personnalité civile; ils sont administrés conformément à des statuts élaborés par un Comité d'administration. Ce Comité est nommé par des assemblées de patrons et d'ouvriers et par les membres des bureaux de rente, organes de décentralisation mi-administratifs et mi-électifs. Il se compose d'au moins cinq représentants des patrons et cinq représentants des assurés. La gestion est confiée à une direction comprenant à la fois des fonctionnaires (communaux ou gouvernementaux), et des délégués des patrons et des ouvriers, en nombre égal, élus par le Comité. La direction examine les demandes de rentes, les recueille ou les repousse, et gère la fortune de l'établissement. Les opérations financières doivent être soumises au Comité et contrôlées par l'Office impérial. Ne sont permis que les placements autorisés par le Code civil pour les biens des mineurs. Cependant, par autorisation spéciale, les Caisses peuvent employer autrement la moitié de leur fortune avec l'approbation de l'État ou de la province qui garantit leur solvabilité. La loi de 1899, qui a réalisé cette innovation, stipule toutefois que les sommes excédant le quart de la fortune ne doivent être affectées qu'à des institutions de nature à augmenter le bien-être de la classe ouvrière : hospices, habitations à bon marché, etc.

Jusqu'en 1899, les établissements d'assurance avaient individuellement la charge des rentes correspondant aux cotisations reçues. Les Caisses des grands centres prospéraient, et celles des régions agricoles se trouvaient en état d'infériorité manifeste. Pour remédier à cet inconvénient, on proposa la création d'Unions de réassurance ou d'une Caisse d'État unique analogue à notre Caisse des retraites pour la vieillesse. Mais le Reichstag a mieux aimé diviser les charges des établissements en deux parts : les charges communes et les charges particulières. Les premières, qui doivent être supportées en commun par toutes les institutions d'assurance, comprennent les sommes nécessaires pour assurer le service des trois quarts des rentes de vieillesse, ainsi que les portions fixes des rentes d'invalidité. Les secondes, qui incombent séparément à chaque établissement d'assurance, se composent des sommes nécessaires au paiement du quart restant des rentes de vieillesse et de l'appoint des rentes d'invalidité dépendant du nombre des cotisations versées. De même, à l'actif, la fortune des Caisses se divise en deux parties distinctes : le fonds commun, propriété collective des établissements d'assurance, géré d'après des règles uniformes, et l'avoir particulier de chacun d'eux, qui lui appartient en propre, et qu'il administre plus librement. Les dépenses communes se répartissent entre tous les établissements en proportion de l'importance de leur fonds commun. On évite ainsi l'accumulation des capitaux dans une caisse unique. Grâce à ces mesures de décentralisation, les énormes réserves du système (un milliard en 1902, chiffre qui pourra s'élever à plus du double par la suite), au lieu de s'immobiliser en rentes sur l'État, subventionnent en grande partie des œuvres sociales qui améliorent l'hygiène publique en même temps qu'elles allègent les charges de l'assurance pour l'avenir.

Au point de vue des résultats d'application, le bureau de statistique de l'Office impérial public chaque année de nombreux renseignements. En 1902, les Caisses groupaient 9.888.495 assurés obligatoires et 6.645 assurés volontaires. La même année, il a été accordé 142.720 pensions d'invalidité, 8.734 pensions de maladie et 12.885 pensions de vieillesse. Les recettes ont atteint 127.785.658 marks, en augmentation de 4 millions et demi sur l'exercice précédent. On a distribué 108.884.218 marks de pensions. Depuis l'origine, il a été versé 4.650.962.584 marks de pensions ; plus de 900.000 marks pour soins médicaux et 600.000 environ pour secours aux familles des assurés.

L'avoir total des Caisses régionales s'élève à plus d'un milliard.

Malgré leur intérêt, ces chiffres se rapportent à une période encore trop courte pour qu'on puisse en tirer des conclusions précises. C'est ainsi que la valeur moyenne actuelle des rentes d'invalidité pourra doubler dans vingt ans par le jeu des versements prolongés. Au plein, on estime que sur 100 assurés, il y aura un retraité de vieillesse et 11 rentiers d'invalidité, ce qui, pour une population totale de 50 millions d'habitants, représente un effectif de 1.500.000 pensionnés, jouissant ensemble de 330 millions de rente.

Les économistes et statisticiens d'Outre-Rhin se félicitent volontiers de ces résultats. Les apologistes des assurances obligatoires y puisent un de leurs meilleurs arguments. Ils estiment que l'assurance libre n'aurait pas donné la même satisfaction et n'hésitent pas à préconiser la généralisation de la méthode. Le système allemand a l'avantage de vivre ; il fonctionne bien, en somme, malgré les frottements inévitables dans un mécanisme aussi colossal[1].

Mais quelque séduisante que puisse paraître une organisation de ce genre, il ne faut pas oublier qu'elle a réussi avec peine dans un pays où la population est habituée de longue date à l'ingérence administrative et où les progrès rapides de la prospérité commerciale ren-

---

1. G. Salaun. *Revue pol. et parlementaire.* Avril 1901.

dent plus supportables les charges d'une étroite réglementation. Une critique judicieuse pourra faire des emprunts aux lois allemandes, mais personne, en France, ne prétendra importer de toutes pièces des méthodes qui ne conviendraient ni aux tendances ni aux institutions libérales du pays. Comment, par exemple, l'opinion accueillerait-elle cette obligation draconienne imposée au malade d'entrer à l'hôpital pour conjurer les menaces de l'invalidité ? Le législateur devra élaborer un système mieux en harmonie avec les caractères du génie national. On ne saurait, en effet, ainsi que conclut M. Paul Deschanel, « imposer à la France républicaine les procédés inquisitoriaux de l'Allemagne, de ce pays hiérarchisé et militarisé à outrance, dans lequel, suivant le mot de M. de Bismarck, *chacun naît avec un uniforme*[1]. »

1. Paul Deschanel. *La République nouvelle.* Paris, Calmann-Lévy, 1898.

CHAPITRE IX

TRAVAUX PARLEMENTAIRES EN FRANCE

En France, le problème des Retraites ouvrières a pris une grande place dans les préoccupations du Parlement. Son étude a coûté déjà
vingt-cinq années de travaux préparatoires,
inspiré une centaine de projets et propositions
de loi, abouti à trois grands rapports parlementaires et, en dernier lieu, à de longs débats,
d'où n'est sorti qu'un vote de principe. Entre
temps, une vaste enquête a donné aux intéressés
le moyen de faire connaître leurs aspirations.
Enfin, en 1903-1904, la Commission d'assurance
et de prévoyance sociales de la Chambre des
députés a élaboré une nouvelle proposition dont
les circonstances n'ont pas encore permis
d'aborder la discussion. Divers incidents soule-
vés à ce propos par M. Millerand ont mis en
lumière la volonté unanime de faire aboutir la
réforme qui aura vraisemblablement son tour
pendant la session ordinaire de 1905. On peut
donc dire de cette question capitale qu'elle reste
en permanence à l'ordre du jour du Parlement.

Elle fut posée pour la première fois en 1879
par Martin Nadaud, Charles Floquet et quel-

ques autres, sous la forme d'un projet de résolution invitant la Chambre à « nommer une Commission chargée de préparer un projet de loi relatif à la création d'une Caisse de retraites en faveur des vieux ouvriers de l'industrie et de l'agriculture », mais cette proposition n'eut pas de suites. En 1881, Martin Nadaud, et un peu plus tard, M. Waldeck-Rousseau et M. Laroche-Joubert présentèrent des propositions dans le même sens: elles demandaient le concours de l'État, mais laissaient à l'assurance un caractère facultatif.

En 1886, M. de Mun, Mgr Freppel et d'autres députés de la Droite déposèrent une proposition fondée sur le principe de l'assurance obligatoire. « La légitimité de cette mesure, disaient-ils dans leur exposé des motifs, ne saurait être contestée. C'est en vain qu'on présenterait l'épargne forcée, l'épargne imposée, malgré lui, au travailleur comme une atteinte inique à sa liberté. L'ouvrier paresseux et imprévoyant est fatalement condamné à tomber un jour à la charge de l'assistance publique, et le législateur a le droit de prendre des mesures préventives pour que la faute d'un seul ne retombe pas sur la société tout entière. Pour les chefs d'entreprise, ils ont à remplir des devoirs de paternité sociale. Ils doivent aide et assistance à leurs ouvriers quand la maladie les frappe, quand la misère les attend; c'est là une obligation morale incontestable, que nous transformerions volontiers en un lien juridique, ne sachant pas d'autre moyen de la rendre effective. Suivant nous, en effet, l'assurance à ces Caisses doit être obligatoire, et, si leur création est reconnue nécessaire, il serait puéril de dire qu'elle doit être spontanée et facultative. »

Ayant ainsi justifié le principe d'obligation, M. de Mun et Mgr Freppel proposaient de grouper tous les membres d'une même profession ou d'une même industrie autour de grandes Caisses régionales, instituées dans les circonscriptions de l'inspection du travail (loi du 19 mai 1874). Ces Caisses corporatives constituent une mutualité obligatoire, ayant pour but de garantir les membres participants contre les conséquences de la maladie et de la vieillesse. Elles sont alimentées par une retenue sur le salaire de l'ouvrier ou employé et par une contribution égale de l'entreprise. Chose remarquable, cette proposition vit le jour plusieurs années avant la loi allemande sur l'invalidité et la vieillesse qui présente avec elle plus d'un point de contact.

Après l'Exposition de 1889, les propositions se multiplièrent. La législature qui suivit n'en compta pas moins de onze dont un projet de loi déposé au nom du Gouvernement par MM. Constans et Rouvier, qui adoptait le principe de l'option, déjà soutenu par M. de Ramel. Signée par plusieurs représentants de la grande industrie, MM. Le Gavrian, Georges Graux, Desjardins-Verkinder, Thellier de Poncheville, la proposition de Ramel prenait pour base la Caisse Nationale des retraites pour la vieillesse, reconstituée et jouissant d'une certaine autonomie. Son rôle était de centraliser les versements des patrons et des ouvriers, en y ajoutant le produit des subventions, dons et legs, pour servir aux travailleurs, à partir de 65 ans, une pension élevée en moyenne à 360 francs par an. M. de Ramel repoussait l'assurance obligatoire, mais il présumait chez les ouvriers l'intention de s'assurer, à moins d'une déclaration contraire faite devant le maire en présence de témoins. « La liberté, disait-il, est sauvegardée par le droit de renonciation et la présomption de mutualité résulte du contrat de louage. » Le patron devait verser 10 centimes par jour : 5 en son nom et 5 au nom de l'ouvrier. Celui-ci recevait un livret individuel lui permettant de continuer les versements dans une autre usine. Enfin, une caisse de capitalisation faciliterait aux ouvriers l'épargne pour leurs vieux jours.

Le projet du Gouvernement, déposé par MM. Constans et Rouvier le 6 juin 1891 [1], empruntait à la proposition de Ramel cette sorte de présomption légale qui consiste à supposer, à moins de déclaration contraire formellement exprimée, que tous les travailleurs ont voulu assurer leur vieillesse contre la misère. Les patrons doivent retenir sur le salaire une somme de 5 à 10 centimes par jour et verser eux-mêmes

1. Chambre, *Documents parlementaires*, année 1891. Annexes. N° 1173, page 1155.

pareille contribution. L'État majore des deux tiers les versements portés au livret des déposants. En outre, il prend à sa charge le tiers des trente primes annuelles nécessaires pour contracter à la Caisse d'assurance en cas de décès une assurance sur la vie de 500 à 1.000 francs.

Soumis à la Commission du travail, ce projet eut à subir de nombreuses modifications. Le rapport de M. Guieysse, en 1893, lui substitua une proposition caractérisée par l'inscription facultative des travailleurs à la Caisse des retraites, les versements volontaires des ouvriers, une subvention de même importance de l'État, et la capitalisation des fonds à provenir des versements répartis dans des Caisses régionales.

Ce premier rapport de M. Guieysse ne vint pas en discussion. Son auteur en reprit les éléments sous forme de proposition de loi, le 23 novembre 1893. Après avoir examiné des textes nombreux, la Commission d'assurance et de prévoyance choisit comme rapporteur M. Audiffred [1]. Adversaire de l'obligation légale, celui-ci pose en principe que tout versement de l'ouvrier entraîne un versement égal du patron, dans les limites d'un certain maximum, et réciproquement. Au total, le versement atteindra 4 p. 100 du salaire, dont moitié à la charge de l'employeur et moitié à la charge de l'ouvrier, sauf accord intervenu entre eux pour l'augmenter. Les versements sont faits à capital aliéné, mais les inté-

---

1. Rapport de M. Audiffred du 19 décembre 1896. Chambre, *Doc. parl.*, 1897, p. 116.

ressés peuvent en appliquer une partie à une assurance au décès, pour une somme variant de 500 à 1.000 francs. A partir de 60 ans, les pensions inférieures à 360 francs sont majorées par l'État, dans les conditions générales de la Caisse Nationale des retraites pour la vieillesse.

Ainsi, le versement de l'ouvrier a pour conséquence un versement égal du patron, et la contribution patronale oblige l'ouvrier à pareille contribution. La loi institue l'assurance facultative, sauf à la volonté d'une des parties à la rendre obligatoire pour l'autre partie. Mais n'est-il pas à craindre, dans la pratique, que certains patrons, soucieux d'éviter une charge nouvelle, embauchent de préférence les ouvriers qui s'engageront à ne rien verser ? De même, les ouvriers qui voudront disposer de tout leur salaire offriront leurs services aux employeurs qui ne versent rien à la retraite.

Une proposition postérieure de M. Louis Ricard obvie à cet inconvénient : l'inscription a lieu d'office, avec faculté de renoncer, mais les versements, facultatifs pour les ouvriers, sont toujours obligatoires pour les patrons. Ils s'élèvent à 5, 10 ou 15 centimes suivant l'âge du travailleur et le montant de son salaire. Les versements des patrons non employés pour les retraites des ouvriers servent à alimenter un fonds spécial destiné à la majoration des pensions.

Ici, comme dans les propositions précédentes, l'ouvrier qui ne verse rien à la retraite n'acquiert aucun droit. A lui, le premier, de faire acte de prévoyance, et l'employeur devra compléter son effort par une contribution personnelle. Tel est en effet le principe des systèmes libéraux, caractérisés par l'inscription facultative des travailleurs à la Caisse des Retraites.

Un grand nombre d'autres propositions considèrent l'assurance volontaire, même encouragée par l'État, comme tout à fait insuffisante. Quelques-unes d'entre elles émanent des partis socialistes : tel est le fameux projet Escuyer, repris en 1898 par M. Zévaés. Il crée une Caisse nationale de prévoyance, avec inscription obligatoire de tous les travailleurs, retraite de 500 francs à 60 ans, versement mensuel de la somme de un franc, prélevée par retenue sur le salaire et de 1 fr. 50 à la charge des employeurs. Ces cotisations assurent les risques de maladie, d'accident, de vieillesse et d'invalidité. Bien entendu, il n'existe aucune corrélation entre les ressources et les avantages promis ; l'excédent des dépenses incomberait au budget, et la charge correspondante serait énorme. M. Escuyer l'évaluait à 358 millions de francs pour 10 millions de participants ; une note de l'Office du Travail la porte à 693 millions, représentant un capital de 22 milliards.

D'autres propositions à tendances socialistes, celles de MM. Puech et Andrieu, de M. Mirman, de M. Chauvière, de M. Vaillant, se bornent à poser des principes, sans entrer dans les détails d'application. Ainsi M. Vaillant demande que tout travailleur, âgé de 60 ans, ait droit à une pension annuelle variant de 600 à 300 francs pour les hommes, de 500 à 200 francs pour les femmes, suivant les communes de leur résidence. Des ressources générales variées assureraient le service de ces pensions, évaluées par l'auteur lui-même à 372 millions de francs.

Ce système ne demande aucun effort personnel aux intéressés. Il procède en droite ligne des doctrines étatistes qui ont triomphé à la Chambre par l'adoption, à la presque unanimité, d'une loi « créant un service public de solidarité sociale, sous forme d'assistance obligatoire aux vieillards infirmes et incurables [1]. » La collectivité doit aide et secours aux vieux travailleurs incapables d'assurer leur propre existence. S'ils ne jouissent pas de ressources suffisantes pour vivre, la charge de leur retraite imcombe tout entière à l'État. Il faut donc l'inscrire purement et simplement au budget, qui se trouvera grevé de ce chef de 400 ou 500 millions par an, si ce n'est davantage. A une époque où les finances publiques réclament des ménagements attentifs, la gravité de cette répercussion budgétaire ne laisserait à la combinaison que peu de chances de succès.

---

1. Voté à la Chambre le 15 juin 1903 par 537 voix contre 3, ce projet est actuellement soumis au Sénat. Il entraînerait une dépense évaluée à 17 millions par an, mais il ne semble pas excessif d'élever cette prévision à une cinquantaine de millions : 27 millions pour les communes ; 13 millions pour les départements et 13 millions pour l'État. (Discours du Ministre de l'Intérieur à la Chambre des Députés, 21 novembre 1901.)

Une autre doctrine dispense l'ouvrier de toute contribution à l'œuvre de la retraite. C'est celle d'une fraction notable du catholicisme social. Pour les plus avancés parmi ses adeptes, « c'est à la profession et à la juste valeur du travail professionnel à subvenir aux besoins des travailleurs de la profession [1]. » « En principe, tout travail, quel qu'il soit, doit nourrir le travailleur dans le présent et lui permettre d'assurer sa subsistance pour les jours de la vieillesse et de l'impuissance [2]. » Par suite, en bonne logique, la prime d'assurance du risque invalidité-vieillesse doit être regardée comme partie intégrante de la juste rémunération de tout travail professionnel. Or, si cette prime fait partie du salaire, il faut la mettre exclusivement à la charge de l'employeur.

La question présente une grande importance dans la pratique. Mais, au point de vue des principes, on ne saurait oublier qu'une partie de la prime retombera fatalement sur le salaire. La série des incidences naturelles répartit la charge finale entre le patron, l'ouvrier et aussi le consommateur. Dans quelle mesure, le prix de revient se trouvant augmenté, la production devra-t-elle élever les prix de vente, abaisser les salaires, réduire le profit ? C'est ce que décideront pour chaque cas particulier le libre jeu des phénomènes économiques, les condi-

1. H. Savatier. *Revue de l'Association Cath.* du 15 octobre 1900.

2. A. Boissard. *Le problème de l'invalidité et de la vieillesse.* Broch. Paris, Rondelet, 1901.

tions du marché, la loi de l'offre et de la demande. De ces considérations, il résulte que l'attribution légale de la prime offre moins d'intérêt qu'on ne pourrait croire, sauf en ce qui concerne les plus faibles salaires, considérés comme irréductibles. On la calcule en fonction du salaire, de manière à procurer une retraite proportionnelle au gain de la période d'activité.

Pour la plupart des sociologues chrétiens, l'assurance du risque invalidité-vieillesse devrait être mise à la charge de la profession organisée corporativement. Les versements ne seraient point capitalisés, mais affectés immédiatement au service des pensions par voie de répartition. On établirait le taux de la cotisation d'après les éléments d'une série d'années successives, suivant la méthode des primes fixes [1]. Dans une telle combinaison, l'État n'intervient que pour grouper les travailleurs dans les vastes cadres de l'organisation corporative. « L'association libre dans les professions légalement organisées », telle est depuis longtemps la formule de l'École catholique sociale. Mais il faut bien dire que la plupart de ses adhérents préconisent la contribution directe et obligatoire du travailleur à la retraite, le patron avançant la prime totale avec faculté d'en récupérer sur le salaire une fraction au plus égale à la moitié.

La solution qui semble prévaloir dans les milieux parlementaires, après de longues études et de laborieuses discussions, exige le

---

1. A. Boissard. *Ouvr. cité.*

triple concours de l'ouvrier, du patron et de l'État. De nombreuses propositions se basent sur ce principe. En 1895, M. Lebon a déposé un projet très remarquable qui vise particulièrement l'assurance contre l'invalidité et tient compte, non de l'âge de l'assuré, mais de sa capacité de travail. A l'imitation de la loi allemande, il divise les assujettis en cinq classes, dont les cotisations varient proportionnellement au salaire, et demande à l'État une contribution fixe en cas d'insuffisance de la pension acquise.

A son tour, M. l'abbé Lemire a présenté une adaptation de la loi allemande en tenant compte des remaniements introduits en 1899. Lui aussi donne le pas à la pension d'invalidité sur la retraite de vieillesse : « L'invalidité n'a point d'âge. C'est elle qu'il faut préserver de la faim et de la dernière misère[1]. » Tel est le principe de la proposition. Elle ne vise que les salariés, groupés en cinq classes. Les cotisations se calculent par une méthode mixte qui combine la répartition et la capitalisation.

Parmi les systèmes tendant à l'assurance obligatoire, il faut citer encore le projet déposé par M. Maruéjouls, alors Ministre du Commerce, le 25 octobre 1898, sur les données suivantes: obligation, versements corrélatifs égaux des patrons et des ouvriers à la Caisse Nationale des retraites reconstituée, capitalisation et majoration éventuelle de l'État.

1. Chambre. *Doc. Parlem.*, 1902. Annexes. N° 17.

Enfin, il convient de mettre à part le projet élaboré pendant la législature 1898-1902 par le ministère Waldeck-Rousseau d'accord avec la Commission d'assurance et de prévoyance sociales de la Chambre des députés. Il a fait l'objet d'un grand rapport de M. Guieysse, du 9 mars 1900, et de plusieurs rapports supplémentaires motivés par des remaniements considérables. La rédaction définitive fut arrêtée le 25 juin 1901, au cours de la discussion qui se déroulait devant la Chambre. L'importance de ce texte permet d'en reproduire à grands traits l'économie générale [1].

Tout ouvrier ou employé de l'industrie, du commerce et de l'agriculture, tout sociétaire ou auxiliaire employé par une association ouvrière de production a droit, s'il est de nationalité française et dans les conditions déterminées par la loi, à une retraite de vieillesse à 65 ans et, le cas échéant, à une rente d'invalidité payable trimestriellement.

Ces retraites sont assurées par la Caisse Nationale des retraites ouvrières, les sociétés de secours mutuels et les Caisses patronales ou syndicales, dans les conditions déterminées par la loi. (Article Ier.)

Tout travailleur visé par l'article Ier et âgé de moins de 65 ans, doit subir pour chaque journée de travail une retenue de 5, 10 ou 15 centimes, suivant le taux de son salaire :

1. Voir le texte aux *Annexes*.

5 centimes s'il gagne moins de 2 francs, 10 centimes de 2 à 5 francs et 15 centimes pour un salaire égal ou supérieur à 5 francs par jour.

L'employeur qui opère cette retenue y ajoute une contribution personnelle égale. Pour les travailleurs étrangers, il n'y a pas de retenue, mais le patron verse directement pour chaque journée de travail uniformément 25 centimes, sans distinction d'âge ni de salaire.

Un compte individuel est ouvert dans les écritures de la Caisse Nationale des retraites ouvrières à chaque travailleur; il est crédité du montant de ses versements et de ceux de l'employeur. Les versements sont faits, au gré de l'ouvrier, soit à capital aliéné, soit à capital réservé.

La Caisse, instituée sous la garantie de l'État, est soumise à l'autorité du Ministre du Commerce et gérée par la Caisse des dépôts et consignations. Celle-ci emploie les fonds en valeurs de l'État ou garanties par l'État, en prêts aux départements, communes, colonies, pays de protectorat, établissements publics, chambres de commerce, en valeurs internationales et en obligations foncières ou communales du Crédit foncier. Lorsque les disponibilités de la Caisse Nationale des retraites ouvrières le permettent, il est procédé au remboursement d'une série de rentes perpétuelles en circulation ayant dépassé le pair, qui est annulée au Grand-Livre de la Dette publique. La Caisse reçoit en paiement des obligations à long terme au taux nominal des rentes de même nature restant en circulation. Au cas où l'ensemble des sommes placées ou déposées pour le compte de la Caisse des retraites ouvrières produirait un revenu inférieur à 3 p. 100, la différence lui serait bonifiée par l'État.

Le tarif des retraites sera calculé au taux de 3 p. 100 d'après la table de mortalité de la Caisse Nationale des retraites pour la vieillesse.

Lorsqu'un travailleur est atteint d'invalidité prématurée avant 65 ans, il a droit, à tout âge, pourvu que les versements à son compte représentent au moins 2,000 journées de travail, à la liquidation anticipée de sa retraite, à raison des versements effectués. Si la rente d'invalidité ainsi liquidée n'atteint pas 200 francs, et si l'intéressé justifie qu'il ne jouit pas d'un revenu personnel égal à cette somme, la retraite est majorée jusqu'à concurrence de ce revenu, — sans cependant que la majoration puisse dépasser 100 francs, — par l'État à raison de 75 p. 100, le département à raison de 15 p. 100 et la commune à raison de 10 p. 100.

Les pensions de vieillesse ou d'invalidité sont incessibles et insaisissables jusqu'à concurrence de 360 francs. Des dispositions transitoires visent les travailleurs de plus de 65 ans et ceux qui, ayant dépassé 35 ans, n'ont pas le temps d'acquérir le plein de la retraite. Les premiers reçoivent une allocation viagère annuelle qui ne peut dépasser 100 francs, s'ils justifient de trente années de travail salarié. Les autres doivent en outre effectuer des versements correspondant, au total, à deux cent cinquante journées de travail au moins, pour chaque année au-dessous de 65 ans. Cet effort leur assure une retraite minima qui varie, suivant l'âge, de 100 à 180 francs. Les allocations ne sont d'ailleurs attribuées que dans la mesure nécessaire pour compléter les revenus indiqués, y compris les ressources personnelles, mais sans tenir compte du salaire que pourrait encore gagner le vieillard.

Ainsi, le projet de 1901 avait pour caractéristiques : l'obligation de la retraite, les versements corrélatifs des ouvriers et des patrons, la participation de l'État sous forme de garantie du taux de l'intérêt et de majoration des pensions d'invalidité, la création d'une Caisse centrale unique, la capitalisation.

C'est sur ces données que s'engagèrent les débats à la Chambre en juin et juillet 1901. Ils ne remplirent pas moins de seize séances, sans autre résultat qu'un vote de principe consacrant le droit à la retraite pour tous les salariés. Mais la discussion générale prit assez d'ampleur pour permettre aux partisans de tous les systèmes d'exposer leurs doctrines. Parmi les amendements, plusieurs avaient le caractère de véritables contre-projets. De sorte que toutes les solutions, individualiste, étatiste, catholique, socialiste, trouvèrent des défenseurs. De là le vif intérêt d'un débat où se rencontrèrent, comme en champ clos, les théories les plus opposées en matière de retraites.

CHAPITRE X

DÉBATS A LA CHAMBRE DES DÉPUTÉS

Sans donner satisfaction complète aux théoriciens du socialisme d'État, le projet soumis à la Chambre s'inspirait nettement de tendances interventionnistes. Il faisait appel au concours des pouvoirs publics pour imposer l'obligation aux ouvriers et aux employeurs, centraliser les versements à la Caisse des retraites, garantir un minimum d'intérêt et fournir le complément des pensions d'invalidité. Ce système avait réalisé l'accord de la Commission et du Gouvernement.

La discussion générale fut ouverte le 4 juin 1901 par un discours de M. Guieysse, rapporteur du projet et des différentes propositions de loi. Actuaire d'une autorité incontestable, M. Guieysse avait magistralement traité la question dans les deux grands rapports parlementaires de 1893 et de 1900. Il justifie l'obligation par les mêmes motifs qu'invoquait M. de Mun : « Certes, il faut développer l'esprit d'initiative, mais quand il ne produit rien ou presque rien, même stimulé,..... c'est à la Société d'agir avec énergie, car en défendant les individus isolés, sans liens entre eux ou sans moyen d'en créer, la Société se défend elle-même contre les conséquences de l'imprévoyance ou de l'indifférence. » L'obligation est donc une nécessité. Il convient de l'imposer aussi bien aux patrons qu'aux ouvriers, puisque l'effort patronal comme l'effort ouvrier n'ont donné jusqu'ici que des résultats insuffisants. D'où la corrélation des versements, aujourd'hui presque universellement admise. Quant à la participation de l'État, elle peut se concevoir sous différentes formes : majoration des pensions en vue d'atteindre une valeur déterminée ; versement effectif d'une somme proportionnelle aux contributions ouvrières et patronales ; promesse de payer, à l'entrée en jouissance, une fraction de la retraite ; majoration fixe, comme en Allemagne. La Commission avait d'abord adopté le système du complément de pension. L'ouvrier remplissant les conditions requises est ainsi assuré de toucher la retraite nécessaire pour sa subsistance. Rien de mieux quand il s'agit de dispositions transitoires, mais en régime normal, ce mode de participation ne s'applique qu'à un petit nombre de pensions, et en laisse de côté la majeure partie. M. Guieysse préfère garantir la fixité du taux de 3 pour 100 pour la constitution des rentes. Si les circonstances économiques amènent une baisse générale du taux de l'intérêt, l'État se trouvera majorer d'une fraction égale toutes les retraites. Ainsi les travailleurs sauront exactement d'avance la rente produite chaque année par les sommes inscrites à leur compte, et les charges de l'État varieront par des augmentations budgétaire graduelles et sans à-coups.

Reste enfin une question capitale : l'emploi des sommes énormes dont va disposer la Caisse des retraites ouvrières. Entre la répartition et la capitalisation, M. Guieysse n'hésite pas : il se prononce formellement pour la capitalisation. Certes, au premier abord, le système de la répartition pourrait séduire, car, avec lui, il n'y a pas à se préoccuper du placement des fonds ni de la baisse du taux de l'intérêt. La Caisse distribue tous les ans les sommes qu'elle recueille — « ceux qui versent paient ceux qui reçoivent », — et l'État pourvoit aux insuffisances. Mais, en cas d'arrêt des versements, on se trouve en présence d'un déficit formidable, puisqu'il n'existe rien en caisse pour représenter la valeur des engagements pris. Au contraire, avec la capitalisation, chaque travailleur est l'artisan de sa propre retraite. A valeur égale de versement, il touche davantage, grâce au bénéfice des majorations provenant des décès. En outre, on place les sommes versées, de sorte que la retraite repose sur un gage certain ; dans la combinaison, ce capital de garantie s'élève à 12 ou 14 milliards. Il faut donc vaincre à tout prix les difficultés de la capitalisation, et pour les surmonter, le projet du Gouvernement propose d'appliquer les disponibilités de la

Caisse à la transformation de la dette publique.

Quant aux charges financières, elles résultent non seulement de la garantie d'intérêt, mais encore des dispositions transitoires et de la majoration des rentes d'invalidité. M. Guieysse évalue le nombre des inscrits à 8 ou 10 millions et les charges constantes de l'État à 40 ou 45 millions. Mais en l'absence de certaines données fondamentales, il est impossible de compter sur une estimation précise. Ainsi, dans les recensements, aucune indication ne fait connaître le revenu propre dont jouissent la plupart des vieux travailleurs. Il n'y a qu'une statistique qui puisse fournir ces renseignements: « c'est celle qui résultera de la mise en application de la loi.»

Après le rapporteur, le Ministre du Commerce vint à son tour défendre les principes essentiels du projet. M. Millerand ne dissimule pas les objections que soulève le système de la capitalisation. On lui reproche d'ajourner à trente ou quarante ans après la promulgation l'entrée en vigueur de la loi, de créer des difficultés graves pour le placement d'une masse énorme de capitaux, d'immobiliser aux dépens de la production les milliards qui forment le capital de garantie. Il répond que la loi s'applique dès sa promulgation, grâce à des mesures temporaires qui demandent aux contribuables, en l'inscrivant au budget, le complément des rentes servies pendant la période transitoire et le régime de liquidation. D'autre part, le projet supprime toute inquiétude sur le placement des capitaux en substituant d'une manière successive et quasi-automatique la Caisse Nationale des retraites ouvrières aux porteurs de rentes. Remboursés par l'État, les rentiers pourront fournir au commerce et à l'industrie les capitaux qui, dans d'autres combinaisons, resteraient indisponibles.

Ainsi se réfutent les objections opposées au système. Sans méconnaître les avantages de l'assurance au décès, M. Millerand préconise la pratique des versements à capital réservé « qui juxtapose la Caisse d'épargne à la Caisse des retraites. » Il proclame l'obligation du versement licite, juste et nécessaire. Elle est licite au même titre que l'obligation de l'instruction, de l'impôt et du service militaire, qui toutes sont imposées à la fois dans l'intérêt de la société et de chacun de ses membres. Elle est juste, car le patron doit « inscrire à ses frais généraux l'assurance et l'amortissement de son personnel humain comme il y inscrit l'assurance et l'amortissement de son matériel et de ses machines », — et l'ouvrier trouve dans sa participation personnelle la sauvegarde même de sa dignité. Enfin, elle est nécessaire, puisque ni la mutualité, ni l'effort spontané du patronat, ni la prévoyance libre favorisée par la Caisse Nationale des retraites n'ont donné de résultats décisifs. Un seul pays a résolu le problème des retraites ouvrières : c'est l'Allemagne, qui consacre l'obligation.

A ces doctrines interventionnistes, M. Ribot

opposa le système de la liberté encouragée, de la liberté avec subsides. C'est une entreprise considérable que de rendre obligatoire un prélèvement sur les salaires en l'imposant à tous les ouvriers, même à ceux qui par leur éducation, leurs habitudes, y sont le moins préparés. Lorsqu'intervint la loi de 1894 sur les Caisses de retraite des ouvriers mineurs, elle généralisa une situation déjà ancienne et entrée dans les mœurs. De même pourrait-on étendre l'obligation à de grandes industries où l'accord est presque fait entre les patrons et les syndicats professionnels. Mais il faudrait au moins consulter les intéressés. La Belgique a reculé devant l'assurance obligatoire; elle a craint des objections politiques et morales; elle a voulu que tout versement volontaire fait à la Caisse centrale des retraites, principalement par l'intermédiaire des mutualités, fût majoré par l'État. La Caisse des retraites se trouve entourée d'un vaste réseau de sociétés mutualistes, qui connaissent les intéressés et recueillent leurs épargnes pour les faire fructifier. Un généreux mouvement de propagande cherche à diffuser la pratique de la prévoyance.

Dans cette action morale par la persuasion, M. Ribot voit l'idée maîtresse de la Belgique, bien supérieure à la notion de contrainte qui fait la base du projet de loi. Entrant dans le détail, il considère les cotisations comme disproportionnées. L'ouvrier qui gagne 2 francs devra verser 10 centimes par jour, c'est-à-dire

5 p. 100 de son salaire, tandis que les mineurs ne versent que 2 p. 100. De là un affaiblissement général de la capacité d'épargne et une grave menace pour les sociétés de secours mutuels.

D'autres critiquss s'adressent au mécanisme financier. Depuis 1895, l'État majore d'environ 2 p. 100 les petites pensions de la Caisse Nationale des retraites pour la vieillesse. Avec le projet il ne contribuera plus en rien à la constitution de la retraite. Par contre, il va garantir le taux d'intérêt de 3 p. 100. Mais aujourd'hui, la Caisse donne 3,50 : pourquoi cette réduction ? En outre, la dette rachetée ne sera plus remboursable. Immobilisée à la garantie des retraites, elle échappera, par la suite, à toute conversion. Or l'État ne peut pas priver les générations futures du droit d'amortir la dette pour alléger leurs charges. Le présent ne doit pas lier à jamais l'avenir.

Les craintes de M. Ribot n'empêchèrent pas la Chambre de montrer ses préférences pour l'obligation. Comme les partisans du socialisme, les orateurs de Droite en affirmaient la nécessité. Ainsi M. Lerolle n'y voit rien de contraire aux véritables principes sociaux : « L'État a toujours eu un devoir de protection vis-à-vis du faible, et si cette protection est forcément limitée, elle doit s'exercer chaque fois que la vie et que la moralité de l'homme sont en danger, chaque fois que la justice est trop gravement et trop ouvertement violée. »

Normalement, le travail, par le salaire qui en est le fruit, doit assurer la vie du travailleur, et par ce mot de vie il faut entendre non seulement la satisfaction des besoins journaliers pendant les années d'activité, mais encore la sécurité des vieux jours. L'obligation se justifie donc pleinement, soit qu'il s'agisse du patron, soit qu'il s'agisse de l'ouvrier, mais elle doit être contenue dans une juste mesure. Telle est aussi l'opinion de M. Plichon et celle de M. de Gailhard-Bancel. Ce dernier pense qu'il n'est possible de faire une œuvre solide et durable en matière de retraites, qu'avec une organisation corporative du travail.

M. l'abbé Lemire adhère au vœu de la réunion des Revues sociales catholiques : « Que la loi établisse comme condition obligatoire à tout contrat de travail l'assurance du salarié pour la vieillesse ou pour le cas d'invalidité due à l'exercice de la profession. » Mais l'ouvrier ne vit pas toujours seul ; lorsqu'il travaille avec une famille, il doit pouvoir subvenir aux besoins des siens, tout en économisant pour ses vieux jours. Le salaire qui lui permettrait de faire face à toutes ces dépenses porte précisément le nom de salaire familial. Quelques patrons catholiques s'efforcent de le donner, et ce n'est pas une des moins intéressantes parmi les institutions de M. Harmel au Val-des-Bois [1]. Mais presque

---

1. P. Imbert. *Des rapports entre patrons et ouvriers dans la grande industrie.* Paris, Rousseau, 1902.

toujours le salaire est individuel [1] ; il paie la force dépensée sans tenir compte des charges de famille, et les conditions de la lutte économique ne permettent pas de réclamer davantage. Dès lors, que faut-il faire, sinon constituer une vaste mutualité de toutes les familles françaises, mettre en commun tous les risques et tous les sacrifices, organiser en un mot une aide générale pour toutes les familles, afin qu'elles puissent nourrir leurs invalides ? Cette considération d'ordre social légitime l'intervention de l'État pour sanctionner l'obligation. Mais il doit aussi fournir des subsides pécuniaires : notamment, dans la période de transition, il a le devoir de réparer les insuffisances du passé, car, dit M. Lemire, « c'est le manque d'organisation sociale d'hier qui est cause de la détresse d'aujourd'hui. »

En régime normal, il ne faut pas tout demander à l'entreprise. Pour intéresser les travailleurs à l'institution de prévoyance, il convient de faire verser quelque chose par eux ou en leur nom. Une partie du sur-salaire affecté à la prime d'assurance doit être comprise dans la répartition immédiate allouée aux salariés. Ils la verseront eux-mêmes, sous forme de cotisation personnelle, soit directement, soit par voie

1. Au mois d'avril 1901, la Compagnie des chemins de fer de Paris à Lyon et à la Méditerranée a décidé d'allouer des secours de famille aux agents de toute catégorie qui ont un grand nombre d'enfants ou d'ascendants et parents à leur charge. Le secours varie d'après le traitement et le nombre d'enfants ou assimilés à la charge de l'agent.

de retenue. Ainsi rempliront-ils le devoir de contribuer à la sécurité de leur vieillesse.

D'autres orateurs vont plus loin, défendant des systèmes qui ne demandent rien aux travailleurs. M. Puech pose en axiome que dans un État démocratique, tout individu incapable de se livrer à un travail rémunérateur, par suite d'infirmité ou de maladie ou par suite de l'âge, doit être nourri aux frais, non pas d'une catégorie de citoyens, mais de l'ensemble des contribuables. Cette charge incombe, non seulement au commerce, à l'industrie, au travail, à l'activité nationale, mais aussi et surtout à la richesse acquise, à la richesse générale. Partant de ce principe, l'orateur s'élevait avec force contre les prélèvements sur les petits salaires ; il citait de misérables budgets où l'on ne peut rien prendre et concluait à l'obligation de l'assistance qui est un droit pour tous les citoyens âgés ou invalides.

Mais c'est M. Mirman qui donna le plus d'ampleur au développement de la thèse purement socialiste. Elle a pour formule : « A chacun suivant ses besoins. » La collectivité ou l'État doit venir au secours de tous les malheureux, quels qu'ils soient, sans aucune distinction entre les catégories sociales, sans autre exigence que la preuve du dénuement. C'est ce que l'orateur appelle « l'œuvre nationale de solidarité ». D'après lui, la charge correspondante devrait peser sur tous les citoyens proportionnellement aux ressources de chacun et par voie de répartition annuelle. Il institue en somme l'assistance par l'impôt, — un impôt qui devrait rapporter 40 ou 50 millions par an. Rien de plus simple, de plus égalitaire qu'un pareil système, et son défenseur avait beau jeu à dénoncer par contraste les complications et les inconséquences du projet de la Commission. D'ailleurs, M. Mirman faillit avoir gain de cause, car sa proposition ne fut écartée qu'à une vingtaine de voix de majorité.

Les débats se prolongèrent pendant seize séances. La Chambre avait entendu dix-sept grands discours dans la discussion générale ; elle repoussa dix-sept amendements, pour aboutir au vote de l'article 1ᵉʳ qui posait en principe le droit à la retraite pour les salariés. Enfin, à la veille des vacances parlementaires, le 2 juillet 1901, elle adopta une motion invitant le Gouvernement à consulter sur le projet « les associations professionnelles, patronales et ouvrières, industrielles, commerciales et agricoles légalement constituées et les Chambres de Commerce. »

Conformément à cette résolution, une circulaire ministérielle du 9 juillet 1901 soumit un certain nombre de questions aux groupements intéressés. Les réponses affluèrent au point de former trois gros volumes annexés au dernier rapport supplémentaire de M. Guieysse [1]. Par un oubli regrettable, les sociétés de secours

1. Chambre. *Doc. Parlem.*, 1901. Annexes. Nᵒ 2.660.

mutuels restèrent en dehors de la consultation et ne prirent pas part au referendum.

Deux conceptions d'ensemble se dégagent de l'Enquête : l'une, celle de la retraite universelle alimentée par l'impôt général considère la pension de vieillesse comme un droit absolu et la réalise par un impôt de solidarité à la charge de tous les citoyens; l'autre, absolument opposée, celle de la retraite facultative, s'en rapporte à l'effort individuel ou collectif de l'initiative privée; elle s'appuie sur des institutions diverses, principalement sur les sociétés de secours mutuels, et ne demande à l'État que des encouragements, car si l'assistance des indigents est un devoir social, la prévoyance n'est qu'une vertu privée et personnelle.

Le premier système réclame l'assurance obligatoire en faveur des invalides et des déshérités du travail, sans condition d'âge, de sexe, de nationalité ou de profession. Le second repousse au contraire l'obligation, en invoquant le respect de la liberté individuelle, les caractères propres du génie national et les conséquences fâcheuses qu'entraîneraient la destruction de l'esprit d'initiative et la perte des habitudes d'effort responsable.

Les deux méthodes ont trouvé des défenseurs au Parlement, sans que l'une ou l'autre ait pu nettement prévaloir. La Chambre a en effet repoussé, lors de la discussion générale, tous les amendements établis sur ces données. Mais si l'Enquête n'a pas apporté de solution nouvelle, elle a mis en évidence des objections d'ordre pratique faciles à satisfaire par des modifications de détail. C'est ce que constate M. Guieysse dans son troisième rapport supplémentaire, du 31 janvier 1902. Aussi, en reprenant sa proposition, au mois d'octobre suivant, modifie-t-il considérablement le texte, sans toucher aux bases fondamentales du projet discuté en juin et juillet 1901.

CHAPITRE XI

ÉTAT DE LA QUESTION AU PARLEMENT

En abordant la question des Retraites ouvrières, au mois de novembre 1903, la Commission d'assurance et de prévoyance sociales de la Chambre des députés se trouvait en présence de nombreuses propositions. M. Lemire avait repris, dès le commencement de la législature [1], son système tendant à organiser l'assurance obligatoire contre l'invalidité et la vieillesse. M. Mirman insistait pour la création d'un service public et d'un budget spécial de solidarité sociale [2]. M. Vaillant, M. Coutant, M. Dubuisson présentaient à nouveau leurs anciennes propositions; d'autres avaient surgi, signées de M. Achille Adam, de MM. Rey et Lachièze, de MM. Dormoy, Chaumet et Cazeaux-Cazalet [3]. Ces derniers essayaient de concilier la liberté et l'obligation en utilisant, au service des retraites, les organismes actuels, notamment les sociétés de secours mutuels. Ils s'inspiraient de la formule préconisée par M. Léon Bourgeois : « obli-

1. Juin 1902, Chambre, *Doc. parl.* 1902, nº 17.
2. Nov. 1902, Chambre, *Doc. parl.* 1902, nº 510.
3. 14 Janvier 1901, Chambre, *Doc. parl.* 1904. nº 1432.

gation de l'acte de prévoyance, liberté des moyens. » En somme, avec des modalités intéressantes, toutes ces combinaisons se ramenaient à des types de solutions déjà connues.

Désireuse de mettre à profit les travaux de sa devancière, la Commission d'assurance et de prévoyance sociales a pris pour base d'études la proposition de loi portant création d'une Caisse Nationale des retraites ouvrières, déposée par MM. Millerand et Guieysse le 14 octobre 1902 [1]. Cette proposition repose sur les mêmes principes que le projet discuté à la Chambre en 1901 : obligation de la retraite à 65 ans pour tout ouvrier ou employé, mais limitée dans l'agriculture aux seuls ouvriers occupés d'une façon permanente ; faculté de demander la liquidation de la pension à 55 ans, si elle atteint 360 francs ; versements corrélatifs égaux des ouvriers et des patrons, montant à 4 p. 100 des salaires ; capitalisation des versements ; caisse unique largement décentralisée. L'exposé des motifs répond aux objections déjà formulées contre le système.

« Les adversaires du principe d'obligation lui reprochent : d'astreindre l'ouvrier à une forme spéciale de son épargne, d'entraîner des contrôles officiels et dispendieux, d'enlizer les retraites dans les caisses de l'État, en menaçant la prospérité ou même l'existence des sociétés de secours mutuels et des caisses syndicales ou patronales. »

1. Chambre, *Doc. parl.*, 1902, n° 321 (*Journal Officiel*, p. 71).

Pour tenir compte de ces critiques, les auteurs de la proposition consentent à limiter l'affectation des versements obligatoires pour la retraite au moment où la pension acquise atteint une valeur minimum de 360 francs. Les versements restent obligatoires, mais la restitution peut s'en faire aux intéressés pour tout emploi à leur volonté, par fractions de 50 francs.

Même avec cette atténuation des versements limités, le système menace d'une redoutable concurrence les diverses formes de l'épargne libre. Pour s'assurer une retraite de 360 francs, il faut à l'ouvrier de 25 ans qui gagne 5 francs par jour 33 à 36 versements annuels de 28 fr. (10 centimes par jour et 280 journées de travail), et autant de contributions patronales. D'après les tables de la Caisse Nationale des retraites, il ne touchera ce but, suivant qu'on adopte le taux d'intérêt de 3,50 ou de 3 p. 100, qu'à 57 ou 59 ans, trop tard pour se créer un foyer, pour monter un atelier, pour élever une nombreuse famille. Et combien d'ouvriers moins favorisés, qui ne gagnent pas 5 francs par jour, attendront plus longtemps encore de pouvoir disposer de leurs économies ! Sans compter ceux qui auront consacré toute leur vie à la poursuite de la retraite et qui mourront avant d'avoir pu l'atteindre.

Le palliatif des versements limités ne profite donc qu'à un petit nombre de privilégiés, à ceux précisément que de hauts salaires mettraient le plus facilement à l'abri du besoin. Encore se trouvent-ils frappés par une sorte de clause pénale. On dirige sur un fonds de bonification les versements patronaux correspondant aux sommes restituées aux ouvriers quand le minimum de pension est atteint. De sorte que, pour retirer une somme de 50 francs dont il a subi la retenue, le déposant doit consentir la perte d'une autre somme de 50 francs versée à son compte par le patron. Il y a là une combinaison singulièrement onéreuse qui n'est à la portée que d'un très petit nombre de travailleurs : aussi bien a-t-elle disparu du texte de la Commission.

Mais alors, comment nier le danger que courront les institutions de prévoyance libres et particulièrement les sociétés de secours mutuels ? Appauvries, anémiées par les prélèvements sur les salaires, elles verront leur clientèle renoncer peu à peu aux charges facultatives de l'assurance contre la maladie. Telle est depuis longtemps la crainte des mutualistes les plus autorisés. Le 15 décembre 1903, la Commission d'assurance et de prévoyance sociales a reçu des délégations du Conseil supérieur de la Mutualité, de la Ligue de la Mutualité, de l'Union des Présidents et de la Fédération Nationale des Sociétés de secours mutuels. Ces délégations ont fait connaître leurs desiderata au sujet de la loi des retraites ouvrières. Elles ont demandé particulièrement à la Commission de substituer le principe de la liberté au principe de l'obligation pour l'établissement du projet. Mais cette démarche n'a pas abouti ; la Commission a passé outre aux appréhensions des représentants de la Mutualité, sauf à chercher plus tard un terrain de conciliation [1]. Pour bien marquer ce désir, elle laisse aux intéressés le choix entre diverses Caisses d'assurance. Ainsi, toute société ou union de sociétés de secours mutuels, préalablement agréée par décret, est admise à constituer pour ses affiliés les retraites prévues par la loi. Chaque employeur verse mensuellement en numéraire à la société les retenues et majorations pour les ouvriers et employés qui s'y sont affiliés en vue de la retraite, dès qu'ils en font la demande. Au moyen de ces versements, la société assure aux intéressés, dans les conditions et limites de la loi du 1er avril 1898 et à l'âge légal, des retraites de vieillesse garanties au moins égales à celles que produiraient leurs versements d'après les tarifs de la Caisse Nationale des retraites ouvrières au taux de 3 p. 100. De pareilles dispositions tendent à incorporer les sociétés de secours mutuels dans l'organisme administratif des retraites, mais elles sont encore loin de réaliser « la liberté des moyens » et d'admettre « l'équivalence des services [2] » de la mutualité. Il faut ajouter cependant que des mesures analogues appliquées aux Caisses patronales ou syndicales de retrai-

1. Ce résultat n'a été obtenu qu'à la séance de la Commission du 22 novembre 1901. Elle a admis en effet que les assujettis de la loi des retraites qui seraient affiliés à une société de secours mutuels pourraient prélever le montant de leur cotisation sur la retenue obligatoire de 2 p. 100.

2. Vœu du congrès mutualiste de Nantes (mai 1901).

tes, aux Caisses d'épargne ordinaires et aux sociétés d'assurances sur la vie, mutuelles et à primes, auraient pour effet de réduire notablement la gestion de l'État et répondent ainsi à la crainte assez répandue d'une bureaucratie tracassière et coûteuse.

MM. Millerand et Guieysse ne font pas difficulté pour reconnaître que « le mode des retenues, opérées en prenant pour base la valeur de la journée de travail, a soulevé de graves objections, à cause de la variation du pourcentage des salaires. » Dans le projet de 1901, on prélevait par jour 5 centimes sur les salaires inférieurs à 2 francs ; 10 centimes de 2 à 5, et 15 centimes à partir de 5 francs, ce qui donnait une sorte de progression à rebours de la retenue par rapport au salaire. L'ouvrier gagnant 2 francs payait 10 centimes, soit 5 p. 100 ; celui qui en gagnait 6 payait 15 centimes, soit 2,50 p. 100. D'autre part, les sauts brusques du tarif élevaient une espèce de barrière à 2 et à 5 francs, et faisaient ainsi obstacle à certains relèvements de salaires.

Les auteurs de la proposition remplacent les trois prélèvements fixes par une retenue uniforme de 2 p. 100, tant pour la quote-part des travailleurs que pour celles des patrons. Que va donner cette substitution ? Elle rend dérisoires les sommes portées au compte des plus petits salaires. On pourrait s'en féliciter s'il ne s'agissait que des retenues ouvrières ; mais, avec le principe de la corrélation, les versements patronaux sont précisément d'égale importance. L'ouvrier gagnant 2 fr. 50 par jour verra créditer son compte de 5 centimes qu'il verse et 5 centimes que son patron verse pour lui, soit 10 centimes au lieu de 20. De même, pour un salaire de 5 francs, on versera au total 20 centimes au lieu de 30. Il en résultera un affaiblissement général des pensions et un relèvement des charges financières de la combinaison. Cet inconvénient sera plus grave encore avec le projet de la Commission, qui admet aussi les deux versements de 2 p. 100 pour les ouvriers du commerce et de l'industrie, mais abaisse de 65 à 60 ans, l'âge d'admission à la retraite. Aussi MM. Millerand et Guieysse regardent-ils comme « absolument certain que la faiblesse des pensions acquises avec le pourcentage des faibles salaires amènera la fixation d'un minimum des pensions, le complément devant être fourni pour les pensions normales comme pour celles d'invalidité par le fonds de bonification. »

La Commission est entrée dans cette voie. Elle a décidé que l'État majorerait de 120 francs les pensions des ouvriers du commerce et de l'industrie, et de 100 francs celles des travailleurs agricoles, pourvu qu'il y ait au moins trente versements annuels respectivement de 10 ou de 6 francs effectués au compte de l'intéressé. Dans tous les cas, la majoration devra avoir pour effet d'élever la retraite au minimum de 360 ou 240 francs, mais elle ne s'appliquera que dans la mesure nécessaire pour porter la retraite calculée sur la base du capital aliéné à 300 ou 240 francs.

On admet ainsi la participation de l'État sous la forme d'une majoration des pensions en vue d'atteindre une valeur déterminée. Or ce système, très séduisant au premier abord, présente des inconvénients qui l'avaient fait condamner par M. Guieysse lui-même en 1901. « Il ne s'applique en effet qu'à un nombre assez restreint de pensions, à celles dont les titulaires, pour des motifs quelconques, n'ont pu constituer une retraite minimum. » L'État favorise ainsi une catégorie particulière de travailleurs, tandis que son rôle est d'encourager la prévoyance de tous.

Ce qui est plus grave encore, dans le système de la Commission, c'est la différence de traitement entre les ouvriers du commerce et de l'industrie d'une part et les ouvriers agricoles de l'autre. Pour ceux-ci on renonce au pourcentage des salaires. Le versement à la retraite est uniformément de 5 centimes par jour de travail, dont moitié à la charge de l'exploitant, somme qui correspondrait, à 4 p. 100, au modique salaire de 1 fr. 25. En outre, l'État ne majore les pensions que de 100 francs et ne les porte qu'au minimum de 240 francs. On ne manquera pas de dire que la vie est moins chère aux champs que dans les centres urbains. Mais est-il admissible que dans un même village l'ouvrier agricole et l'ouvrier industriel, charron ou tonnelier, obtiennent, pour un même salaire de 2 fr. 50, des retraites très différentes ? Et comment les ruraux ne trouveraient-ils pas là un nouveau motif de désaffection pour le travail de la terre en même temps qu'un prétexte à l'exode vers les villes [1]?

La Commission obtiendra difficilement gain de cause sur ce point; son texte appelle des retouches sur lesquelles il paraît possible de se mettre d'accord. Pour le recouvrement des cotisations, elle réalise une réforme appréciable en adoptant la méthode des timbres-retraites. L'usage du livret individuel semble en effet condamné par l'expérience de la loi du 29 juin 1894 sur les caisses de secours et de retraite des ouvriers mineurs. L'emploi d'une carte-quittance, sur laquelle sont apposés des timbres-retraites, selon le système allemand, fournit à l'ouvrier la possession permanente d'une pièce justificative de ses droits, et réduit considérablement les formalités à remplir par le patron. Du reste, la loi ne s'applique aux employés recevant des émoluments supérieurs à 2.400 fr. que jusqu'à concurrence de cette somme.

La retraite est liquidée à l'âge de 60 ans. Néanmoins les travailleurs qui ont dépassé cet âge et qui jouissent de leur retraite peuvent continuer à opérer des versements. Ils bénéficient dans ce cas des versements des employeurs, qui vont, dans le cas contraire, au fonds de bonification.

---

1. « De 1846 à 1896, la population rurale française a diminué de plus de 3 millions et sa quote-part dans l'ensemble s'est abaissée de 75,6 p. 100 à 60,0 p. 100. » Bourguin. *Les systèmes socialistes et l'évolution économique.* Paris, Colin, 1904.

Les ouvriers étrangers, résidant en France et immatriculés[1], sont soumis au même régime. Mais ils ne peuvent bénéficier des versements patronaux que lorsqu'un décret en Conseil d'État a rendu les dispositions de la loi applicables à leur nationalité, à raison de la législation en vigueur dans leur pays, ou lorsqu'il s'est écoulé plus de cinq ans depuis leur immatriculation.

Pour les ouvriers résidant en France et immatriculés, l'employeur est tenu, indépendamment de l'apposition de timbres correspondant à la retenue de 2 p. 100 sur les salaires, de verser, tous les mois, une somme égale, à la Caisse Nationale des retraites ouvrières. Pour les ouvriers non immatriculés, il opère, dans les mêmes conditions, un versement de 4 p. 100.

Le tarif des retraites n'est plus invariablement lié au taux de 3 p. 100. Il sera calculé sur un taux annuellement fixé par décret rendu sur la proposition des Ministres du Commerce et des Finances, après avis d'une Commission supérieure, et d'après la table de mortalité de la Caisse Nationale des retraites pour la vieillesse, une nouvelle table pouvant être adoptée ultérieurement.

Tout titulaire peut demander la liquidation anticipée de sa retraite à l'âge de 50 ans, à capital aliéné ou réservé, mais sans majoration de l'État. L'invalidité donne droit à la liquidation anticipée de la retraite, à condition de justifier de deux années de versements représentant au

1. Loi du 8 août 1893.

moins 15 francs par an. Si la pension ainsi obtenue n'atteint pas 200 francs, déduction faite des revenus personnels, elle est majorée à concurrence de ce chiffre, sans que la majoration puisse excéder 100 francs, et sans que la valeur de la retraite soit inférieure à 50 francs.

On a soin de définir la qualification d'invalide. Elle s'applique au travailleur qui, pour toute autre cause que la vieillesse, n'est plus en état de gagner un tiers de ce que les personnes appartenant à son ancienne profession gagnent d'ordinaire par leur travail dans la même région. L'état d'invalidité résulte de la décision d'un Comité siégeant au chef-lieu du département, sauf appel devant la section permanente de la Commission des retraites instituée auprès du Ministère du Commerce.

D'autre part, des dispositions transitoires garantissent aux ouvriers âgés de 65 ans à la promulgation de la loi et justifiant de cinq années de nationalité française et de trente années de travail, une allocation viagère annuelle de 50 francs qui croîtra de 4 francs par année jusqu'à ce qu'elle atteigne 120 francs pour les travailleurs de l'industrie et du commerce et 100 francs pour les ouvriers et employés de l'agriculture. L'âge de la jouissance de cette allocation sera successivement abaissé jusqu'à 61 ans pour les travailleurs âgés de plus de 30 ans au moment de la promulgation.

Enfin, toutes les personnes qui ne rentrent pas dans les cadres de la loi et qui ne sont pas imposées à la contribution personnelle-mobilière au-dessus d'une certaine somme, sont admises à opérer des versements trimestriels de 3 francs au moins pour se constituer des retraites de vieillesse ou en constituer aux membres de leur famille travaillant habituellement avec elles. L'État majore de 120 ou de 100 francs, selon le cas, les pensions ainsi acquises, jusqu'à concurrence d'une valeur de 360 ou 240 francs, pourvu qu'il y ait au moins trente versements effectués au compte des intéressés. On leur applique aussi les dispositions relatives à la liquidation anticipée et aux majorations d'invalidité.

Tel qu'il sort des délibérations de la Commission d'assurance et de prévoyance sociales[1], le projet des retraites ouvrières réalise plus d'un progrès notable sur ceux qui l'ont précédé. Il remplace la tenue des comptes individuels par l'emploi d'une carte-quittance qui substitue pour la plus grande part la surveillance des intéressés à celle de l'État et permet ainsi une économie notable sur les frais de gestion. Il s'efforce de décentraliser largement le service des pensions en y faisant concourir de nouveaux organismes : non seulement la Caisse

---

1. Le texte analysé, qu'on trouvera aux *Annexes*, est celui que la Commission avait arrêté en juillet 1901. Depuis, elle a entrepris un travail de revision qui n'a produit que des modifications de détail. La plus importante concerne les mutualistes. Les tributaires de la loi de retraites, affiliés à une société de secours mutuels, pourront prélever sur la retenue obligatoire de 2 p. 100 le montant de leur cotisation. Dans ce cas, la majoration de l'État sera calculée comme si la totalité des versements avait été affectée à la retraite. (Séance de la Commission, du 22 novembre 1901).

Nationale des retraites ouvrières à créer, la Caisse existante des retraites pour la vieillesse et sous la garantie de l'État, les Sociétés de secours mutuels et les Caisses patronales ou syndicales dans des conditions à déterminer, mais encore les Caisses d'épargne et les Sociétés d'assurances sur la vie, mutuelles et à primes. Il cherche aussi à élargir le champ ouvert au placement des capitaux. La Caisse peut en faire emploi en valeurs d'État, en prêts aux départements, communes, colonies, établissements publics, chambres de commerce, en obligations foncières ou communales du Crédit foncier, et même en valeurs industrielles jusqu'à concurrence du cinquième de ses fonds, — disposition qui ne laisse pas que d'appeler quelques réserves. Enfin, en toute hypothèse, la majoration de l'État porte la retraite au minimum de 360 ou 240 francs, servi à 60 ans. Quelles qu'en soient les conséquences financières, cette disposition a tout au moins le mérite d'une clarté parfaite. L'ouvrier possède à tout âge la certitude d'obtenir un jour la rente considérée comme strictement nécessaire pour assurer son pain quotidien.

Mais à côté de ces améliorations plus ou moins appréciables, la proposition laisse place à bien des critiques. Elle affecte d'office l'épargne de l'ouvrier à l'acquisition de rentes viagères[1], sans tenir compte du désir si naturel d'en

1. Sauf l'exception admise en faveur de la cotisation mutualiste.

réserver au moins une portion aux membres de la famille. Elle maintient le principe des versements corrélatifs obligatoires, sans prendre garde à l'exiguïté des faibles salaires qui peut nécessiter la consommation complète. Elle applique un taux uniforme tant pour la quote-part des travailleurs que pour celle des patrons, ce qui donne, à la base, des pensions dérisoires, malgré la participation de misérables salaires. Pour remédier à cet inconvénient, elle fixe un minimum de retraite et demande à l'État le complément des pensions normales comme des rentes d'invalidité. Enfin, elle établit une différence de traitement entre les ouvriers de l'agriculture et ceux du commerce et de l'industrie, et laisse en dehors de ses prévisions des catégories de travailleurs non moins intéressantes que les salariés : elle prend ainsi l'air d'une législation de classes peu conforme aux tendances du caractère français. Ajoutons que les charges budgétaires sont évaluées à 70 millions au début, pour s'élever progressivement à 238 millions et redescendre à 130 millions en régime normal.

En somme, les travaux parlementaires n'ont pas fourni de solution définitive à la question des retraites. Mais ils ont précisé les données du problème, analysé ses éléments, mis en lumière les difficultés qu'il présente. Sans doute, il reste encore bien des incertitudes et des hésitations de principe. Entre les doctrines opposées, la controverse est toujours ouverte. Mais dès à présent certains résultats sont acquis, certains points sont fixés. La nécessité d'une méthode de conciliation apparaît chaque jour plus évidente. Débordés de toutes parts, les intransigeants des diverses écoles cèdent le terrain. Il semble, à bien des symptômes, que l'accord soit près de se faire sur les points essentiels. Savant dosage de principes judicieusement coordonnés, la dernière proposition fournira tout au moins une base solide à la discussion. Dans son vaste cadre, les dispositions les plus variées peuvent trouver place. L'intérêt qu'elle inspire, les recherches, les études qui se poursuivent, le courant qui se dessine dans l'opinion — tout porte à croire qu'elle sortirait largement amendée de nouveaux débats devant le Parlement.

CHAPITRE XII

OBLIGATION ET LIBERTÉ

Quand il s'agit d'une question aussi complexe que l'organisation de l'assurance contre la vieillesse, les discussions théoriques ne sont pas les moins utiles. Au milieu des divergences de doctrine, la plus grande difficulté consiste en effet dans le choix des principes directeurs qui serviront de base à tout le système. Il faut établir solidement ces assises fondamentales, sauf à admettre ensuite les concessions nécessaires. Un problème de ce genre, où sont mêlés tant d'intérêts contradictoires, ne comporte guère que des solutions transactionnelles, tenant compte dans la plus large mesure des vœux émis par les intéressés.

De l'ensemble des réponses fournies à l'enquête officielle de 1901 « se dégage tout d'abord le désir impérieux d'une organisation en faveur des vieillards et des invalides. A ce désir se joint dans le monde des travailleurs une aversion presque aussi générale qu'irrésistible pour la prévoyance obligatoire : les uns, tout en invoquant les droits acquis, prétendent à une retraite sans avoir effectué aucun versement ; les autres espèrent trouver dans la mutualité, telle qu'elle fonctionne actuellement, la solution intégrale du problème des retraites. Les premiers perdent sans doute de vue que le pensionné qui n'a nullement contribué par un sacrifice personnel à la constitution de sa retraite ne diffère en rien d'un assisté ; les seconds se méprennent sur la puissance des organisations mutualistes actuelles qui doivent se transformer si elles veulent, même avec le concours de l'État, réaliser l'œuvre de la retraite [1]. »

Nous n'adopterons ni l'une ni l'autre de ces conceptions. Suivant la formule de M. Paul Deschanel, « pour nous, la question sociale ne peut être résolue que par la collaboration des forces privées (individu, association, coopération) avec les forces publiques (commune, département, État) [2]. » Dans l'élaboration de la retraite, le travailleur, le chef d'entreprise, la société de secours mutuels, l'association professionnelle, les pouvoirs publics ont chacun leur rôle : tous doivent apporter leur part au tribut de la prévoyance.

Au contraire, l'aide due aux vieillards indigents, infirmes et incurables relève de la solidarité nationale [3]. Elle constitue un devoir

---

1. Maurice Bellom. *Les retraites ouvrières en France. Revue politique et parlementaire.* Janvier 1902.

2. Paul Deschanel : *La Question sociale.* Paris, Calmann-Lévy, 1899.

3. La Chambre a voté, le 15 juin 1903, un projet de loi « créant un service public de solidarité sociale sous forme d'assistance obligatoire aux vieillards infirmes et incurables. »

social, dont la charge incombe à la nation tout entière. Ainsi, c'est à l'Assistance publique de secourir la vieillesse indigente, — et nous rattacherions volontiers à son domaine l'invalidité prématurée, qu'on pourrait à ce titre distraire d'un projet de loi sur les retraites ouvrières.

Mais quand il s'agit de l'assurance contre la vieillesse, l'effort personnel doit former la base du système. Avant tout, c'est aux intéressés à pourvoir eux-mêmes à leur sécurité par le libre jeu de leur initiative, suivant l'importance de leurs ressources. L'État peut encourager, stimuler, récompenser la prévoyance : il ne doit pas l'imposer. Indépendamment de toute considération morale, il faut reconnaître les graves dangers matériels de la coercition légale qui force les travailleurs à verser une partie de leur salaire pour acquérir d'office une pension de retraite.

Soumis à cette forme d'épargne obligatoire, ils se voient rendre plus difficiles les innombrables manifestations spontanées de la prévoyance : acquisition d'une maison, d'un champ, d'un atelier, éducation de nombreux enfants qui honorent les parents et prennent soin de leur vieillesse. Une prudence infinie s'impose lorsqu'il s'agit de mesures pouvant apporter le trouble dans les budgets domestiques les plus modestes. Réduit dans son salaire, l'ouvrier rejettera trop souvent la charge de cotisations nouvelles. Et l'on verra s'appauvrir les institutions de prévoyance libre, caisses d'épargne, sociétés d'habitations à bon marché et de crédit populaire, caisses syndicales, sociétés de secours mutuels.

Si la mutualité n'a pas encore abouti, malgré de courageux efforts, à généraliser l'assurance contre la vieillesse, à servir des pensions d'un chiffre convenable, c'est qu'elle n'a pas cru pouvoir élever suffisamment le taux des cotisations des membres participants. De cette contribution indispensable pour la retraite, la loi prélève d'office la moitié sur le salaire. Mais n'est-il pas à craindre que l'ouvrier ne s'allège d'autant, en négligeant de payer la prime d'assurance contre la maladie ? Ce coup indirect peut atteindre les sociétés de secours mutuels dans leurs œuvres vives, dans les organes essentiels de leur fonctionnement[1].

Outre ces répercussions fâcheuses, toute affectation exclusive donnée à l'épargne ouvrière présente de sérieux dangers. Suivant l'expression de M. Cheysson, « on enlève au travailleur son levier d'ascension sociale ; on le rive au salariat, on l'enferme dans sa classe puisqu'on lui retire les moyens d'en sortir. » Le cultivateur, l'artisan, auront plus de peine encore pendant une vie de labeur et de privations pour conquérir le toit qui les abrite, la terre qu'ils cultivent, l'outillage qu'ils emploient. Peut-être aussi reculeront-ils devant les charges d'une famille nombreuse qui équivaut aujourd'hui pour

1. C'est ce qu'a compris, on l'a vu, la Commission d'assurance et de prévoyance sociales de la Chambre des députés.

bien des parents à une pension de retraite. Dans un pays de population stationnaire, ce point de vue n'est pas sans importance. En comprimant les salaires, en monopolisant l'épargne, on réduit forcément le nombre des accessions au patronat, à la petite propriété. Pour assurer la vieillesse contre la misère, on enlize les travailleurs dans leur condition présente, on entrave leur essor vers des situations meilleures. Et comment, privés de leurs économies, pourraient-ils s'élever dans la hiérarchie sociale ?

« Tu n'as point d'aile et tu veux voler ? Rampe. »

Les intransigeants des partis libéraux ne manquent pas de signaler, avec quelque pessimisme, cette sorte de déchéance infligée au salariat, cet obstacle mis à ses progrès. Ils y voient une conséquence antisociale au premier chef. Dans le même ordre d'idées, ils dénoncent, non sans vraisemblance, les atteintes portées à l'union de la famille. En effet, à qui profite la retraite ? Au père seul. Meurt-il prématurément, elle disparaît avec lui. Or comment s'acquiert la pension, si ce n'est par l'épargne et l'industrie du ménage, par un prélèvement sur les besoins de la famille, mari, femme, enfants. De ces privations de tous, un seul profite : est-ce juste ?

Sans doute on peut admettre les versements à capital réservé. A la Caisse Nationale des retraites pour la vieillesse, cette pratique jouit d'une préférence marquée qui tient au souci de faciliter la vie à ceux qu'on laisse après soi. Mais le régime du capital réservé a l'inconvénient de réduire considérablement les pensions, puisqu'au taux de 3,50 p. 100, un versement annuel de 10 francs, de 25 à 65 ans, ne donne qu'une rente viagère de 90 fr. 58 au lieu de 125 fr. 85. En outre, la famille reste exposée au risque de mort prématurée de son chef. Aussi les actuaires, et parmi eux M. Guieysse, jugent-ils bien préférable de recourir au capital aliéné, en le combinant avec une assurance en cas de décès au profit de la femme ou des enfants. Cette assurance figurait, dans le remarquable rapport Guieysse de mars 1900 ; elle a disparu du projet de 1901, pour des raisons qui ne semblent pas péremptoires. En dernier lieu, on lui a substitué une allocation mensuelle pendant six mois au profit de la veuve ou des enfants du titulaire décédé avant la liquidation de sa pension. Quoi qu'il en soit, lorsqu'il s'agit des versements ouvriers, le système du capital aliéné, sans correctif, dépouille la femme de sa part dans les économies du ménage.

On s'accorde généralement aujourd'hui à trouver exorbitante la disposition de certains régimes matrimoniaux qui confère au mari, seigneur et maître de la communauté, de pleins pouvoirs sur l'actif commun [1]. Ce privilège, faut-il le renforcer encore, en affectant d'office l'épargne du ménage à la constitution d'une rente viagère sur la tête du mari ? Les placements à fonds

1. P. Imbert. *De la protection des gains et salaires de la femme mariée.* Paris, Rousseau, 1902.

perdus méritent la défaveur qui s'attache à leur caractère antifamilial. Acceptables pour un célibataire égoïste, de telles combinaisons ne sauraient convenir au père soucieux de l'avenir des siens. La loi consacrerait une iniquité juridique en refusant à la femme des avantages à l'obtention desquels elle contribue souvent pour une large part.

Sacrifiée lorsqu'elle reste à la maison, l'épouse imitera son mari, et comme lui, demandera du travail à l'usine. Trop souvent déjà les conditions de la lutte économique obligent la femme à chercher au dehors un complément au salaire marital. On a maintes fois déploré les conséquences de cet état de choses, le relâchement des liens conjugaux, la désagrégation de la famille. Sans doute, si c'est un mal, c'est un mal nécessaire. « Il faut souhaiter, disait Jules Simon, que les femmes quittent les manufactures ; mais il ne faut pas l'ordonner [1]. » Seulement, on aggrave cette situation fâcheuse en ajoutant à l'attraction exercée sur la femme par l'atelier, la perspective d'une retraite. Reste-t-elle au foyer, gardienne des enfants, ménagère industrieuse et active, pas de pension. Mais si elle entre dans la manufacture voisine, le patron et l'État vont, avec une retenue sur son salaire, lui assurer une retraite. Quel dissolvant pour la cohésion de la famille !

Mais si la loi augmente l'attrait de l'usine

_____
1. Jules Simon. *L'Ouvrière.*

pour la femme, le travailleur des champs y trouve, lui, un nouveau prétexte à l'émigration vers les centres industriels. Parmi les agriculteurs, les moins nombreux, ceux qui louent leurs services moyennant salaire rentrent seuls dans les cadres de la loi [1]. Les autres, les indépendants, colons partiaires, métayers et bordiers, cultivateurs travaillant habituellement seuls ou avec les membres de leur famille, sont rangés dans la catégorie des travailleurs à versements facultatifs qui ne bénéficient que des dispositions d'invalidité, de certaines mesures transitoires et de modestes majorations de l'État. Mais pour la retraite, ils sont livrés à leurs seules forces et par suite mis en état d'infériorité. Or est-il besoin de fournir un nouveau motif à l'exode des campagnes vers les villes ? A faire une loi qui, par la force des choses, ne laissera pas que de ressembler à une législation de classes, ne conviendrait-il pas de la rendre applicable à tous ceux qui vivent de leur travail ? L'inégalité de traitement appliquée à des personnes également dignes d'intérêt ne serait pas la conséquence la moins regrettable du système des versements corrélatifs des employeurs et des employés.

1. D'après la statistique agricole de 1892, l'agriculture occupait 3.601.789 indépendants, soit 54,1 p. 100 et 3.058.315 salariés, soit 45,9 p. 100. Les salariés agricoles qui exploitent aussi leur terre, étaient 1.131.490 en 1892. Si on les comptait comme indépendants au lieu de les classer parmi les salariés, on obtiendrait une proportion de 62,9 p. 100 pour les indépendants, contre 37,1 p. 100 pour les salariés. Bourguin. *Les systèmes socialistes et l'évolution économique.* Paris, Colin, 1901.

Mais alors, comment est-il possible de défendre le principe de l'obligation ? On la présente comme une garantie de la liberté individuelle. « Pouvons-nous nous dire libres lorsque nous sommes à la merci d'un événement naturel ou fortuit qui fera dépendre notre existence de la bienveillance d'autrui ? Avons-nous vraiment conscience de notre responsabilité et de notre dignité, si nous remettons à nos concitoyens la charge de notre avenir ? La prévoyance qui nous protège contre les risques humains est tout d'abord la garantie de notre propre indépendance et nous apparaît comme le devoir de tout être qui se dit libre [1]. »

Dans ces considérations, M. Dedé trouve très justement le germe d'une obligation morale qui s'étend de l'individu à la famille, au patron, à la collectivité. Mais les interventionnistes n'en restent pas là ; ils vont jusqu'à la contrainte légale : « La prévoyance ne sera effective que si la loi l'ordonne, et le bien de tous exige qu'il y ait le moins possible de misères. » Seule, l'assurance obligatoire peut atteindre la masse des imprévoyants par inertie, par incapacité ou même par dévouement. Elle est donc absolument nécessaire.

Mais s'il en est ainsi, il faut aller plus loin que tous les projets à l'étude. Ils ne visent en effet que les salariés, laissant en dehors de leurs

---

1. Dedé. *Les sociétés de secours mutuels. Leur rôle économique et social.* Paris, Éditions des « Questions actuelles », 1901.

prévisions la foule des travailleurs indépendants.[1]. Pourquoi traiter de façon différente par exemple le journalier agricole qui loue ses services au propriétaire voisin et le petit exploitant qui fait les mêmes travaux sur son lopin de terre ? La condition de l'un est-elle donc tellement préférable à celle de l'autre ? Ne pourrait-on pas prétendre, sans trop de paradoxe, que le cultivateur indépendant, soumis à l'incertitude des récoltes, est parfois le moins sûr de l'avenir ? En bonne logique, l'obligation devrait l'atteindre, et les raisons qui la fondent s'appliqueraient, non pas seulement aux salariés, mais à l'ensemble des travailleurs, et mieux encore, à l'universalité des citoyens. Nous ne reculerions pas devant cette conséquence extrême, sinon pour la durée de la vie entière, du moins pendant une période restreinte où la réalisation de l'assurance obligatoire ne semble pas rencontrer d'obstacle insurmontable et où le moindre sacrifice a son maximum d'efficacité.

Mais ce n'est pas au travailleur adulte, gagnant plus ou moins péniblement sa vie et souvent chargé de famille, qu'on peut imposer l'obligation. Il y a trop de chances pour qu'il succombe sous le fardeau. Quel prélèvement, quel mode de retenue, dégrèverait suffisamment les gains les plus modestes ? Au lieu des cotisations fixes, voici qu'on propose le pourcentage uniforme à 2 p. 100 des salaires. Léger

1. L'industrie comptait, en 1896, 1.563.000 travailleurs isolés, façonniers ou petits patrons.

pour certains budgets, ne sera-t-il pas écrasant pour d'autres ? D'après les enquêtes de l'Office du Travail, le salaire moyen de l'ouvrier adulte du sexe masculin ressortirait, pour toute la France, à 4 fr. 20 par jour (6 fr. 15 dans le département de la Seine ; 3 fr. 90 en province). Pour l'ouvrière adulte, la moyenne d'ensemble tomberait à 2 fr. 20 par jour (3 fr. et 2 fr. 10) [1]. Ce sont là des moyennes, mais on rencontre souvent des chiffres très inférieurs.

Au cours d'une enquête sur la situation des ouvrières lyonnaises travaillant à domicile, M. Bonnevay a trouvé des ouvrières d'habileté moyenne, occupées dans l'industrie du tulle au chenillage ou mouchetage, rémunérées suivant des tarifs aux pièces qui, pour douze heures de travail, leur donnent des salaires de 1 fr. 08 à 1 fr. 20. Et encore devront-elles subir deux mois de morte-saison. La découpeuse en dentelles fera des journées de 0 fr. 75 à 1 fr. 50. La finisseuse de chemises reçoit 0 fr. 60 ou 0 fr. 50 par objet. Elle en fait deux en douze heures; elle fournit son fil et ses aiguilles ou sa machine à coudre. Évidemment, il s'agit de chiffres extrêmes. M. Bonnevay affirme cependant que, si l'on met à part les ouvrières qui travaillent pour les articles de prix, le salaire se tient couramment au-dessous de 2 francs [2].

Mais pour ne citer que des documents offi-

---

1. Office du Travail. *Salaires et durée du travail dans l'industrie française.*

2. Bonnevay. *Les ouvrières lyonnaises travaillant à domicile. Misères et Remèdes.* Paris, Guillaumin, 1896.

ciels, l'*Enquête de l'Office du Travail* [1] relève pour certaines ouvrières de la confection des vêtements d'hommes des salaires de 1 fr. 25 et 1 fr. 20 (375 francs pour un travail de 300 jours à Paris). C'est que le travail féminin ne fournit en principe qu'un salaire d'appoint. La femme fait le plus souvent partie d'un groupe, la famille, dont le chef assure lui-même la presque totalité des ressources. Elle n'a donc besoin, en général, que d'apporter un supplément. Mais il y a des exceptions, des isolées, des abandonnées que cet état de choses livre parfois à la plus extrême détresse. M. d'Haussonville, M. Charles Benoist, après de patientes recherches, ont décrit les salaires et misères des femmes, des ouvrières de l'aiguille surtout.

Rien n'est plus saisissant que ces détails d'une exactitude vécue, par exemple ce budget d'une chemisière qui gagne 2 francs par jour. Au chapitre des dépenses nous trouvons :

Loyer	160	francs.
Deux robes à 10 francs	20	—
Une confection	12	—
4 paires de chaussures à 5 francs. .	20	—
2 chapeaux à 3 francs.	6	—
3 chemises à 2 francs.	6	—
2 camisoles à 2 francs.	4	—
4 mouchoirs à 0 fr. 50.	2	—
2 draps (entretien).	3	—

1. La petite industrie. *Salaires et durée du travail.* Tome II.

4 serviettes à 0 fr. 75. . . . . . . 3 francs
Eclairage . . . . 10 —
Chauffage . . . . 12 —
2 petits tabliers noirs à 1 fr. 50 . . 3 —
1 jupon. . . . . 2 —
Étrennes de la concierge. . . . . 5 —

Total. . . 268 francs.

Quant à la nourriture, elle prend 90 centimes par jour, ainsi répartis :

1 livre de pain . . . . 0 fr. 20
Le matin, lait. . . . . 0 , 10
A midi une côtelette . . . . 0 , 25
Vin . . . . 0 , 10
Charbon . . . . 0 , 05
Légumes . . . . 0 , 10
Beurre. . . . . 0 , 10

Total . . . 0 fr. 90

soit par an, 328 fr. 50, ce qui, avec les 268 francs détaillés d'autre part, porte le total des dépenses à 596 fr. 50. Aux recettes, 300 jours de travail à 2 francs. Total 600 francs. Ce budget de privations est en équilibre. Mais son ordonnatrice travaille toute l'année dans la même maison ; elle ne connaît pas le chômage ; si son salaire est faible, il est régulier.

Moins heureuse, la « petite main en confection », une toute jeune fille qui gagne 1 fr. 25 par jour, 375 francs par an. Voici ses dépenses :

Loyer. . . . . 100 fr.
Une robe . . . . 5 —
Un fichu. . . . . 2 —
2 paires de bas . . . . . 1 fr. 30
2 paires de chaussures . . . 8 —
2 chemises . . . . 2 , 50
1 camisole . . . . 1 , 25
2 mouchoirs . . . . 0 , 80
2 serviettes . . . . 0 , 80
Éclairage . . . . 4 —
        Total. . . . . 125 fr. 65

Cette enfant de dix-huit ans, qui passe sa journée l'aiguille à la main, n'a qu'une robe de cinq francs, deux paires de bas et deux chemises ! Et que lui reste-t-il pour sa nourriture ? 65 centimes par jour :

Le matin, lait . . . . 0 fr. 05
Pain (pour la journée) . . . 0 , 20
A midi boudin . . . . . . 0 , 10
Pommes de terre frites . . . 0 , 05
Fromage . . . . 0 , 10
Le soir, une saucisse . . . 0 , 10
Pommes de terre . . . . . 0 , 05
        Total . . . . . 0 fr. 65

En transcrivant ces chiffres, l'enquêteur, M. Charles Benoist, pourtant sobre d'exclamations, ne peut s'empêcher de conclure : « Et son budget est en équilibre. Mais vienne l'hiver, c'est le froid ; le chômage, c'est la faim ; la maladie, c'est la mort. Voilà tout de même à quoi se réduisent les saintes, celles qui savent se résigner. Les autres, celles qui ne se résignent pas, ne font que choisir une autre misère [1]. »

En présence de ce dilemme, comment ne pas éprouver avec M. d'Haussonville « un grand respect pour celles qui résistent, une grande indulgence pour celles qui succombent [2] », avec un vif désir de venir en aide à celles qui luttent?

Or vraiment serait-ce leur rendre service que d'exiger de leurs pauvres ressources le plus léger sacrifice à la prévoyance? La rigueur n'est-elle pas évidente d'un prélèvement quelconque sur ces budgets de misère? Où prendre le demi-sou de la retraite, que rognerait le pourcentage à 2 p. 100 du gain journalier? Qui voudrait, pour un avenir incertain, rendre ces privations plus dures encore? L'épargne devient funeste lorsqu'elle paralyse des besoins essentiels. Si cependant on se résigne, soit à la provoquer, soit même à l'imposer, il faut dire bien haut que le sacrifice consenti dans ces conditions mérite une récompense particulière. C'est ce qu'oublient trop les projets législatifs, et c'est cependant le côté vraiment humanitaire de la question. On favorise la prévoyance des mieux partagés, des plus heureux, — c'est celle des humbles qui est la plus digne d'encouragement.

1. Charles Benoist. *Les ouvrières de l'aiguille à Paris*, Paris. Chailley, 1895.

2. D'Haussonville. *Salaires et misères de femmes*. Paris, Calmann-Lévy, 1900.

Le texte qui imposerait à tous une obligation aveugle et sans ménagements se heurterait dans trop de cas, à la fameuse « loi d'airain » de Lassalle, qui réduit les salaires au minimum rigoureusement indispensable à la vie. Il existe en effet des salaires incompressibles dont on ne peut rien retrancher : leur taux varie suivant les besoins de la famille, le nombre des enfants, les mille conditions de l'existence quotidienne. Pour savoir où commence l'extrême nécessité qui légitime la consommation immédiate et totale du gain journalier, il faudrait scruter les consciences, pénétrer au foyer domestique, analyser le budget familial, — en un mot, instituer la plus tyrannique et la plus révoltante des inquisitions. L'irréductibilité des faibles salaires fournit un argument des plus graves contre l'obligation imposée sans tempérament à tous les travailleurs.

Mais d'autre part, il faut bien constater les médiocres résultats, sinon la faillite, de l'assurance facultative. On ne saurait donc s'en remettre à la seule liberté et tout attendre du développement spontané des initiatives volontaires. Il s'est déjà produit de ce côté trop de mécomptes pour qu'on puisse garder des illusions. La méthode purement libérale qui cherche par tous les moyens à diffuser la prévoyance ne peut avoir qu'une portée restreinte. Elle se heurte en pratique à deux obstacles insurmontables : l'ignorance et la force d'inertie. Mais puisqu'on renonce aujourd'hui aux discussions stériles, comment choisir entre la liberté et l'obligation, ou plutôt, comment concilier ces deux conceptions antagonistes pour réaliser les avantages de chacune en évitant, dans la mesure du possible, ses plus sérieux inconvénients ?

Il y a d'abord une chose qui doit être obligatoire : c'est le principe et aussi l'acte initial de prévoyance. Où le placer, sinon à l'école même ? C'est là qu'il convient d'installer l'apprentissage de l'assurance comme on a déjà voulu y mettre l'apprentissage de la mutualité. Il faut habituer l'enfant à la discipline éducative de l'épargne, aux virils efforts de la prévoyance. Par lui ces idées pénètreront dans la famille, dans la société, que l'imprévoyance n'est pas seulement un mal individuel, mais un fléau social ; que l'homme insouciant de l'avenir ne nuit pas seulement à lui-même et aux siens, mais à tous, puisqu'un jour peut venir où il tombera à la charge de la collectivité [1].

Il y a dans cette conséquence un principe d'obligation qui justifie l'affiliation d'office du travailleur à la Caisse Nationale des retraites. Au moment même où commence l'obligation scolaire doit naître aussi l'obligation à la prévoyance. L'enfant sera inscrit en même temps à l'école et à la Caisse des retraites. Mais à s'en tenir là, on risquerait de faire une manifestation platonique et trop souvent stérile. Aussi faut-il imposer aux parents un minimum de

1. Léon Bourgeois. Discours prononcé le 20 décembre 1901.

cotisation, par exemple celui que leur demande déjà la mutualité scolaire. Des dix centimes que versent par semaine les 700.000 écoliers mutualistes, « les Petits Cavé », comme on les appelle, la moitié environ reste en excédent des secours de maladie et alimente la retraite. On exigerait donc des parents le léger sacrifice déjà consenti par les jeunes adeptes de la mutualité : dix centimes par semaine, soit 5 fr. 20 par an. Les communes paieraient cette somme pour les indigents.

Or ce modique versement hebdomadaire de deux sous, commencé dès l'âge le plus tendre, est singulièrement productif. Continué sur la tête de l'enfant pendant les années de scolarité, de six à treize ans, il assure à 60 ans une rente de 35 fr. 70, presque égale à la somme versée : ce sera l'embryon de la retraite. Muni d'un livret, accoutumé aux versements périodiques, l'enfant, devenu adulte, restera fidèle à cette habitude. Qu'il s'astreigne seulement au minimum de cotisation de dix centimes par semaine et il jouira à 60 ans d'une rente de 108 fr. 30 pour un débours total de 280 fr. 80. Qu'il double ces chiffres, et le modeste sacrifice de 10 fr. 40 par an lui procurera une retraite bien supérieure au minimum indispensable à la vie. L'État par ses encouragements, le patron par sa contribution obligatoire feront le reste.

L'essentiel est, en effet, d'assurer l'enfant de bonne heure : dès la naissance, si possible, dès l'âge où la Caisse Nationale des retraites accepte des affiliés — trois ans —, ou tout au moins dès l'origine de l'obligation scolaire. Cette dernière époque offre de sérieux avantages. Le maire doit chaque année dresser la liste des enfants en âge de scolarité et aviser les personnes qui en ont la garde de la rentrée des classes. Il y joindra l'avis de verser la modique cotisation de retraite aux mains de l'instituteur. Celui-ci signale, chaque mois, au maire et à l'inspecteur primaire, les absences des élèves, avec indication des excuses présentées par les parents. La commission scolaire est juge de ces excuses. Elle appréciera aussi les motifs qui auront empêché le versement des cotisations. En cas d'indigence reconnue, la commune en prendra la charge. Quant aux enfants instruits dans leur famille, ils sont soumis à la formalité d'un examen annuel. Ce sera l'occasion d'exiger des parents la production du livret de vieillesse. En somme, la méthode s'adapterait sans peine au fonctionnement de l'organisation existante.

Mais malgré les leçons de l'éducation, malgré les efforts de la propagande, il faudra toujours compter avec l'insouciance de la jeunesse, avec l'imprévoyance de l'âge mûr. Trop de travailleurs cesseront les versements le jour où la contrainte légale prendra fin en même temps que l'obligation scolaire. La longue expérience de la Caisse Nationale des retraites pour la vieillesse a suffisamment démontré, suivant le mot énergique de M. Jay, que « l'assurance ouvrière pour la vieillesse sera obligatoire ou ne sera pas. »

La loi peut imposer des versements obligatoires aux patrons et plus généralement aux
employeurs. L'assurance de l'ouvrier contre la
vieillesse est une charge qui appartient dans
une certaine mesure à l'industrie elle-même.
Elle réalise, dit-on, l'amortissement du capital
humain et rentre à ce titre dans les frais généraux. Beaucoup de patrons apportent déjà leur
contribution spontanée à la constitution des
retraites. Cette obligation économique et
morale, rien n'empêche de la sanctionner légis-
lativement. « La conséquence, dit M. Guieysse,
serait dans certains cas que le patron devrait
supporter toute la charge des retraites. » Précisément certains Catholiques sociaux considèrent
la prime d'assurance du risque invalidité-vieillesse, comme partie intégrante de la juste
rémunération du travail professionnel. Pour
eux, elle rentre dans le salaire et incombe par
suite exclusivement à l'employeur. Cette thèse
excessive est réfutée par M. Guieysse :

« Puisque nous avons affaire à un mécanisme
intelligent, chaque travailleur doit comprendre
que c'est lui qui est encore le meilleur artisan
de son avenir, et que si les charges étaient
établies d'une façon trop pesante sur les
employeurs, elles retomberaient forcément sur
les épaules des travailleurs eux-mêmes. Tandis
qu'au contraire, en établissant la corrélation des
versements qui est à peu près universellement
admise, il s'établit entre l'employeur et l'employé un lien qui ne peut profiter qu'au bien

de tous. » Donc l'ouvrier doit apporter sa collaboration à l'œuvre de prévoyance. S'il y va de l'intérêt de la Société, de l'intérêt particulièrement de l'industrie que la vieillesse du travailleur soit assurée, celui qui profite de ces avantages doit en être lui-même pour une part l'artisan. Ainsi se limite la contribution du chef d'entreprise. Il n'est pas tenu de tout faire et l'opinion commune ne lui demande que la moitié. En définitive la constitution des retraites exige le concours des patrons et celui des intéressés.

Quand il s'agit des versements patronaux, ils doivent être réglés de façon à ne pas surcharger les frais généraux de la production. Dans cette mesure, l'obligation apparaît comme juste et même indispensable. Elle généralise une pratique déjà fréquente, qui pénètre de plus en plus dans les mœurs. Sans elle, les conditions de la concurrence seraient rompues, et suivant l'expression de M. Millerand « les patrons les plus humains seraient les dupes de leur générosité. »

Ainsi, il est équitable autant que nécessaire que par la loi les patrons soient obligés à verser. Reste à savoir s'il en va de même pour les bénéficiaires de la retraite et particulièrement pour les salariés. Ici, la situation change. L'ouvrier est libre. Le salaire est sa propriété ; il en dispose à son gré pour des besoins dont il est juge. Nul n'a le droit d'opérer une retenue sur le produit de son travail. Tout au plus peut-on lui faire payer les frais modiques de la leçon d'assurance que ses enfants reçoivent à l'école. Du reste, la prévoyance ne se décrète pas. Il y a des gens économes et rangés. Il y a aussi la masse des imprévoyants, des malchanceux, des insouciants. Il y a ceux qui n'ont pas de famille et ceux qui en ont trop. Seul l'ouvrier sait s'il peut et s'il veut prélever sur son gain la réserve de l'avenir.

Dans telles circonstances, la consommation immédiate et complète peut être bien préférable à l'économie d'une fraction, si minime soit-elle, du salaire. « Car, dit M. Gide, s'il est imprudent de sacrifier les besoins à venir aux besoins présents, il serait insensé, à l'inverse, de sacrifier le présent à l'avenir [1]. » L'épargne suppose un excédent sur les nécessités de la vie ; pour celui qui n'a que le nécessaire, elle constitue une opération dangereuse. Tout prélèvement d'office devient alors un véritable abus de la force, une atteinte grave à l'indépendance de la personne humaine. L'ouvrier, libre de ses résolutions, maître de ses actes, doit pouvoir faire de son gain tout entier l'usage qui lui paraît le plus convenable. Admissible en d'autres pays, la retenue obligatoire choquerait chez nous les tendances les plus respectables de l'esprit public.

Sans doute, l'imprévoyance nuit à la société

1. Charles Gide. *Principes d'Économie Politique* Paris, Larose.

qui, dans l'intérêt général, aurait le droit de l'interdire. Mais lorsqu'elle édicte un ordre, elle doit fournir à tous le moyen de s'y soumettre. En matière d'enseignement, l'obligation a eu pour corollaire la gratuité de l'école. Quand il s'agit de prévoyance, on peut assurer l'ouvrier malgré lui, lui procurer d'office un commencement de retraite au moyen d'une cotisation infime pendant la scolarité, mais il faut laisser à l'adulte la libre disposition du salaire intégral. Si pourtant on jugeait l'obligation indispensable à l'organisation d'un système général de retraites, il y aurait lieu tout au moins de prendre des mesures de dégrèvement en faveur des plus faibles salaires.

Aussi bien, n'est-ce pas un leurre de vouloir imposer la prévoyance universelle ? Il restera toujours hors des cadres de la loi un déchet humain tributaire de l'assistance. C'est ce qui arrive en Allemagne où la généralité de l'obligation n'a pas empêché le recours croissant à la bienfaisance. « Contrainte ou libre, la prévoyance a ses limites, comme l'assistance a ses dangers [1]. »

Nous concluons donc à rendre la contribution patronale obligatoire en maintenant un caractère facultatif aux cotisations des travailleurs. Le patron, assujetti à des versements au profit de son personnel, lui constitue en quelque sorte

---

1. L. Mabilleau. *La Mutualité française*. Librairie de la mutualité, Bordeaux, 1901.

des demi-retraites. L'ouvrier reste libre de faire le surplus, s'il le peut et s'il le veut, par les moyens qui lui semblent préférables, épargne, assurance sur la vie, affiliation à une société de secours mutuels, versements volontaires à la retraite. Mais pour réaliser ce complément nécessaire, il ne sera pas abandonné à ses propres forces, réduit à ses seules ressources. La Société doit en effet lui venir en aide, et cette participation de l'État, que tout le monde admet aujourd'hui, soulève les difficultés les plus délicates du problème des retraites.

CHAPITRE XIII

PARTICIPATION DE L'ÉTAT

« Pour être vraiment féconde au point de vue social, disait l'exposé des motifs du projet de loi Constans-Rouvier de 1891, la prévoyance doit être libre, — mais il faut que cette liberté trouve des points d'appui suffisants. » Ici, en effet, l'État doit intervenir. Il est dans son rôle en encourageant les diverses formes de la prévoyance, celle surtout qu'il adopte pour l'imposer aux chefs d'entreprise et qu'il protège de sa garantie.

Certaines écoles socialistes voudraient davantage : l'homme qui travaille rend service à la Société qui contracte une dette envers lui ; elle doit pourvoir à ses besoins le jour où ses forces l'abandonnent. En stricte conséquence, l'État aurait à servir une pension suffisante aux vieux travailleurs. Mais indépendamment des considérations d'ordre financier, une organisation de cette nature revêtirait un caractère d'assistance qu'il convient d'éviter. Pour nous, l'intervention des pouvoirs publics se justifie par des raisons de fait tirées de la pratique : « Nous croyons que l'État a d'autres devoirs que celui d'assurer l'ordre matériel; que son intervention peut être légitime quand l'individu est trop isolé ou sacrifié, quand l'association est trop faible ou quand il s'agit de préserver la société d'un mal [1]. »

La participation de l'État peut prendre des formes très différentes. Souvent on lui demande de garantir un taux d'intérêt invariable pour le calcul des pensions, 3 pour 100 par exemple, ce qui revient, en cas de baisse de l'intérêt, à établir une majoration proportionnelle de toutes les rentes constituées. C'était le système du projet discuté par la Chambre en 1901. Il a l'inconvénient d'entraîner une charge indéterminée qui peut devenir très lourde, comme elle peut rester légère, suivant les circonstances économiques d'où résulte le taux des placements.

Une autre méthode consiste à ajouter une somme fixe à toutes les rentes, comme fait la loi allemande. Ainsi, la Commission d'assurance et de prévoyance sociales, dans le texte qu'elle va soumettre à la Chambre, majore toutes les retraites de 100 ou 120 francs, sous certaines conditions. Cette subvention ne doit pas élever la retraite au-dessus de 360 francs, mais elle est complétée, s'il le faut, d'une majoration supplémentaire pour atteindre ce chiffre. On peut alors garantir aux titulaires un minimum de pension qu'ils ont la certitude de réaliser.

Mais tandis que des dispositions de ce genre

<hr>

1. Paul Deschanel. *La République nouvelle*. Paris, Calmann-Lévy, 1898.

gardent toujours, quoi qu'on fasse, un faux air de mesures d'assistance, d'autres modes de participation de l'État offrent plus nettement l'aspect d'un encouragement à la prévoyance. Ainsi, il peut allouer des primes en addition aux versements volontaires. Pour les versements obligatoires, il se borne à les centraliser dans ses caisses et à les faire fructifier. Mais quand il s'agit de versements facultatifs au compte d'un travailleur, qu'ils émanent de l'intéressé, de la société de secours mutuels, du syndicat professionnel, de la société de retraites privée, d'une association de prévoyance quelconque, un système de subventions vient majorer les sommes volontairement consacrées à la prévoyance. C'est l'esprit de la législation belge, qui alloue 60 centimes par franc et par livret, à concurrence de 15 francs versés. La seule condition pour bénéficier de libéralités de cette sorte consiste à n'être pas en état de pourvoir complètement à ses propres besoins. L'État ne peut disposer des deniers des contribuables qu'au profit des citoyens incapables de se suffire à eux-mêmes et dans une mesure d'autant plus large que leurs ressources sont plus exiguës.

Le principal mérite du système consiste dans sa généralité. Une loi de retraites n'aura tout son effet utile que si elle comprend le plus grand nombre possible de bénéficiaires. Toute personne de nationalité française, pourvu qu'elle ne paye pas un certain chiffre d'impôts et qu'elle vive de son travail, doit pouvoir verser à la Caisse d'État, à la Caisse Nationale des retraites des Travailleurs. Sans doute, les salariés proprement dits, ouvriers et employés du commerce, de l'industrie, de l'agriculture, verront leur compte crédité automatiquement des versements des employeurs. Mais les femmes et veuves des salariés, les artisans, façonniers, domestiques attachés à la personne, colons partiaires, métayers et bordiers, petits commerçants et cultivateurs travaillant habituellement seuls ou avec les membres de leur famille, en un mot tous les travailleurs indépendants qui vivent de leur gain quotidien, seront admis à faire des versements pour eux et pour les membres de leur famille vivant avec eux. Ils auront part aux encouragements de l'État, sous réserve d'établir qu'ils ne sont pas imposés à la contribution personnelle-mobilière au-dessus d'une somme variant suivant l'importance de la localité, et qu'ils vivent exclusivement ou principalement du produit de leur travail. C'est en effet la qualité de travailleur qui constitue la principale condition d'applicabilité de la loi.

Ici se présente une grave objection. En majorant les versements volontaires, on aide les travailleurs qui ont déjà pu s'aider eux-mêmes, ou améliore la condition des plus favorisés, bref, on donne aux riches. C'est l'évidence même, et l'injustice de ce résultat ne fait pas de doute. Prélevées sur les ressources générales du budget pour réaliser en quelque sorte une œuvre de solidarité nationale, les majorations doivent aller de préférence aux plus humbles, aux moins fortunés, à ceux qui peuvent le plus attendre du concours de tous les citoyens. C'est donc à la petite épargne qu'il faut réserver ces encouragements. Ainsi, au lieu d'accorder, comme la loi belge, 60 centimes par franc et par livret, à concurrence de 15 francs versés, soit une prime de 9 francs au maximum, il conviendrait — dans l'hypothèse où l'on dispose d'une allocation égale — de répartir cette somme suivant une progression décroissante, en donnant par exemple : 1 franc par franc versé de 1 à 5 francs ; 50 centimes par franc de 5 à 10 francs et 30 centimes par franc de 10 à 15 francs. On favorise ainsi les versements les plus modestes qui sont d'ordinaire les plus méritoires.

Mais faut-il n'envisager que le montant de l'épargne individuelle ou au contraire apprécier par quelque moyen l'effort personnel qu'elle représente ? Celui qui n'économise guère peut être un imprévoyant si ses moyens lui permettaient de plus grands sacrifices. Le chiffre de l'épargne ne fournit à lui seul qu'une indication vague et parfois trompeuse. L'idéal serait évidemment de pouvoir majorer chaque pension selon ce que M. Mirman appelle « le coefficient d'effort personnel [1]. » Mais comment

---

1. L. Mirman. *Une loi de solidarité sociale. Revue politique et parlementaire*, 10 juillet 1903.

déterminer avec précision le taux d'un pareil coefficient ? Il faudrait pénétrer dans la vie privée, peser la valeur morale de tous les actes de l'épargnant, rechercher les événements si divers qui ont pu modifier les conditions de son existence. Et bien vite on se heurte à des impossibilités. Mais parmi toutes les circonstances dont l'ensemble caractérise la condition du travailleur, deux au moins sont d'appréciation facile puisqu'elles se traduisent par des résultats numériques. C'est d'abord, quand il s'agit des salariés, le montant annuel des cotisations patronales qui est fonction du gain total, — et, pour tous les travailleurs, les charges de famille, ou, de façon plus exacte, le nombre des enfants. A quotité égale, l'épargne représente une privation d'autant plus méritoire qu'elle est réalisée sur un gain plus modeste et malgré des charges plus lourdes. L'encouragement à la prévoyance ne remplit véritablement son rôle moralisateur que s'il tient compte de ces deux éléments.

Pour fixer la mesure de sa protection, pour décider la valeur de sa subvention pécuniaire, l'État doit prendre en considération les charges de famille. Ce principe est appliqué déjà en ce qui concerne la majoration des pensions de la Caisse Nationale des retraites pour la vieillesse. La loi du 31 décembre 1895, complétée par divers textes, attribue des bonifications spéciales aux parents ayant élevé plus de trois enfants jusqu'à l'âge de trois ans accomplis.

Le projet de loi voté le 15 juin 1903 par la Chambre des députés pour créer l'assistance obligatoire aux vieillards infirmes et incurables, dispose que la quotité d'épargne privilégiée qui ne diminue pas la pension complète, sera portée de 60 à 120 francs pour les ayants droit justifiant qu'ils ont élevé au moins trois enfants jusqu'à l'âge de seize ans.

Dans cet ordre d'idées, il se présente bien des combinaisons. Ainsi, pour répandre une forme assez peu usitée de la prévoyance, on pourrait admettre les travailleurs, salariés ou non, à contracter à la Caisse d'assurances en cas de décès, instituée par la loi du 11 juillet 1868, une assurance sur la vie d'un petit capital, 300 à 600 francs par exemple, moyennant trente primes annuelles dont l'État payerait une fraction proportionnelle au nombre des enfants. De cette manière, il aiderait les familles nombreuses à se garantir d'un risque redoutable qui les menace particulièrement : la disparition prématurée de leur chef.

De telles dispositions profiteraient à tous les bénéficiaires de la loi, c'est-à-dire à tous les travailleurs des deux sexes que la modicité de leurs conditions d'existence et la nécessité de gagner leur pain quotidien font rentrer dans ses prévisions. Les salariés auraient en outre la faculté de demander l'affectation jusqu'à due concurrence des versements patronaux au paiement du surplus des primes correspondantes. Mais, en ce qui les concerne, la subvention de l'État tiendrait compte du gain annuel.

Le montant des cotisations patronales fournit à cet égard une indication précise. Quel que soit le tarif adopté, il varie dans le même sens que le salaire. L'ouvrier qui bénéficie à la fin de l'année d'un moindre versement n'a évidemment reçu qu'une rémunération inférieure. Le calcul du gain annuel, impossible dans d'autres cas, se déduit ici très simplement d'une donnée certaine, exempte de tout arbitraire. Dès lors, rien n'empêche d'établir une corrélation entre le taux de la prime et les ressources de l'assuré. Lorsque, par exemple, les versements de l'employeur n'auront pas atteint dans l'année le taux qui procure un certain minimum de retraite, la majoration appliquée aux cotisations facultatives pourra être portée au double du tarif normal. Celui-ci fonctionnera entre deux chiffres représentant des moyennes pour la contribution patronale. D'autres limites correspondront à un tarif réduit de moitié. Enfin, au-dessus du plus élevé de ces versements, il n'y aura pas lieu à bonification.

Le jeu du système apparaît clairement dès qu'on fait usage de chiffres. Peu importe d'ailleurs leur valeur absolue, qui est toujours conventionnelle. Prenons par exemple pour tarif normal des majorations la prime belge de 9 francs, supposée répartie à raison de 1 franc par franc de 1 à 5 francs, 50 centimes de 5 à 10 francs et 30 centimes de 10 à 15. La méthode conduit à appliquer aux versements facultatifs des travailleurs : un double tarif lorsque la contribution patronale n'atteint pas un minimum de 16 francs par exemple, le tarif normal de à 27 francs, un demi-tarif de 27 à 30 francs et s'arrêter quand ce dernier versement est atteint[1]. Une autre restriction limite la prime à un chiffre tel qu'ajouté au total des versements patronaux de l'année, il ne dépasse pas un certain maximum. Enfin, le bénéfice des majorations s'arrête dès que l'ensemble des sommes inscrites au compte du travailleur suffit pour lui assurer une rente annuelle et viagère de 360 francs à l'âge de 60 ou 65 ans.

En effet, la subvention budgétaire, prélevée sur les ressources collectives du pays, doit cesser où finit l'impérieuse nécessité. La solidarité n'impose qu'une obligation alimentaire à la nation ; elle a rempli ce devoir et payé sa dette vis-à-vis d'un individu lorsqu'il possède les moyens strictement nécessaires d'assurer le pain de ses vieux jours. Il faut songer alors à des besoins plus pressants et réserver à d'autres bénéficiaires le fruit des privations de tous.

Les bornes ainsi tracées définissent la charge qui incombe à l'État. Pour le fonctionnement de la « liberté subsidiée », la Belgique inscrit à son budget un crédit annuel de 12 millions. En France, l'application du même taux de subventions conduirait à des sacrifices considérables. Pour une population plus que quintuple, il fau-

1. Voir aux *Annexes* les tableaux de résultats numériques.

drait, toutes choses égales d'ailleurs, un crédit de plus de 60 millions. La taxe sur les travailleurs étrangers pouvant rendre 20 millions, il resterait à inscrire au budget une quarantaine de millions par an. Mais de pareils chiffres ne représentent qu'une très grossière approximation. Ce qui rend impossible une évaluation précise, c'est d'abord l'incertitude, commune à tous les systèmes, du nombre des bénéficiaires (au maximum 9 à 10 millions d'ouvriers et employés des deux sexes et 3 à 4 millions de petits patrons), et ensuite la difficulté de prévoir dans quelle mesure il sera fait usage des versements volontaires à primes. Nous inclinerions à croire que l'emploi d'un tarif gradué suivant l'importance des contributions patronales aura pour effet d'alléger, dans l'ensemble, le service des majorations. En tout cas, après quelques années de fonctionnement, les charges diminueront au fur et à mesure qu'un plus grand nombre de travailleurs auront atteint le minimum de retraite qui met un terme à la subvention. On pourrait cependant, par prudence, assigner dès le début une limite à la charge de l'État. Il suffirait d'inscrire au budget un crédit à répartir au prorata des versements de l'année. Le taux des primes dépendrait alors, sous réserve d'un maximum, de l'empressement des intéressés, et servirait en quelque sorte de régulateur au système, en permettant de faire face à toutes les éventualités.

Quoi qu'il en soit, l'emploi des primes graduées ne paraîtra pas exempt d'une certaine complication, au regard surtout de la simplicité de la méthode belge. Mais si le mécanisme est plus complexe, c'est peut-être qu'il réalise un perfectionnement. A la prime uniforme qui majore d'égale somme tous les versements, à proportion de leur quotité, et qui, par suite, donne davantage aux plus fortunés, à ceux qu'un travail régulier et rémunérateur a mis à même de faire des économies, on substitue un tarif plus rationnel, plus humain, qui favorise les petits déposants, ceux dont le chômage ou le mince salaire a réduit davantage la capacité d'épargne, ceux dont les faibles ressources rendent plus méritoire le pauvre sacrifice.

Ces considérations nous semblent décisives en faveur du système. Nous pensons qu'il y a tout intérêt à rompre avec la pratique belge des primes fixes pour entrer dans la voie des subventions graduées dont la souplesse s'adapte de plus près aux conditions difficiles du problème. Combinée avec la protection des familles nombreuses, la méthode ne vise à rien moins qu'à estimer sur des données certaines la valeur sociale de l'effort personnel. Soucieuse d'une juste répartition, elle risque une tentative des plus délicates en essayant de donner, dans la mesure du possible, « à chacun suivant ses mérites ».

CHAPITRE XIV

CONTRIBUTION PATRONALE

Nous avons admis une méthode nouvelle pour calculer la subvention d'État qui majore les versements facultatifs des travailleurs. Non moins résolument proposerons-nous de nouvelles bases pour asseoir la contribution patronale. Ce qui importe, à notre sens, c'est moins sa quotité que ses variations. On ne peut en effet douter que le libre jeu des phénomènes économiques fasse tomber finalement une partie de la prime d'assurance à la charge de l'ouvrier. Toute discussion à cet égard n'offre qu'un intérêt plutôt théorique, puisque le résultat dépend, en définitive, du fonctionnement des lois naturelles.

Le paiement de la prime totale par le patron faciliterait les débuts de l'institution des retraites ; — le versement par l'ouvrier de sa cotisation personnelle l'associe de plus près à l'œuvre de prévoyance. Au fond, la question vraiment pratique serait moins la fixation en valeur absolue de la contribution patronale, que la mise au point des données qui président à son établissement.

On admet en général qu'elle doit être fonction du salaire. Ainsi, dans leur proposition de 1902, MM. Millerand et Guieysse s'arrêtent au taux uniforme de 2 p. 100. Ils ont voulu éviter les inconvénients du projet discuté par la Chambre en 1901, qui n'établissait pas une proportionnalité rigoureuse entre le salaire et le versement pour la retraite. Répartissant les ouvriers en trois catégories, il demandait au patron : 5 centimes par journée de travail inférieure à 2 francs ; 10 centimes de 2 à 5 francs, et 15 centimes à partir de 5 francs. Il en résultait des variations irrégulières de la majoration par rapport au salaire. Pour un gain de 1 fr. 75 par jour, l'ouvrier se voyait crédité de 5 centimes, soit 2, 85 p. 100 ; pour 2 francs, de 10 centimes, soit 5 p. 100 ; pour 4 francs, encore de 10 centimes, soit 2,5 p. 100; pour 5 francs, de 15 centimes, soit 3 p. 100. En outre, les sauts brusques du tarif établissaient des démarcations trop accusées entre les catégories de salaires et faisaient ainsi obstacle à certaines augmentations [1].

Dans son dernier texte, la Commission d'assurance et de prévoyance sociales a conservé le versement uniforme de 5 centimes, dont moitié à la charge de l'employeur, pour les ouvriers

---

1. Voir aux *Annexes* le tableau des variations du taux p. 100 de la contribution patronale par rapport au salaire, d'après le tarif du projet de 1901.

de l'agriculture, mais, pour les ouvriers de l'industrie et du commerce, elle est revenue au taux proportionnel presque universellement adopté par les institutions patronales de prévoyance qui ajoutent au salaire un *quantum* destiné à la retraite. L'État lui-même majore de 4 p. 100 le gain des ouvriers de ses manufactures. On semble donc tenir pour axiome le principe qui établit un rapport de proportionnalité entre le versement patronal et le salaire. De là un nouvel avantage pour les plus hauts salaires au détriment des plus bas, puisqu'à 2 p. 100 l'ouvrier gagnant 2 fr. 50 par jour ne voit inscrire à son compte que 5 centimes au lieu de 10 centimes s'il gagnait 5 francs.

Or, quel est le fondement de l'obligation imposée à l'employeur de fournir sa part à la constitution des retraites ? On a dit, avec quelque brutalité, que l'assurance de l'ouvrier contre la vieillesse réalise l'amortissement du capital humain et rentre à ce titre dans les frais généraux de l'entreprise. Mais peut-on comparer cet amortissement du personnel à celui d'un capital d'exploitation quelconque ? L'esclave antique, d'après Rodbertus, était un capital dont on évaluait le prix d'achat, l'usure annuelle et l'entretien permanent. Le travailleur moderne est un homme libre qui dispose par contrat de sa force de travail. Qui dirait aujourd'hui, autrement que par un abus de langage, que l'ouvrier gagnant 2 fr. 50 par jour « vaut » deux fois moins que son camarade à 5 francs ? Pourquoi, dès lors, affecter 5 centimes par journée de travail à « l'amortissement » du premier et 10 centimes à l' « amortissement » du second, comme on consacre une somme double à l'amortissement d'une machine coûtant deux fois plus cher ?

A vrai dire, on justifie d'ordinaire la proportionnalité des cotisations patronales en affirmant que la retraite elle-même doit être proportionnelle au salaire d'activité. Mais cette assertion nous paraît médiocrement exacte. L'objectif ne serait-il pas plutôt de garantir à tous les vieux travailleurs le minimum indispensable à l'existence ? Or il est certain que ce minimum dépend de bien des circonstances et notamment des habitudes de vie contractées pendant la période de gain normal. Mais si le travailleur qui a passé les années prospères dans une aisance relative veut procurer à sa vieillesse les mêmes facilités, c'est à lui d'user de prévoyance, de prélever sur le superflu du présent la réserve de l'avenir. Il le pourra d'autant mieux que, par hypothèse, son gain, ses charges, en un mot, sa condition, lui permettent de vivre plus largement.

Les raisons d'ordre économique ou moral qui impriment un caractère obligatoire aux versements des employeurs, n'exigent d'eux que d'assurer à leurs vieux ouvriers le minimum indispensable à la vie. Le surplus est affaire de libre générosité de la part du patron, de prévoyance spontanée de la part de l'ouvrier. Mais ce minimum qui assure rigoureusement le gîte

et le pain doit être garanti à tous les travailleurs, quels que soient leurs salaires, et plus
particulièrement à ceux dont le gain trop faible
réduit à néant la capacité d'épargne. Tous ont
le même droit de vivre, et de vivre sans déchoir
après des années de labeur. C'est pourquoi
nous voudrions, ici encore, donner davantage à
ceux qui gagnent moins, sauf à donner moins à
ceux que leurs ressources mettent plus facilement à l'abri du besoin. Aux salaires inférieurs,
nous appliquerions un taux plus que proportionnel, quitte, pour ne pas aggraver les charges, à
admettre pour les salaires supérieurs un tarif
au-dessous de la proportionnalité. C'est le
seul moyen d'assurer à la base, sinon la totalité, du moins une très notable fraction de la
rente considérée comme strictement alimentaire. Et puisqu'aussi bien on finit toujours, en
ces matières, par recourir à des formules empi-
riques, on pourrait demander aux employeurs :
0 fr. 08 par journée de travail au-dessous de
2 fr. 50; 0 fr. 09 par journée égale ou supérieure
à 2 fr. 50 et inférieure à 5 francs; 0 fr. 10 de
5 francs à 7 fr. 50 et 0 fr. 11 à partir de 7 fr. 50.

Une taxe ainsi graduée ne pèserait pas beaucoup plus lourdement sur l'industrie que les tarifs
fixes de 5, 10 et 15 centimes ; elle ne s'élèverait
guère, en moyenne, au-dessus du taux uniforme
de 2 p. 100. Mais, avec une pareille échelle, le pourcentage va décroissant de façon continue quand
le salaire augmente. Pour un gain de 1 franc
par jour, il atteint 8 p. 100; pour 2 francs, 4 0/0;

pour 5 francs, 2 p. 100 ; pour 10 francs, 1, 1 p. 100 [1].

L'ouvrier qui gagne moins de 2 francs par jour (c'est le cas de beaucoup de femmes), au lieu de se voir crédité de sommes infimes — 5 centimes dans le projet de 1901, moins de 4 centimes dans celui de la Commission, — verra inscrire à son compte 0 fr. 08 par jour. C'est-à-dire que le patron versera à lui seul pour les petits salariés le total des contributions que les systèmes antérieurs demandaient au patron et à l'ouvrier lui-même. Celui-ci garde tout son mince salaire. Et s'il peut en prélever quelque chose pour la prévoyance, la prime de l'État vient bonifier son sacrifice. Une cotisation de 8 centimes par jour donne, pour trois cents journées de travail, 24 francs par an. Or, au taux de 3 1/2, le versement annuel de 24 francs, de 25 à 65 ans, assure une retraite de 366 fr. 85. Opéré de 20 à 60 ans, un versement d'égale importance procurerait une pension de 276 fr. 73. Au taux de 3 p. 100, ces chiffres devraient être réduits approximativement de 15 p. 100, ce qui les abaisserait à environ 312 et 235 francs. Telles seraient les pensions de base du système. Elles représentent un minimum appréciable, si l'on songe qu'il n'implique aucune retenue sur le salaire et que les projets déjà connus donnent les uns moins,

1. Voir aux *Annexes* le tableau des variations du pourcentage par rapport aux salaires.

les autres pas davantage, tout en faisant lourdement appel au concours de l'ouvrier.

Calculons en effet la rente qui correspond aux
contributions patronales avec le pourcentage
à 2 p. 100 des salaires. A raison de trois cents
journées de travail par an et quarante versements annuels de 25 à 65 ans, la pension varie
de 68 fr. 78 pour un gain journalier de 0 fr. 75, à
91 fr. 71 pour 1 franc ; 114 fr. 64 pour 1 fr. 25 ;
137 fr. 56 pour 1 fr. 50 ; 160 fr. 49 pour 1 fr. 75
et 183 fr. 42 pour 2 francs. L'exiguïté de ces
chiffres est leur condamnation. Portés au double pour tenir compte du sacrifice imposé à
l'ouvrier, ils n'arrivent même pas au minimum
de 366 fr. 85 qui figure, dans les mêmes hypothèses, au premier échelon du tarif gradué.

A partir de 2 fr. 50, on applique le taux de
9 centimes par jour, qui entraîne pour l'année
entière un versement de 27 francs et procure,
toutes conditions maintenues, des pensions de
412 fr. 70 à 3 fr. 50 p. 100 et 350 fr. 80 à 3 p.
100. Or, le taux proportionnel de 2 p. 100 donne
encore des résultats inférieurs : 229 fr. 28 pour
un gain de 2 fr. 50 ; 275 fr. 13 pour 3 francs ;
366 fr. 85 pour 4 francs.

A 4 fr. 50, les tarifs coïncident ; ils font res-
sortir l'un et l'autre à 412 fr. 70, la rente constituée par les versements patronaux. Même
rencontre à 5 francs, sur une valeur de 458 fr. 56.
Mais, à partir de ce chiffre, le tarif gradué
donne moins que le pourcentage à 2 p. 100. Il
maintient la pension à 458 fr. 56, tandis que

son rival l'élève à 550 fr. 27 pour 6 francs, 596 fr. 13 pour 6 fr. 50 et 641 fr. 98 pour 7 francs. De même, à partir de 7 fr. 50, l'un des tarifs s'arrête au maximum de 504 fr. 41, tandis que l'autre progresse de 687 fr. 84 à 733 fr. 69 pour 8 francs, 825 fr. 41 pour 9 francs et 917 fr. 12 pour 10 francs par jour. Ces derniers chiffres sont d'une exagération manifeste. Pourtant ils se rencontreront quelquefois, puisque la proposition s'applique aux salaires et traitements jusqu'à concurrence de 2.400 francs.

Avec le projet de 1901, les versements journaliers de 5, 10 et 15 centimes fournissent trois pensions-types qui s'élèvent respectivement à 229 fr. 28, 458 fr. 56 et 687 fr. 84. Le tarif gradué procurant de 366 fr. 85 à 504 fr. 41 de rente se tient constamment entre ces limites [1].

Les chiffres qui précèdent montrent le fonctionnement du système. Plus lourd que ses devanciers à la base, le tarif s'allège dans les hauts degrés de l'échelle. Pour 2 francs, il alloue 8 centimes par jour au lieu de 4, mais pour 8 francs, il n'en accorde que 11 au lieu de 16. Là se trouve la compensation des versements relativement considérables en faveur des petits salaires. Sans doute, telles industries, telles entreprises qui donnent de faibles salaires paieront proportionnellement plus que celles où le travail est mieux rémunéré. Mais du

---

1. Voir aux *Annexes* la comparaison des résultats numériques du pourcentage des salaires à 2 p. 100 et du taux gradué.

moins, la cotisation de retraite ne fera pas obstacle aux relèvements de salaires. Par ses bonds trop brusques, le projet de 1901 mettait une barrière à 2 et 5 francs. Le pourcentage à 2 p. 100 dresse un plan incliné plus facile à gravir. Cependant, avec lui, toute augmentation de salaire entraîne un supplément de cotisation patronale. Au contraire, le tarif gradué demande uniformément 8 centimes par journée jusqu'à 2 fr. 50 et seulement 9 à partir de ce chiffre. L'élévation est insensible, presque insignifiante : elle se traduit par 3 francs par an. De même, en arrivant à 5 francs, on rencontre une majoration de prime de 1 centime. Mais le pourcentage à 2 p. 100 donne semblable résultat et le tarif de 1901 fait un saut de 5 centimes au même point.

En somme, nous avons la hardiesse de croire que le système des versements gradués présenterait de sérieux avantages sur ses devanciers. Peut-être objectera-t-on qu'il favorise les moins habiles aux dépens des plus aptes. Il est certain que l'ouvrier à 2 francs se voyant crédité de 8 centimes par jour, l'ouvrier à 4 francs ne bénéficiera pas du double, ni l'ouvrier à 6 francs du triple. Ils auront pourtant davantage l'un et l'autre : respectivement 9 et 10 centimes. De sorte que la contribution patronale s'élève avec le salaire et que l'ouvrier habile conserve une certaine supériorité sur le manœuvre. Aussi bien, faut-il une somme deux ou trois fois plus forte pour faire vivre un vieux travailleur suivant que son gain d'activité fut deux ou trois fois plus élevé ? Il nous semble au contraire que s'il y a jamais lieu d'admettre un tarif de redressement, ce soit bien lorsqu'il s'agit d'assurer à tous les travailleurs, quels qu'aient été leurs salaires, la pension de retraite strictement indispensable à leur vieillesse [1]. Ce minimum acquis, nous ne verrions que des avantages à leur restituer, pour tout usage à leur convenance, l'excédent des cotisations patronales.

Ainsi, les employeurs sont les artisans forcés d'une partie de la retraite. Cette fraction, toujours modique, atteint, dans les conditions les plus défavorables, 312 ou 235 francs (suivant le taux d'intérêt) pour les moins bien partagés parmi les ayants droit. Quant au surplus, c'est l'affaire des intéressés. Ils ont le choix entre les divers modes de prévoyance, mais s'ils versent spontanément à la Retraite, ils bénéficient des primes de l'État. Ici intervient aussi la Mutualité, dont le rôle sera très considérable. Malgré tous les stimulants donnés au goût de l'épargne, malgré l'obligation de l'apprentissage scolaire, les versements volontaires individuels ne laisseraient sans doute pas que d'être assez rares. Il faut en effet une énergie peu commune pour amasser une pension de

---

1. On peut du reste invoquer contre la proportionnalité de la retraite au gain d'activité l'autorité du D[r] Bœdiker, ancien directeur de l'*Office impérial des assurances allemandes* qui, dans son dernier projet, n'établit aucune relation entre la rente et le salaire.

vieillesse: le sacrifice est immédiat, certain, prolongé, tandis que l'avantage entrevu est éloigné, incertain et toujours de courte durée. Lorsqu'un ouvrier épargne, il jouit aussitôt du fruit de ses économies. La petite maison, le morceau de terre, l'obligation qu'il achète lui facilitent l'existence présente. Au contraire la cotisation de retraite impose une privation pure et simple pour une éventualité douteuse, celle d'une vieillesse qu'on n'est jamais sûr d'atteindre.

Ce sera précisément la tâche des sociétés de secours mutuels d'inculquer à leurs membres participants cette conception supérieure de la prévoyance, d'effectuer en leur nom des versements collectifs et de les faire participer aux subventions de l'État. Les primes majorent en effet les versements volontaires, qu'ils émanent de l'intéressé, de la société de secours mutuels, du syndicat professionnel, d'une association de prévoyance quelconque. Enrôlés dans les cadres de la mutualité, les sociétaires ont à cœur de tenir leurs engagements ; l'association assure la persévérance par la force de l'entraînement et la contagion de l'exemple. Le trésorier recueille les cotisations pour la retraite et fait à la fois un grand nombre de versements. De là une simplification notable dans les démarches des titulaires et aussi dans le fonctionnement de l'institution elle-même. Mieux que toute cotisation individuelle, le versement mutualiste est le complément nécessaire de la contribution patronale.

CHAPITRE XV

ROLE DE LA MUTUALITÉ

La Mutualité française se préoccupe depuis longtemps de la législation en voie d'élaboration sur les retraites ouvrières. Le projet discuté par la Chambre en 1901 avait fait naître de vives inquiétudes; il manquait de libéralisme à certains égards et pouvait effrayer l'opinion. On y voyait, sous des dehors séduisants, une sorte de tentative de mainmise sur les associations libres et en particulier sur les sociétés de secours mutuels. En fait, les auteurs des anciennes propositions avaient à peine songé à la mutualité. La Chambre elle-même l'oublia lorsqu'elle fit consulter sur la loi des retraites « les associations professionnelles, patronales et ouvrières, industrielles, commerciales et agricoles légalement constituées, et les chambres de commerce. » Par une omission fâcheuse, les sociétés de secours mutuels restèrent en dehors de l'enquête de 1901 : nul doute qu'aujourd'hui, en pareille circonstance, on réclamerait leur avis le premier et qu'il serait pris en haute considération.

Ce revirement de l'esprit public donne la

mesure du chemin parcouru à pas de géant par la mutualité. Nous avons déjà eu l'occasion de citer les statistiques récentes et d'en résumer le bilan : au 1er juillet 1904, le nombre des mutualistes dépassait 3.700.000, répartis entre plus de 18.500 sociétés; l'avoir s'élevait à 380 millions, les recettes à 54 millions. Mais ces chiffres, si significatifs qu'ils soient, ne donnent qu'une idée imparfaite des progrès accomplis. Le fait capital de la dernière période, c'est l'organisation des éléments mutualistes, la cohésion nouvelle qui les rapproche, l'association qui a formé de groupements épars une institution puissante avec laquelle il faut compter. Aussi l'indifférence d'autrefois a-t-elle fait place au désir très marqué d'obtenir le concours des mutualités à l'œuvre de la retraite. La Commission d'assurance et de prévoyance sociales a tenté un effort dans ce sens en remaniant sa proposition à plusieurs reprises, et M. Millerand, qui la préside, a pu saluer les sociétés de secours mutuels « comme les pionniers d'hier, comme les maîtresses et les *collaboratrices d'aujourd'hui et de demain*[1]. » C'est assez dire qu'on ne saurait désormais se passer de leur concours.

Les mutualistes de leur côté ont compris à quel point ils ont intérêt à ne pas ignorer la loi en préparation. Oubliés dans l'enquête de 1901,

[1]. Discours prononcé au Congrès d'hygiène sociale d'Arras, le 19 juillet 1904.

ils n'avaient émis tout d'abord que des protesta-
tions timides et isolées. La Société des agriculteurs de France, le Musée social étaient devenus comme les foyers d'une agitation purement
scientifique en faveur de la prévoyance libre.
La question ne fut envisagée au point de vue
de la pratique que du jour où, groupées dans
les cadres d'une vaste fédération, les sociétés
de secours mutuels prirent conscience de leur
force et du danger couru par leurs œuvres.
Tous les projets basés sur le principe de l'obligation universellement imposée aux travailleurs
inspirent de sérieuses appréhensions. On craint
que l'assurance obligatoire contre la vieillesse
n'absorbe les ressources des prévoyants et ne les
amène ainsi à renoncer au paiement de la cotisation mutualiste. « Le vice du système paraît
tenir à la nature même de l'opération qu'il s'agit
de réaliser. Comme elle est exclusive de toute
exception individuelle, de tout effort imprévu,
elle aboutirait sans doute à tarir dans le peuple qu'elle aurait enveloppé de ses formules,
les sources d'activité généreuse que seul peut
ouvrir l'esprit d'initiative et de progrès [1]. »

Les représentants de la mutualité ont exprimé
ces inquiétudes devant le Parlement. Reçus par
la Commission d'assurance et de prévoyance
sociales, ils ont demandé la substitution du
principe de la liberté au principe de l'obligation
pour l'établissement du projet. Cette démarche

1. L. Mabilleau, *La Mutualité française*. Bordeaux. Librairie
de la Mutualité, 1904.

n'ayant pas abouti, il a fallu chercher un terrain de conciliation. Dans l'hypothèse où le Parlement établirait l'assurance obligatoire, que deviendra la mutualité, ou plutôt, quel rôle conservera-t-elle dans une organisation d'ensemble? Croit-elle possible de devenir un rouage du mécanisme général, sous quelle forme et dans quelles conditions?

Au nom de la Fédération nationale, M. Mabilleau s'en est expliqué devant le groupe mutualiste de la Chambre, le 9 mars 1904. Supposant l'obligation admise en principe, il constate que les projets en cours de préparation cherchent à réserver une place à la mutualité : la plupart en font un organe facultatif de la constitution des retraites, conservant sa charte de 1898, son régime électif, sa liberté relative d'emploi des fonds. L'ouvrier pourra porter sa cotisation, augmentée de la contribution patronale, soit à la Caisse d'État, soit à des Caisses privées, parmi lesquelles figurent les sociétés de secours mutuels sous certaines conditions. Mais le prélèvement légal sur le salaire, en vue de la retraite, restera naturellement indépendant des cotisations versées par le mutualiste : ce sera donc pour lui une surcharge pure et simple dont il s'allègera trop souvent par le refus de payer la prime d'assurance contre la maladie. Ainsi s'écroulera toute l'œuvre de prévoyance générale, qui s'étend à la vie entière.

Mais, dira-t-on, la mutualité restera le régime préféré parce qu'elle est le moyen préférable. Or, dans l'hypothèse actuelle, que deviennent ses avantages ? Le taux de faveur garanti à ses capitaux se justifie surtout par l'effort libre qu'elle représente, par la variété, l'utilité immédiate de ses services. Réduite au rôle d'un simple organe de la retraite, elle serait bientôt assimilée aux autres Caisses fonctionnant dans ce but. De même, elle perdrait vite ses membres honoraires, ses dons, ses legs « parce que des opérations régulières, assurées, ne laissent pas assez de place à ces craintes et à ces espérances qui sont le ressort de la géné-rosité [1]. » La statistique montre que les socié-tés spéciales de retraites, malgré leur intérêt social, n'ont qu'une proportion de 1, 26 p. 100 de membres honoraires, tandis que les sociétés ordinaires, complexes et quelque peu aventu-reuses, en comptent 21, 62 p. 100. Donc, mal-gré les meilleures intentions, la mutualité ne résisterait pas à une incorporation pure et sim-ple dans l'organisme légal. Ce qu'elle doit redouter, c'est moins l'effet de l'obligation que l'objet de cette obligation, c'est-à-dire la pen-sion viagère qui n'est pas le seul ni le meilleur moyen de prévoyance.

Comment, dès lors, concilier le régime obli-gatoire avec l'existence et le développement des sociétés de secours mutuels ? Comment appli-quer l'idée maîtresse de M. Waldeck-Rousseau « *la liberté dans l'obligation* » ? Après M. Léon Bourgeois, M. Mabilleau répond: « *obligation*

1. L. Mabilleau. *Ouvr. cité.*

de l'acte de prévoyance, *liberté des moyens*. » Pour lui, il faut « admettre l'équivalence de l'opération mutualiste prise dans son ensemble avec l'assurance légale restreinte à la rente viagère. » Elles se remplaceraient l'une l'autre, l'une tenant lieu et dispensant de l'autre, pourvu qu'il y ait égalité de services et sécurité suffisante. Les travailleurs auraient ainsi, dans l'obligation, le choix entre deux solutions réellement indépendantes : assurance ou mutualité.

Le principe adopté, il s'agira de définir les conditions de cette équivalence, de préciser les avantages que la société de secours mutuels devra garantir à ses membres pour les dispenser de l'assurance légale. Notons en passant que la cotisation tout entière devra entrer en ligne de compte, même la portion consacrée au risque de maladie. Le secours obtenu en pareil cas améliore en effet la situation du travailleur, augmente le bien-être de sa famille et prépare la sécurité de ses vieux jours. Le mutualiste est un assuré ; il a fait librement ce que la loi veut imposer aux autres citoyens : aussi doit-il être mis à part dans la législation qu'il a précédée.

Seulement, il faudra fortifier encore l'organisation mutualiste, développer la mutualité scolaire qui donne des résultats si remarquables pour un sacrifice minime. Surtout, il sera nécessaire de modifier le régime du fonds commun de retraites[1]. La loi rend inaliénable le capital

---

1. Nous avons décrit au Chapitre V le mécanisme du fonds commun de retraites.

en totalité et prescrit la capitalisation annuelle des intérêts qui n'ont pas reçu d'emploi au cours de l'année. Ils devraient, semble-t-il, rester à la disposition des sociétés pour élever le chiffre des pensions ou payer les rentes qui viennent à l'échéance les années suivantes. Mais l'Administration en a décidé autrement : elle capitalise d'office les intérêts non employés au fonds commun inaliénable d'où ils ne peuvent plus être distraits. Il en résulte que les fonds de retraites n'ont qu'une productivité insuffisante; les revenus de la mutualité ne suivent pas la progression de sa fortune en capital. Aussi demande-t-elle qu'on lui laisse la disposition de tous ses intérêts pour le service des pensions. Elle voudrait en outre libérer partiellement le fonds inaliénable, utiliser au profit des membres actuels la totalité de leurs cotisations, et réserver uniquement les ressources extraordinaires de tout ordre, subventions, dons et legs. Seule cette portion réellement commune du fonds commun resterait propriété collective et inaliénable, afin d'assurer la perpétuité de l'institution [1].

Avec de tels moyens, l'effet de la cotisation mutualiste approcherait sensiblement celui de la contribution légale. Sans doute, beaucoup de sociétés ne sont pas en mesure de procurer dès à présent des avantages analogues à ceux de l'assurance obligatoire. Mais on peut leur

1. Rapport de M. Lourties au Conseil supérieur de la Mutualité (novembre 1901)

faire crédit, en tenant compte des progrès si rapides de la mutualité, et les admettre provisoirement au bénéfice de l'équivalence, sous réserve qu'elles réaliseront l'égalité des services dans certains délais. Il y aurait ainsi, dans l'obligation générale, deux institutions différentes où se dirigeraient les travailleurs suivant leur condition, leurs préférences et leur tempérament : l'assurance d'État et la mutualité.

Ce système a rallié de nombreux suffrages. Son inspirateur, M. Léon Bourgeois, juge trop absolue la formule de *l'équivalence* à établir entre les cotisations de la mutualité et les versements légaux pour la retraite ; mais il approuve hautement le principe. « C'est là, dit-il, qu'est la solution du problème ; il y aura seulement entre les diverses formules de l'équivalence une transaction à chercher[1]. »

Dans cet ordre d'idées, M. Mirman a suggéré au groupe mutualiste une combinaison ingénieuse : Avec l'assurance-vieillesse obligatoire, la loi va opérer sur les salaires des retenues auxquelles s'ajouteront les versements patronaux. Pour un ouvrier qui gagne 1.500 francs, ces cotisations, à 2 p. 100 chacune, formeront un total de 60 francs par an. Est-il impossible d'admettre qu'une partie de cette somme — 36 francs par exemple — aille à l'assurance-maladie ? L'ouvrier pourrait en disposer librement pour payer sa prime mutualiste. Il resterait 24 francs

---

1. Lettre de M. Léon Bourgeois au Congrès mutualiste de Nantes (mai 1901).

pour la retraite, c'est-à-dire un versement égal à celui de l'ouvrier qui touche un moindre salaire. Ainsi, de la cotisation obligatoire, on ferait deux parts : l'une, intangible, d'un chiffre à déterminer, affectée à la retraite ; l'autre, qui alimenterait aussi la retraite à moins que l'intéressé n'en eût demandé le versement à la société de secours mutuels. On se rapprocherait ainsi de l'assurance-maladie obligatoire, puisqu'en définitive cette assurance pourrait être réalisée facultativement au moyen d'une retenue imposée sur le salaire. Moyennant certaines garanties, il ne semble pas qu'il y ait là de difficulté grave[1].

On peut évidemment imaginer une infinité d'autres formules d'équivalence, admettre par exemple l'affectation de l'excédent des cotisations à toute institution qui rend des services complémentaires à ceux de la mutualité : assurance en cas de décès, assurance mixte, achat d'une habitation à bon marché ou d'une petite propriété rurale, mais c'est sur ce terrain que se placent aujourd'hui tous ceux qui veulent concilier le principe de l'assurance-vieillesse obligatoire avec le souci du salut et du développement de la mutualité.

Dès lors, pourquoi ne pas aller plus loin et ne pas accepter l'équivalence de la manière la plus générale en laissant à l'ouvrier le choix entre les manifestations innombrables de la prévoyance ? C'est là précisément qu'aboutit le

---

1. C'est à une disposition analogue que la Commission d'assurance et de prévoyance sociales s'est arrêtée en dernier lieu (22 novembre 1904).

principe de liberté des versements des travailleurs que nous avons admis. Sous ce régime, la mutualité n'est pas appauvrie, anémiée comme dans les systèmes de contrainte légale. L'ouvrier peut garder tout son salaire ; il fait à son gré la part de la prévoyance ; il dispose de toutes ses ressources pour payer la cotisation mutualiste. Ainsi disparaît la crainte d'un affaiblissement des sociétés de secours mutuels, « au préjudice des formes nouvelles de défense, si variées, que l'évolution des temps les appelle à aborder contre les risques nouveaux[1]. » Et le champ reste largement ouvert aux activités généreuses de la solidarité volontaire.

Est-ce à dire que l'État puisse se décharger sur les associations mutualistes du soin d'organiser les retraites ouvrières ? Loin de paralyser leurs initiatives, doit-il simplement les stimuler, les encourager, les récompenser, se faire en un mot, l'auxiliaire de la liberté ? Les mutualistes reconnaissent eux-mêmes que ce serait encore trop peu. Le huitième Congrès de la Mutualité française, réuni à Nantes, au mois de mai 1904, n'a pas cru pouvoir repousser l'aide de la loi pour la constitution des retraites, pourvu que l'établissement d'un système obligatoire respecte absolument l'autonomie et la variété des œuvres mutualistes et que l'accès de ces œuvres reste ouvert à tous les assurés par la reconnaissance de la liberté des moyens et de l'équivalence des services.

1. Eug. Rostand. *Journal des Débats* du 15 mars 1901.

Il a émis le vœu « que les retraites ouvrières soient organisées par la mutualité avec l'aide et sous le contrôle de l'État, ou tout au moins que l'État organise ce service sur les bases et avec le concours des sociétés de secours mutuels [1].

S'inspirant de ce vœu, M. Siegfried, président du groupe mutualiste de la Chambre, a présenté au groupe, le 22 juin 1904, une proposition de loi extrêmement intéressante sur l'organisation de la prévoyance sociale. Il estime avec raison que les procédés de la prévoyance doivent répondre à la diversité des besoins. « L'atteinte à la liberté individuelle est moins dans l'obligation de versements qui épargnent à la société les lourdes charges de l'assistance, que dans l'interdiction pour les individus de choisir l'emploi des fonds accumulés au nom de l'intérêt général. » Aussi faut-il interpréter dans le sens le plus large la formule de M. Léon Bourgeois : « obligation de l'acte de prévoyance,

---

1. « Le Congrès, convaincu que la mutualité, soutenue par les divers concours sociaux et encouragée par les pouvoirs publics est le meilleur moyen de réaliser toutes les institutions de prévoyance sociale ; mais soucieux de voir constituer des pensions de vieillesse suffisantes pour tous les travailleurs sans exception, ne se croit pas en droit de repousser l'aide essentielle de la loi dans cette entreprise, pourvu que l'établissement d'un système obligatoire respecte absolument l'autonomie et la variété des œuvres mutualistes et que l'accès de ces œuvres, toujours préférables pour l'intérêt comme pour la dignité des travailleurs, reste ouvert à tous les assurés par la reconnaissance de la liberté des moyens et de l'équivalence des services,

Émet le vœu que les retraites ouvrières soient organisées par la mutualité avec l'aide et sous le contrôle de l'État, ou tout au moins que l'État organise ce service sur les bases et avec le concours des sociétés de secours mutuels. »

liberté des moyens. » Mais c'est la mutualité qui doit recevoir la première place dans l'organisation de l'assurance-vieillesse, car elle est l'organe préférable de la prévoyance à tous les degrés.

La proposition ne soumet au principe d'obligation que les ouvriers du commerce et de l'industrie, jusqu'à concurrence d'un gain annuel de 2.400 francs. Ils devront verser 2 p. 100 de leur salaire au service de prévoyance; le patron versera dans le même but 2 p. 100 et l'État 1 p. 100. Quant aux ouvriers agricoles, il a fallu les écarter, beaucoup d'entre eux s'employant chez autrui en même temps qu'ils sont propriétaires d'un petit domaine. Mais on leur donne, comme à tout travailleur français non soumis à l'obligation, la faculté de faire, en vue de la prévoyance, des versements égaux à ceux des ouvriers du commerce et de l'industrie; en outre ce versement facultatif du travailleur non assujetti entraîne pour le patron l'obligation d'un versement égal, et pour l'État, d'un versement de moitié. On demande donc à l'employé un prélèvement de 2 p. 100, à l'employeur une égale contribution et à l'État une bonification de 1 p. 100 du salaire.

Pour un gain annuel moyen de 1.000 francs, le total de ces contributions représente une somme de 50 francs, suffisante pour la double assurance contre la maladie et contre la vieillesse. On en réservera le quart à la maladie, en affectant le surplus à la vieillesse. C'est la mutualité qui sera l'unique organe de l'assurance contre la maladie. Le patron versera, chaque trimestre, à la caisse de secours mutuels choisie par le travailleur, le quart de la somme représentant la cotisation annuelle d'assurance-maladie. Il retiendra à chaque paye la quote-part de l'ouvrier ou employé. En statuant ainsi, on rend nécessaire la création d'une société de secours mutuels au moins dans chaque canton, mais par contre, on évite l'institution de Caisses officielles ayant pour objet l'assurance contre la maladie.

Pour les pensions de vieillesse, on fait appel à la multiplicité des Caisses privées, en concurrence avec les deux Caisses d'État, la Caisse des retraites pour la vieillesse et la Caisse d'assurance au décès, qui leur serviront en quelque sorte de régulateurs. Seulement, toutes ces Caisses particulières : sociétés de secours mutuels libres ou approuvées, unions ou fédérations, syndicats ou unions de syndicats professionnels patronaux ou ouvriers, caisses patronales, syndicats de garantie, compagnies d'assurances à primes fixes, sociétés d'assurances mutuelles, devront constituer des réserves mathématiques rigoureuses dans les conditions fixées par un règlement d'administration publique.

Le patron versera chaque semaine, à l'une de ces Caisses, la cotisation d'assurance contre la vieillesse. Il retiendra, à chaque paye, sur le salaire du travailleur, la somme formant la quote-part de l'ouvrier ou de l'employé. Les sociétés de secours mutuels pourront aussi servir d'intermédiaires agréés par l'intéressé pour le versement des contributions. Celles qui, par leurs ressources propres, sont en mesure d'effectuer les versements exigés par la loi, pourront demander à être dispensées de tout ou partie du prélèvement de 2 p. 100 afférent à la cotisation de l'ouvrier.

L'assurance contre la vieillesse se présente dans la proposition sous cinq formes différentes : rente viagère à capital aliéné ou réservé, assurance en cas de décès, assurance mixte, versement à une société de construction d'habitations à bon marché, enfin, versement en vue de l'acquisition d'une petite propriété rurale. C'est en effet un excellent moyen de stimuler la prévoyance que de multiplier les objets auxquels elle s'applique. Mais il faut encore empêcher, au moins dans une certaine mesure, la saisie ou l'aliénation, pour que l'intéressé ne perde pas, même par sa faute, le fruit de son épargne pour ses vieux jours. Aussi la rente viagère sera-t-elle incessible et insaisissable jusqu'à concurrence de 360 francs ; il en sera de même pour les capitaux d'assurance jusqu'à une somme de 9.000 francs, dont le revenu à 4 p. 100 s'élève précisément à 360 francs. Quant à l'habitation à bon marché et à la petite propriété rurale, il est difficile de les retirer complètement du commerce ; mais on peut les soumettre, pour une valeur de 9.000 francs, au régime du bien de famille, le *homestead* américain, qui ne tardera vraisemblablement guère à trouver place dans notre législation.

On voit par cet aperçu rapide toute la portée de la proposition. Élargissant l'horizon borné du législateur, elle organise la prévoyance dans son ensemble, — sauf pour le risque de chômage, — avec le concours de la mutualité suffisamment pourvue de ressources pour ses diverses fonctions. Nous laisserons de côté la question de l'assurance-maladie obligatoire, qui dépasse le cadre d'une loi de retraites, pour ne soulever qu'une double objection. D'abord, un grand nombre de travailleurs, et parmi eux les ouvriers agricoles, ne font que des versements facultatifs, mais leur versement entraîne celui du patron, d'égale importance. Ne va-t-il pas arriver que cette disposition, empruntée à des projets antérieurs, se retourne contre les intéressés? Certains patrons n'embaucheront-ils pas de préférence les ouvriers qui s'engagent à ne rien verser ? Il en résulte que des groupes sociaux importants, comme les travailleurs agricoles, se trouveront éliminés du bénéfice complet de la loi.

D'autre part, l'État majore de 1 p. 100 tous les salaires des assujettis jusqu'à concurrence de 2.400 francs. Il assume ainsi une lourde charge qui pourrait être mieux répartie. L'ouvrier ou l'employé qui gagne par an de 3.000 à 4.000 francs recevra 24 francs ; celui qui gagne 600 francs ne touchera que 6 francs : donc, cette fois encore, on donne davantage aux plus riches, on subventionne les plus heureux au détriment des moins fortunés. Rien n'empêcherait d'ailleurs d'établir sur d'autres bases la majoration de l'État.

Quel que soit l'accueil que le Parlement réserve à la proposition Siegfried, elle témoigne du désir d'assurer la collaboration de la mutualité à l'œuvre entreprise par le législateur. Elle marque le terme d'une évolution parallèle dans les milieux parlementaires et les groupements mutualistes. Ceux-ci comprennent tous les jours davantage les devoirs qui leur incombent par suite des tendances qui se dessinent en faveur de l'obligation. Et d'autre part les obligationnistes eux-mêmes semblent disposés à d'importantes concessions. La Commission d'assurance et de prévoyance sociales de la Chambre des députés est entrée dans cette voie en autorisant les assujettis membres d'une société de secours mutuels à prélever sur la retenue obligatoire le montant de leur cotisation mutualiste. C'est un grand pas vers la méthode de liberté des contributions ouvrières qui garde nos préférences. Le travailleur gagnant 2 ou 3 francs par jour pourra disposer pour l'assurance-maladie de ses 12 à 18 francs de retenue annuelle. Mais pourquoi ne pourrait-il pas consacrer cette somme à l'assurance en cas de décès, à l'assurance mixte ou même à l'épargne pure et simple en vue, par exemple, d'un événement exceptionnel comme le mariage des enfants ? Par la brèche faite au principe, non pas, il est vrai, d'obligation, mais d'affectation exclusive des versements ouvriers, on essaiera de frayer passage aux formes innombrables de la prévoyance. Plutôt que d'aboutir ainsi à des demi-mesures, nous aimerions mieux ne rien prélever sur les salaires inférieurs, en demandant au patron plus de 2 p. 100 et à l'État le complément nécessaire pour donner aux moins favorisés à la fois la retraite et le secours de maladie. Par compensation, les mieux partagés devraient moins attendre de la contribution patronale et du concours des pouvoirs publics.

Sans insister autrement, il convient de reconnaître que la transaction proposée sauvegarde, au moins pour le présent, les intérêts matériels de la mutualité. A elle de prévoir le sort que l'avenir lui réserve et de se préparer dès aujourd'hui au rôle qui l'attend.

Dans ce sens, le Conseil supérieur des sociétés de secours mutuels, reçu le 23 juin 1904 par le Président de la République, a exprimé l'espoir que la mutualité sera en mesure, grâce à certaines modifications de la loi, d'assurer le service des retraites ouvrières, sous le régime de la liberté. De cette revision d'ensemble de la législation des sociétés de secours mutuels, le Conseil supérieur se montre disposé à prendre l'initiative. Il s'agirait de combler certaines lacunes révélées par l'expérience, notamment en ce qui concerne le régime des fonds communs inaliénables. Rien de mieux sans doute. Mais l'essentiel pour la mutualité est que la loi des retraites ne vienne pas entraver son essor à peine commencé et déjà si plein de promesses. Cette considération devrait suffire pour que l'État, à la veille d'assumer la charge formidable des retraites, fît largement appel au concours des sociétés de secours mutuels, en laissant à leurs membres la pleine « liberté des moyens » dans la pratique de la prévoyance.

CHAPITRE XVI

ORGANISATION PRATIQUE DU SERVICE DES RETRAITES

La plupart des projets de loi sur l'assurance contre la vieillesse organisent pratiquement le service des retraites par la création d'organes administratifs gérés par l'État. Il faut cependant mentionner une exception remarquable : c'est la proposition de MM. Dormoy, Chaumet et Cazeaux-Cazalet, déposée à la Chambre pendant les travaux de la Commission d'assurance et de prévoyance sociales, le 14 janvier. 1904 [1]. Accueillie avec faveur par beaucoup de mutualistes, elle mérite un examen particulier.

Les auteurs de la proposition prennent pour base l'assurance obligatoire pour tous les salariés. Ce principe d'obligation admis comme indispensable, une grande liberté subsiste dans le choix des moyens. Aucune Caisse d'État ne sera imposée. On utilisera, pour le service des retraites, les organismes actuels : Caisse Nationale des retraites pour la vieillesse, sociétés de secours mutuels, Caisses patronales ou syndicales de diverses natures. Les Caisses d'épargne ordinaires et les sociétés d'assurances sur

1. Chambre des députés. *Doc. parlem.*, 1904, n° 1432.

la vie, mutuelles et à primes, seront admises à gérer les Caisses patronales ou syndicales de retraites ; elles pourront aussi assurer directement les retraites prévues, à charge de se soumettre à la surveillance de l'Administration.

Les versements faits à capital aliéné s'élèvent à 2 p. 100 du salaire pour les travailleurs et 2 p. 100 pour les patrons. L'âge de la retraite, fixé à 60 ans, peut descendre à 55 ans, sur la demande de l'intéressé s'il a 360 francs de pension. Le taux des retraites est basé sur l'effort de prévoyance accompli, et calculé d'après les barêmes de la Caisse Nationale des retraites pour la vieillesse, avec bonification éventuelle de 120 francs au maximum. Les ressources financières sont demandées, en période normale, à la répartition des fonds recueillis l'année précédente, complétés, s'il y a lieu, par les revenus du fonds de réserve, et en période transitoire, à la répartition uniquement, l'excédent de recettes étant employé à constituer le fonds de réserve. On prévoit aussi des pensions d'invalidité, mais sur ce point M. Dormoy et ses collègues se bornent à reproduire les dispositions très complètes du projet Millerand-Guieysse du 14 octobre 1902.

Le rôle de l'État est réduit autant que possible [1]. « Pas de création nouvelle, pas de caisse d'État ; le fonctionnement des organismes officiels ou des œuvres dues à l'initiative privée ;

---

1. Exposé des motifs de la proposition de loi.

pas de subventions directes nouvelles, mais les encouragements ordinaires qui évidemment vont occasionner des dépenses plus élevées. Telles sont les caractéristiques du système.

« La loi du 1ᵉʳ avril 1898 ne subit aucune modification ; elle assure aux sociétés de secours mutuels un avantage considérable en accordant aux sommes versées au fonds commun un intérêt de 4,50 p. 100. Dans le présent, rien n'est à changer. Dans l'avenir, nous pensons qu'il faut assigner une limite à la charge de l'État. L'État majorerait de 1,50 au plus, à l'aide des ressources budgétaires, le taux de l'intérêt servi, chaque année, par la Caisse des dépôts et consignations, aux sociétés de secours mutuels, pour les sommes versées au fonds commun. La charge totale ne pourrait en aucun cas dépasser 60 millions. On voit que ce chiffre correspond à une majoration de 1,50 p. 100 sur 4 milliards; de 0,75 p. 100 sur 8 milliards, et de 0,50 p. 100 sur 12 milliards.

« Le présent est assuré. Quant à l'avenir, il est suffisamment garanti, puisque de longues années se passeront avant qu'un système, basé sur la répartition immédiate d'une grande partie des fonds recueillis annuellement, permette de constituer de semblables immobilisations. Les mutualistes ont toute sécurité et l'État ne verra que peu à peu s'accroître ses obligations. »

Pour le décompte des versements, on part des résultats du recensement de 1896 et de la décomposition faite par l'Office du Travail. Il semble qu'on puisse admettre 8 millions de participants de 23 à 60 ans, et 950.000 retraités de 60 ans et au-dessus. Le versement annuel s'élèvera, au taux de 4 p. 100, à environ 320 millions.

« Que faire, dit l'exposé des motifs, de cet énorme prélèvement sur la richesse publique ? Deux systèmes sont en présence : la capitalisation et la répartition. Le premier est le plus scientifique. Il ne laisse pour ainsi dire rien au hasard, si le taux de l'intérêt est garanti par l'État. Mais il aboutira, au bout d'une trentaine d'années, à l'accumulation d'énormes capitaux, environ 15 milliards, retirés de la circulation normale... La répartition immédiate et totale des sommes recueillies chaque année, présente aussi ses dangers. Il faudrait bientôt faire face, avec des ressources budgétaires variables et impossibles à prévoir, aux obligations contractées. Le taux des retraites changeant chaque année, laisserait les pensionnés dans une incertitude regrettable sur le chiffre de leurs ressources.

« Il semble préférable d'adopter un système mixte basé sur la répartition d'une partie des sommes recueillies et sur la mise en réserve du reste... Dans la période normale, les sommes recueillies l'année précédente et les ressources constituées assureraient le service des pensions. Les fonds de réserve ne contiendront pas, dès le début, la réserve mathématique des engagements pris, parce que l'on aurait, dans une période de trente ans environ, distribué des retraites plus fortes que celles qui seraient strictement exigibles. Mais, comme l'étude financière de la question démontre que dans les limites établies, avec la constitution de notre société française, en tenant compte de la mortalité normale, la retraite obtenue par répartition est voisine de la retraite moyenne que donne la capitalisation, aucune difficulté ne se présente. Un fonds de réserve notable, mais sans importance exagérée, suffit à assurer le fonctionnement régulier d'un système avantageux. »

Le mécanisme financier consiste à partager les versements recueillis au cours d'une année entre deux fonds distincts : le fonds de répartition et le fonds de réserve. « De la première à la vingt et unième année du fonctionnement de la loi, le fonds de répartition recevra 90 p. 100 et le fonds de réserve 10 p. 100 ; de la vingt et unième à la trente et unième année, la somme réservée ne serait plus que de 5 p. 100 et, à partir de la trente et unième année, la totalité des versements annuels sera attribuée au fonds de répartition. »

Avec ces données, le calcul montre qu'au taux de 3 p. 100, le fonds de répartition disposera, la vingt-huitième année, de 5 milliards environ, et le fonds de réserve, la quarante-cinquième année, de 2 milliards. A partir de ce moment, les intérêts du fonds de réserve seront reversés au fonds de répartition. Quant au fonds de répartition lui-même, il paraît inutile de le laisser s'accroître au delà de 5 milliards. Aussi pose-t-on le principe d'une bonification des rentes constituées lorsque ce résultat sera acquis.

A partir de la trente et unième année, le régime normal commençant à fonctionner, les travailleurs auront droit à une retraite calculée à raison de leurs versements, suivant les tarifs de la Caisse Nationale des retraites pour la vieillesse. S'ils sont affiliés aux Caisses dues à l'initiative privée, leur pension devra obligatoirement atteindre un chiffre au moins aussi élevé. En période transitoire, la retraite comprendra d'abord la rente provenant des versements, et ensuite une majoration maxima de 120 francs pour les pensions inférieures à 360 francs et jusqu'à concurrence de ce chiffre, sans préjudice d'une bonification éventuelle à partir de la vingt-huitième année.

Ainsi, le montant de la pension serait de 120 francs la première année et irait ensuite croissant pour atteindre le chiffre de 360 francs la vingt-septième année dans le cas d'un salaire de 1.200 francs et la vingt-neuvième année dans le cas d'un salaire de 800 francs. En régime normal, les retraites correspondantes s'élèveraient respectivement à 606 et 405 francs.

Ces résultats sont établis d'après les barêmes de la Caisse Nationale des retraites. Mais il est clair qu'il y aura un avantage considérable pour les travailleurs à passer par l'intermédiaire d'une caisse mutuelle de retraites, car ils bénéficieront des diverses subventions allouées en encouragement à la mutualité.

La proposition Dormoy ne modifie en rien la

loi du 1er avril 1898. Elle laisse donc subsister
le fonds commun inaliénable tel qu'il fonctionne
actuellement, avec les privilèges dont il jouit :
taux de faveur de 4,50 p. 100 et majoration d'un
quart de toute somme versée. Ce mode de participation de l'État appelle une importante
réserve. Quelque désir qu'on éprouve de voir
s'étendre encore le développement des sociétés
de secours mutuels, on ne saurait oublier qu'il
n'en existe pas partout, et pour combler cette
lacune, il serait nécessaire d'admettre avec
M. de Laurens-Castelet la création obligatoire
d'une société dans chaque commune. En attendant, il faut bien avouer que nos 4 millions de
mutualistes n'englobent qu'une minorité d'élite
dans le monde des travailleurs.

De plus, si l'on relève le montant des sommes
remises annuellement au fonds commun par les
sociétés et le total des cotisations de leurs membres honoraires, on arrive à des chiffres sensiblement égaux. En 1901, elles ont versé
4.260.000 francs, ayant reçu 2.871.809 francs des
membres honoraires, et 1.421.007 francs à titre
de subvention. M. Clémentel le fait remarquer
dans son rapport sur le budget du ministère de
l'Intérieur pour 1904. « Les cotisations des membres honoraires représentent la presque totalité
du montant des sommes versées au fonds de
retraites. » Ceci est très important, car ce fait a
une conséquence inattendue constatée par le
rapport officiel : « C'est au précieux concours
des membres honoraires que sont dus les ver-

sements aux fonds de retraites, lesquels ont provoqué les subventions de l'État et les intérêts capitalisés à 4,50 p. 100. » On ne prête qu'aux riches, dit le proverbe ; ici l'État ne subventionne que les riches ; les petites sociétés qui n'ont pas eu le bonheur de grouper autour d'elles des membres honoraires... n'ont rien à attendre de l'État ; l'État ne dit pas : « Fais des efforts et je t'aiderai » ; il dit : « Fais-toi aider et j'ajouterai ma subvention à celle que tu auras reçue » ; ce n'est pas l'effort personnel et louable qui provoque la subvention de l'État, c'est *l'assistance privée* qui entraîne après elle *l'assistance publique.* »

On peut en effet parfaitement admettre que l'État majore au moyen de subventions les sommes provenant des cotisations des travailleurs : il encourage ainsi l'effort personnel. « Mais nous ne trouvons nullement équitable que cette majoration s'étende aux fonds provenant des cotisations des membres honoraires, des dons, des legs, etc., en un mot, de toutes les causes extérieures, indépendantes du travail et du salaire proprement dit [1].» D'où découle la nécessité, en supprimant le fonds commun inaliénable, de créer deux fonds distincts : l'un destiné aux livrets individuels et absorbant les subventions de l'État, l'autre comprenant les cotisations des membres honoraires, dons et legs [2].

---

1. L. de Contenson. *Syndicats, mutualités, retraites.* Paris, Perrin, 1901.

2. C'est ce que propose M. Lourties dans son rapport au Conseil supérieur de la Mutualité (novembre 1901).

Sous cette réserve, la proposition de MM. Dormoy, Chaumet et Cazeaux-Cazalet mérite de retenir l'attention tant par l'emploi des institutions existantes, sans créations nouvelles, que par l'ingéniosité du système financier qu'elle développe. Au premier abord, il paraît hors de doute que les versements, obligatoires ou volontaires, des particuliers doivent être soumis au régime de la capitalisation, le seul qui permette de tenir en toute hypothèse les engagements contractés. Au contraire, lorsqu'il s'agit des primes, il semble qu'on pourrait admettre un système de répartition. L'État, débiteur sur ses ressources générales des majorations qu'il a promises n'est pas tenu d'acquitter par avance, sous forme de constitution de capitaux, les arrérages à échoir. Il peut céder au souci de « dégager le présent suffisamment grevé par les insuffisances du passé », suivant l'expression de M. Guieysse. Mais cette façon d'opérer ne laisse pas que de peser lourdement sur l'avenir. Le sacrifice le moins onéreux consiste dans l'inscription immédiate de la subvention entraînant le versement effectif dans la Caisse de la somme correspondante. Le vice de cette méthode de capitalisation pure consiste dans l'accumulation d'énormes capitaux d'un emploi difficile. La répartition complète a aussi de graves dangers. On aboutit donc à un système mixte, comme la répartition différée et progressive de M. Dormoy, sauf à renforcer au besoin le rôle de la capitalisation dans le système,

Ainsi, la charge annuelle comprend d'abord le service des primes. Elle ira s'élevant jusqu'à ce que la Caisse ait son plein d'adhérents et qu'un certain nombre de ceux-ci atteignent le maximum de la retraite. Pour la couvrir, on trouve d'abord une ressource très indiquée dans les contributions patronales correspondant aux travailleurs étrangers, à ceux du moins qui ne jouissent pas en France, par une convention de réciprocité, des mêmes avantages que les travailleurs français. Il s'agit d'une taxe de 20 ou 25 centimes par journée de travail, sans acception de salaire. On calcule qu'un tel impôt rendrait une vingtaine de millions. Peut-être suffirait-il d'inscrire au budget, pour le suplus, un crédit à peu près équivalent. Mais toutes les prévisions seraient vaines : l'expérience peut seule fournir des indications précises. En l'absence de données certaines, il paraîtrait sage au début de ne pas fixer invariablement le taux des primes. Une somme globale, arrêtée d'avance, serait annuellement répartie entre les ayants droit, et les premiers résultats ainsi obtenus permettraient d'établir sans trop de mécomptes les bases définitives de la bonification.

De même nous ne voudrions pas fixer invariablement le taux d'intérêt applicable à la capitalisation. Comme le projet de 1901, la proposition Millerand-Guieysse admettait le taux de 3 p. 100. Une première objection a été formulée par M. Ribot : la Caisse Nationale des retraites pour la vieillesse donne actuellement

3,50 p. 100. Pourquoi descendre dès à présent au-dessous de ce chiffre ? D'autre part, si le taux d'intérêt baisse au-dessous de 3 p. 100, l'État assume une charge qui peut devenir très lourde. Ce danger est réel, mais comment l'éviter ? Il faut que les travailleurs puissent compter sur un minimum de rente et qu'ils sachent à quoi s'en tenir, sans se préoccuper de la baisse du taux de l'intérêt. Mais s'il convient d'admettre un minimum, 3 p. 100 par exemple, il n'y a pas de raison pour s'en tenir irrévocablement à ce chiffre. Il paraît bien préférable d'emprunter à la loi de 1886 sur la Caisse Nationale des retraites pour la vieillesse le mécanisme si souple de son article 12. C'est le parti adopté en dernier lieu par la Commission d'assurance et de prévoyance sociales: le taux serait annuellement fixé par décret. Toutefois, ainsi rédigée, la disposition nous paraît incomplète. Il faut en outre admettre un minimum. Sur la proposition du Ministre des finances, un décret du Président de la République fixerait chaque année au mois de décembre, en tenant compte du taux moyen des placements effectués par la Caisse pendant l'année, le tarif qui devrait être appliqué pendant l'année suivante. L'échelle des tarifs serait graduée par exemple par huitième de franc, sans pouvoir descendre au-dessous de 3 p. 100.

Resterait à régler l'organisation proprement dite de l'institution d'assurance contre la vieillesse. Tout en faisant une large place aux orga-

nismes existants, on doit en définitive opter
entre trois combinaisons : Caisse d'État unique,
Caisses décentralisées groupant tous les assurés d'une circonscription régionale, et enfin,
Caisses professionnelles ou corporatives.

Nous écartons ce dernier système comme
exigeant une organisation qui n'existe pas en
France et dont l'opportunité fournirait matière
à discussion. Car il faudrait savoir si la recons-
truction du régime corporatif importe ou non à
la société actuelle. Les Catholiques sociaux se
préoccupent depuis longtemps de répartir les
travailleurs dans des cadres professionnels, corporations renouvelées, qui deviendraient les sup-
ports naturels de toutes les réformes ouvrières.
En particulier, ils aperçoivent une connexion
nécessaire entre l'organisation de l'assurance-
invalidité et la restauration des groupements
corporatifs. « Des sortes de Syndicats, non seulement autorisés, mais reconnus par la loi,
seraient investis par le législateur d'une autorité propre, aux prescriptions de laquelle obéis-
sance serait due.... C'est à eux qu'il appartien-
drait d'imposer la prévoyance contre les accidents, la maladie, la vieillesse, et en même
temps de gérer les Caisses où seraient versés
les fonds provenant des cotisations,... caisses
coopératives autonomes, gérées par des conseils
de corporation [1]. »

1. M. d'Haussonville, sans adhérer à la doctrine, l'expose en
ces termes dans son livre *Socialisme et Charité*. Paris, Calmann-Lévy, 1896.

Or, il ne paraît pas que les projets des sociologues chrétiens, pour intéressants qu'ils soient, aient fait naître un courant d'opinion populaire. Le monde du travail ne semble pas prêt à réclamer la réorganisation légale des corps d'État. Le syndicat mixte, tant vanté par le Catholicisme social, n'obtient que peu de succès [1]. Et précisément les protagonistes de cette institution y trouvent volontiers comme une renaissance de nos vieilles corporations [2].

En pratique, il semble que la restauration des groupes corporatifs conduise à diviser les assujettis en un certain nombre de classes d'après leur salaire annuel moyen. C'est ce que fait la loi allemande, et c'est un des éléments essentiels des propositions inspirées de son exemple. Or, précisément, cette répartition des travailleurs en classes nous paraît contraire aux tendances égalitaires de l'esprit français; elle répugne aux habitudes du tempérament national : tout porte à croire qu'elle serait mal accueillie des intéressés. Peut-être même pourrait-on dire, à un point de vue plus général, que la fusion des classes importe grandement à la paix sociale compromise par leur division. L'État

1. Il n'est d'usage fréquent que dans les milieux agricoles. Au 1ᵉʳ janvier 1903 sur 6. 847 syndicats industriels et commerciaux, on comptait seulement 156 syndicats mixtes ; sur 227 unions de syndicats patronaux et ouvriers, 11 seulement avaient le caractère mixte. (*Annuaire des syndicats professionnels publié par la Direction du Travail au Ministère de Commerce, 1903*).

2. A. Boissard, *Le Syndicat mixte*. Paris, Rousseau, 1897.

sortirait de son rôle en essayant de couler toute la société industrielle dans un moule uniforme. Au lieu d'user de contrainte pour établir des cadres professionnels, mieux vaut laisser se poursuivre l'évolution lente, mais sûre, qui fait pénétrer tous les jours plus avant l'idée d'association dans les milieux ouvriers. En dépit de remarquables efforts pour l'adapter aux conditions du travail moderne, le rétablissement du régime corporatif ne paraît pas beaucoup plus désirable que l'avènement de syndicats obligatoires : « Nous avons choisi la liberté, dit M. Waldeck-Rousseau, faisons-lui confiance. Ne lui assignons point d'autres limites que celles de l'ordre public, au delà desquelles il n'y a pas de liberté véritable[1]. » Tout en reconnaissant que la profession fournirait une base solide à l'organisation des retraites, nous ne croyons pas qu'on puisse prévoir la réalisation prochaine de cette solution.

Le système des Caisses décentralisées donne également prise à de sérieuses objections. Il consiste à créer un certain nombre de Caisses régionales groupant toutes les professions d'une même circonscription. Chacune d'elles place les sommes accumulées et fait le service des pensions. Surveillée par l'État, leur organisation serait appropriée aux conditions locales, comporterait la gestion des intéressés et permettrait de faire des emplois de fonds plus

1. Waldeck-Rousseau. Préface du *Fédéralisme Économique* de Paul Boncour. Paris, Alcan, 1900.

lucratifs, tout en subventionnant des œuvres directement utiles aux ouvriers, telles qu'habitations à bon marché ou écoles professionnelles. Sur ces avantages de la décentralisation, tout le monde se trouve d'accord. Mais la thèse régionaliste va plus loin. Pour elle, chaque Caisse locale constitue une sorte de mutualité particulière entre ses affiliés qui mettent des risques en commun pour s'assurer les uns les autres.

Or comme les tables d'invalidité et de mortalité ne sont pas les mêmes pour toutes les professions ni pour toutes les régions, les assurés des différentes Caisses n'obtiendront pas, à égalité de versements et toutes conditions identiques, les mêmes avantages. Il peut en résulter d'une région à l'autre des différences de traitement choquantes pour le simple bons sens des travailleurs. On évite cet écueil par le système allemand d'une fixation légale et uniforme du taux des pensions ; mais si chacun doit être l'artisan de sa propre retraite, le seul parti possible consiste dans la création d'une Caisse unique d'État, vaste mutualité qui fonctionne entre tous les assurés. Elle comporte naturellement de multiples organes régionaux, véritables succursales chargées du paiement des rentes, du recouvrement des cotisations et même de l'emploi des fonds au profit d'œuvres d'amélioration sociale ou de travaux d'utilité publique. Qu'on donne l'autonomie la plus large à ces Caisses décentralisées, mais sans rompre le lien qui les unit à la Caisse centrale. Il faut en effet que tous les affiliés, pris dans leur ensemble, sans acception de profession ni de région, réalisent entre eux une sorte d'assurance mutuelle : l'égalité est à ce prix. On sait d'ailleurs que la sécurité d'une institution de ce genre croît avec le nombre de ses adhérents.

Certes, on ne saurait nier les craintes qu'inspire, au point de vue financier, l'accumulation de capitaux aussi considérables dans les mains de l'État. Le placement de ces sommes peut exercer sur la fortune publique la plus grave influence en faussant les conditions du crédit national et en avilissant le taux de l'intérêt. Aussi doit-on admettre dans une large mesure le concours d'institutions privées telles que Sociétés de secours mutuels, Caisses patronales ou syndicales, Caisses d'épargne et Sociétés d'assurances sur la vie, mutuelles et à primes, — sous le contrôle de l'État et à la condition d'assurer des retraites au moins égales à celles de la Caisse officielle. Mais il ne faut pas exagérer les effets financiers de cette décentralisation, car, pour beaucoup des organismes admis à faire le service des retraites, c'est finalement à l'État que reviendra en majeure partie la gestion des capitaux. L'essentiel est de donner à la Caisse les plus grandes facilités, sous les réserves dictées par la prudence, pour le placement des fonds disponibles en excédent au service des paiements. Elle pourra les employer en valeurs de l'État ou jouissant d'une garantie de l'État, en prêts aux départements, communes, colonies, pays de protectorat, établissements publics, chambres de commerce, en obligations foncières ou communales du Crédit foncier et aussi en placements industriels, agricoles et commerciaux, sous certaines garanties telles qu'une hypothèque.

Les déposants doivent pouvoir choisir le régime de leurs versements personnels, les seuls qui donnent lieu à bonification. Libre à eux d'opter pour le capital réservé au lieu du capital aliéné. Seulement les contributions patronales et les primes de l'État sont toujours versées à capital aliéné, puisqu'elles ont pour but, non pas d'assurer un pécule à la famille, mais de garantir la vieillesse du travailleur contre le dénuement. Rien n'empêche du reste de donner satisfaction au désir si légitime de réserver au moins une portion de l'épargne aux survivants. Dans l'enquête de 1901, beaucoup de syndicats ont fait des vœux pour la réversibilité de la pension sur la tête de la femme ou des enfants. Les charges financières qu'entraînerait cette combinaison lui laissent malheureusement peu de chances d'aboutir. Mais il ne semble pas impossible d'organiser pratiquement l'assurance au décès qui se présente comme le correctif indispensable des rentes viagères à capital aliéné.

Des dispositions spéciales permettront la liquidation anticipée de la retraite à partir de

55 ou 60 ans, et à tout âge en cas d'invalidité. Des mesures transitoires viseront les travailleurs déjà trop âgés pour profiter longtemps du bénéfice de la loi.

En somme, dans notre pays, l'organisation future des retraites ouvrières semble dépendre des principes suivants : Affiliation d'office de tous les travailleurs à la Caisse Nationale des retraites au moment où commence l'obligation scolaire, cotisation modique imposée aux parents pendant la scolarité, obligation des versements patronaux, gradués suivant une échelle progressive à rebours qui assure une pension strictement suffisante même aux plus bas salaires ; liberté des versements des travailleurs devenus adultes, qu'ils soient salariés ou non, et des membres de leur famille, et si l'obligation est admise, dégrèvement des plus faibles salaires; subvention de l'État appliquée aux seuls versements facultatifs, graduée suivant l'importance des versements volontaires et en raison inverse des contributions patronales, de manière à bonifier les épargnes les plus modestes; encouragements particuliers aux familles nombreuses, assurance au décès en faveur de la veuve et des orphelins ; capitalisation partielle, en période transitoire, jusqu'à la constitution d'un fonds de réserve suffisant; répartition progressive en régime normal ; Caisse centrale unique acceptant dans une large mesure le concours des institutions de prévoyance privée, notamment des sociétés de secours mutuels. Collaboration intime et féconde des travailleurs, des chefs d'entreprise, de la mutualité, des pouvoirs publics : telle nous paraît être la formule d'une solution pratique du problème des retraites.

ANNEXES

I

LOI

RELATIVE A LA CAISSE NATIONALE DES RETRAITES
•POUR LA VIEILLESSE.

(Du 20 juillet 1886).

ARTICLE PREMIER. — A partir du 1er janvier 1887, la Caisse des retraites, créée par la loi du 18 juin 1850, prendra le nom de Caisse nationale des retraites pour la vieillesse; elle fonctionnera sous la garantie de l'État dans les conditions ci-après énoncées.

ART. 2. — La Caisse nationale des retraites pour la vieillesse est gérée par l'administration de la Caisse des dépôts et consignations, qui pourvoit aux frais de gestion.

ART. 3. — Il est formé auprès du ministère du Commerce une commission supérieure chargée de l'examen de toutes les questions qui concernent la Caisse nationale des retraites pour la vieillesse.

Cette commission présente chaque année au Président de la République, sur la situation morale et matérielle de la Caisse, un rapport qui est distribué au Sénat et à la Chambre des députés.

Elle est composée de seize membres, ainsi qu'il suit:

Deux sénateurs nommés par le Sénat;

Deux députés nommés par la Chambre;

Deux conseillers d'État nommés par le conseil d'État;

Deux présidents de sociétés de secours mutuels désignés par le ministre de l'Intérieur;

Un industriel désigné par le ministre du Commerce.

Ces membres sont nommés pour trois ans.

Font partie de droit de la commission :

Le président de la Chambre de commerce de Paris;

Le directeur général de la Caisse des dépôts et consignations ;

Le directeur du commerce intérieur au ministère du Commerce ;

Le directeur général de la comptabilité publique.

Le directeur du mouvement général des fonds,

Le directeur de la Dette inscrite,

} au ministère des Finances ;

Le directeur *de l'Assistance publique et des institutions de prévoyance*, au ministère de l'Intérieur.

La commission élit son président.

Art. 4. — Le capital des rentes viagères est formé par les versements volontaires des déposants.

Art. 5. — Les versements sont reçus et liquidés à partir de un franc et sans fraction de franc.

Ils peuvent être faits, soit à capital aliéné, soit à capital réservé.

Art. 6. — Le maximum de la rente viagère que la Caisse nationale des retraites est autorisée à inscrire sur la même tête est fixé à douze cents francs (1.200 fr.).

Art. 7. — Les sommes versées dans une année au compte de la même personne ne peuvent dépasser mille francs (1.000 fr.).

Ne sont pas astreints à cette limite :

1° Les versements effectués en vertu d'une décision judiciaire ;

2° Les versements effectués par les administrations publiques avec les fonds provenant des cotisations annuelles des agents non admis au bénéfice de la loi du 9 juin 1853 sur les pensions civiles;

3° Les versements effectués par les sociétés de secours mutuels avec les fonds de retraites inaliénables déposés par elles à la Caisse des dépôts et consignations.

En aucun cas, ces versements ne pourront donner lieu à l'ouverture d'une pension supérieure à douze cents francs (1.200 fr.).

Art. 8. — Les rentes viagères constituées par la

Caisse des retraites sont incessibles et insaisissables jusqu'à concurrence de 360 francs.

Art. 9. — Le montant de la rente viagère à servir est calculé conformément à des tarifs tenant compte pour chaque versement :

1° De l'intérêt composé du capital, fixé conformément à l'article 21 de la présente loi ;

2° Des chances de mortalité, en raison de l'âge des déposants et de l'âge auquel commence la retraite, calculées d'après les tables dites de Deparcieux. — Ces tables seront ultérieurement rectifiées d'après les résultats dûment constatés des opérations de la Caisse ;

3° Du remboursement, au décès, du capital versé, si le déposant en a fait la demande au moment du versement.

Art. 10. — L'entrée en jouissance de la pension est fixée, au choix du déposant, à partir de chaque année d'âge accomplie de cinquante à soixante-cinq ans.

Les tarifs sont calculés jusqu'à ce dernier âge.

Les rentes viagères au profit des personnes âgées de plus de soixante-cinq ans sont liquidées suivant les tarifs déterminés pour l'âge de soixante-cinq ans.

Art. 11. — Dans le cas de blessures graves ou d'infirmités prématurées régulièrement constatées, conformément au décret du 27 juillet 1861, et entraînant incapacité absolue de travail, la pension peut être liquidée même avant cinquante ans et en proportion des versements faits avant cette époque.

Les pensions ainsi liquidées pourront être bonifiées à l'aide d'un crédit ouvert chaque année au budget du ministère de l'Intérieur.

Dans aucun cas le montant des pensions bonifiées ne pourra être supérieur au triple du produit de la liquidation, ni dépasser un maximum de trois cent soixante francs (360 fr.), bonification comprise.

La commission supérieure statuera sur toutes les demandes de bonification et devra maintenir les concessions dans la limite des crédits disponibles.

Art. 12. — Les tarifs établis en conformité de l'article 9 sont calculés sur un taux d'intérêt gradué par quart de franc.

Un décret du président de la République fixe au mois de décembre de chaque année, en tenant compte du taux moyen des placements de fonds en rentes sur l'État effectués par la Caisse pendant l'année, celui de ces tarifs qui doit être appliqué l'année suivante.

Ce décret est rendu sur la proposition du ministre des Finances, après avis de la commission supérieure.

Art. 13. — Les versements peuvent être faits au profit de toute personne âgée de plus de trois ans.

Les versements opérés par les mineurs âgés de moins de seize ans doivent être autorisés par leur père, mère, ou tuteur.

Le versement opéré antérieurement au mariage reste propre à celui qui l'a fait.

Les femmes mariées, quel que soit le régime de leur contrat de mariage, sont admises à faire des versements sans l'assistance de leur mari.

Le versement fait pendant le mariage, par l'un des deux conjoints, profite séparément à chacun d'eux par moitié.

Peut, néanmoins, profiter à celui des conjoints qui l'effectue, le versement opéré après que l'autre conjoint a atteint le maximum de rente, ou après que les versements faits dans l'année au profit exclusif de celui-ci, soit antérieurement au mariage, soit par donation, ont atteint le maximum des versements annuels.

Le déposant marié qui justifiera, soit de sa séparation de corps, soit de sa séparation de biens contractuelle ou judiciaire, sera admis à effectuer des versements à son profit exclusif.

En cas d'absence ou d'éloignement d'un des deux conjoints depuis plus d'une année, le juge de paix peut accorder l'autorisation de faire des versements au profit exclusif du déposant.

Sa décision peut être frappée d'appel devant la chambre du conseil du tribunal de première instance.

Art. 14. — Les étrangers résidant en France sont autorisés à faire des versements à la Caisse des retraites pour la vieillesse aux mêmes conditions que les nationaux.

Toutefois, ces étrangers ne pourront jouir, en aucun cas, des bonifications dont il est parlé au deuxième paragraphe de l'article 11.

Art. 15. — Le déposant qui a stipulé le remboursement à son décès du capital versé peut, à toute époque, faire abandon de tout ou partie de ce capital, à l'effet d'obtenir une augmentation de rente, sans qu'en aucun cas le montant total puisse excéder douze cents francs.

Le donateur qui a stipulé le retour du capital, soit à son profit, soit au profit des ayants droit, peut également, à toute époque, faire l'abandon du capital, soit pour augmenter la rente du donataire, soit pour se constituer à lui-même une rente, si la réserve avait été stipulée à son profit.

ART. 16. — L'ayant droit à une rente viagère qui a fixé son entrée en jouissance à un âge inférieur à soixante-cinq ans peut, dans le trimestre qui précède l'ouverture de la rente, reporter sa jouissance à une autre année d'âge accomplie, sans que, en aucun cas, la rente, augmentée d'après les tarifs en vigueur, puisse excéder douze cents francs, ni qu'il y ait lieu au remboursement d'une partie du capital déposé.

ART. 17. — Au décès du titulaire de la rente, avant ou après l'époque d'entrée en jouissance, le capital déposé est remboursé sans intérêts aux ayants droit, si la réserve a été faite au moment du dépôt et s'il n'a pas été fait usage de la faculté accordée par l'article 15 ci-dessus.

Les certificats de propriété destinés aux retraits de fonds versés à la Caisse des retraites pour la vieillesse doivent être délivrés dans les formes et suivant les règles prescrites par la loi du 28 floréal, an VII.

ART. 18. — Le capital réservé reste acquis à la Caisse des retraites en cas de déshérence ou par l'effet de la prescription, s'il n'a pas été réclamé dans les trente années qui auront suivi le décès du titulaire de la rente.

ART. 19. — Sont remboursées sans intérêt les sommes qui, lors de la liquidation définitive, seraient insuffisantes pour produire une rente viagère de 2 francs ou qui dépasseraient, soit la somme de mille francs (1.000 fr.) par année, soit le capital nécessaire pour produire une rente de douze cents francs (1.200 fr.).

Est également remboursée sans intérêts par la Caisse toute somme versée irrégulièrement par suite de fausse déclaration sur les qualités civiles, noms et âges des déposants; ces irrégularités ne peuvent être invoquées par le titulaire du livret ou ses représentants pour exiger le remboursement du capital.

Art. 20. — Il est tenu, à la Caisse des dépôts et consignations, un grand-livre sur lequel les rentes viagères pour la vieillesse sont enregistrées.

Un double de ce grand-livre est conservé au ministère des Finances.

L'extrait d'inscription à délivrer à la partie doit, pour former titre valable contre l'État, être revêtu du visa du contrôle institué près la Caisse des dépôts et consignations par la loi du 24 juin 1833.

Art. 21. — Il est remis à chaque déposant un livret sur lequel sont inscrits les versements par lui effectués et les rentes viagères correspondantes.

Art. 22. — Les fonds de la Caisse nationale des retraites sont employés en rentes sur l'État, en valeurs du Trésor, ou sur la proposition de la commission supérieure et avec l'autorisation du ministre des Finances, soit en valeurs garanties par le Trésor, soit en obligations départementales et communales.

Les sommes nécessaires pour assurer le service des arrérages sont déposées en compte courant au Trésor.

Le taux de l'intérêt dudit compte est fixé par le ministre des Finances et ne peut être inférieur au taux d'après lequel est calculé, pour l'année, le montant des rentes viagères à servir aux déposants.

Art. 23. — La Caisse nationale des retraites établit chaque année le bilan de ses opérations.

Art. 24. — Les certificats, actes de notoriété et autres pièces exclusivement relatives à l'exécution de la présente loi seront délivrés gratuitement et dispensés des droits de timbre et d'enregistrement.

Art. 25. — Un règlement d'administration publique déterminera les mesures propres à assurer l'exécution de la présente loi et notamment : 1° les attributions et le mode de fonctionnement de la commission supérieure; 2° la forme des livrets et des extraits d'inscription; 3° le mode d'après lequel les versements seront faits, soit directement par les déposants, soit pour leur compte par les caisses d'épargne et les associations de prévoyance mutuelle.

Art. 26. — Dans un délai qui ne pourra excéder une année après la promulgation de la présente loi, l'administration de la Caisse des retraites devra s'être entendue avec le ministre des Finances et des Postes et Télégraphes pour permettre les versements chez les comptables directs du Trésor et chez les receveurs des postes, soit en espèces, soit en timbres-poste.

Art. 27. — Dans le délai de six mois après la promulgation de la présente loi, une instruction pratique résumant les avantages et le fonctionnement de la Caisse nationale des retraites sera rédigée, après avis de la commission supérieure, par l'administration de la Caisse ; cette instruction sera affichée :

1° Dans toutes les mairies ;

2° Dans tous les bureaux des comptables directs du Trésor ;

3° Dans tous les bureaux de poste seulement ;

4° Dans toutes les écoles publiques.

Art. 28. — A partir du 1er janvier 1887, seront abrogées les lois des 18 juin 1850, 28 mai 1853, 7 juillet 1856, 12 juin 1861, 4 mai 1864, 20 décembre 1872, ainsi que toutes autres dispositions qui seraient contraires à la présente loi.

II

LOI

RELATIVE AUX SOCIÉTÉS DE SECOURS MUTUELS

(1ᵉʳ avril 1898).

TITRE PREMIER

DISPOSITIONS COMMUNES A TOUTES LES SOCIÉTÉS

ARTICLE PREMIER. — Les sociétés de secours mutuels sont des associations de prévoyance qui se proposent d'attendre un ou plusieurs des buts suivants: assurer à leurs membres participants et à leurs familles des secours en cas de maladie, blessures ou infirmités, leur constituer des pensions de retraites, contracter à leur profit des assurances individuelles ou collectives en cas de vie, de décès ou d'accidents, pourvoir aux frais des funérailles et allouer des secours aux ascendants, aux vœufs, veuves ou orphelins des membres participants décédés.

Elles peuvent, en outre, accessoirement, créer au profit de leurs membres des cours professionnels, des offices gratuits de placement et accorder des allocations en cas de chômage, à la condition qu'il soit pourvu à ces trois ordres de dépenses au moyen de cotisations ou de recettes spéciales.

ART. 2. — Ne sont pas considérées comme sociétés de secours mutuels les associations qui, tout en organisant, sous un titre quelconque, tout ou partie des services prévus à l'article précédent, créent, au profit de telle ou telle catégorie de leurs membres et au détriment des autres, des avantages particuliers. Les sociétés de secours mutuels sont tenues de garantir à tous leurs membres participants les mêmes avantages sans autre distinction que celle qui résulte des cotisations fournies et des risques apportés.

Art. 3. — Les sociétés de secours mutuels peuvent se composer de membres participants et de membres honoraires; les membres honoraires payent la cotisation fixée ou font des dons à l'association sans prendre part aux bénéfices attribués aux membres participants, mais les statuts peuvent contenir des dispositions spéciales pour favoriser leur admission au titre de membres participants, à la suite de revers de fortune.

Les femmes peuvent faire partie de ces sociétés et en créer: les femmes mariées exercent ce droit sans l'assistance de leur mari; les mineurs peuvent faire partie de ces sociétés sans l'intervention de leur représentant légal.

L'administration et la direction des sociétés de secours mutuels ne peuvent être confiées qu'à des Français majeurs, de l'un ou de l'autre sexe, non déchus de leurs droits civils et civiques, sous réserve, pour les femmes mariées, des autorisations de droit commun.

Les sociétés de secours mutuels constituées entre étrangers ne peuvent exister qu'en vertu d'un arrêté ministériel toujours révocable. Par exception, elles peuvent choisir leurs administrateurs parmi leurs membres.

Les membres du Conseil d'administration et du bureau des sociétés de secours mutuels seront nommés par le vote au bulletin secret.

Les administrateurs et directeurs ne pourront être choisis que parmi les membres participants et honoraires de la société.

Art. 4. — Un mois avant le fonctionnement d'une société de secours mutuels, ses fondateurs devront déposer en double exemplaire : 1º les statuts de ladite association ; 2º la liste des noms et adresses de toutes les personnes qui, sous un titre quelconque, seront chargées à l'origine de l'administration ou de la direction.

Le dépôt a lieu, contre récépissé, à la sous-préfecture de l'arrondissement où la société a son siège social, ou à la préfecture du département.

Le maire de la commune en est informé immédiatement par les soins du préfet ou du sous-préfet.

Un extrait des statuts sera inséré dans le Recueil des actes de la préfecture.

Tout changement dans les statuts ou dans la direction sera notifié et publié selon les formes indiquées ci-dessus.

Art. 5. — Les statuts déterminent :

1° Le siège social, qui ne peut être situé ailleurs qu'en territoire français ;

2° Les conditions et les modes d'admission et d'exclusion, tant des membres participants que des membres honoraires ;

3° La composition du bureau et du conseil d'administration, le mode d'élection de leurs membres, la nature et la durée de leurs pouvoirs ; les conditions du vote à l'assemblée générale et du droit pour les sociétaires de s'y faire représenter ;

4° Les obligations et les avantages des membres participants ;

5° Le montant et l'emploi des cotisations des membres, soit honoraires, soit participants, les modes de placement et de retrait des fonds ;

6° Les conditions de la dissolution volontaire de la société ;

7° Les bases de la liquidation à intervenir si la dissolution a lieu ;

8° Le mode de conservation des documents intéressant la société ;

9° Le mode de constitution des retraites pour lesquelles il n'a pas été pris d'engagement ferme et dont l'importance est subordonnée aux ressources de la société ;

10° L'organisation des retraites garanties, et spécialement la fixation de leur quotité et de l'âge de l'entrée en jouissance ;

11° Les prélèvements à opérer sur les cotisations pour le service spécial des retraites, lorsque, conformément à la clause précédente, les cotisations des membres honoraires ou participants devront être affectées pour partie à la constitution de retraites garanties que ce soit au moyen d'un fonds commun ou de livrets individuels ouverts au nom des sociétaires.

Art. 6. — Lorsque l'assemblée générale sera convoquée, les pouvoirs dont les sociétaires seront porteurs, si les statuts autorisent le vote par procuration, pourront être donnés sous seing privé et seront affranchis de tous droits de timbre et d'enregistrement ; ils seront déposés au siège social.

Les contestations sur la validité des opérations électorales sont portées, dans le délai de quinze jours à dater de l'élection, devant le juge de paix du siège de la société. Elles sont introduites par simple déclaration au greffe.

Le juge de paix statue, dans les quinze jours de cette déclaration, sans frais ni forme de procédure et sur simple avertissement donné trois jours à l'avance à toutes les parties intéressées.

La décision du juge de paix est en dernier ressort, mais elle peut être déférée à la Cour de cassation. Le pourvoi n'est recevable que s'il est formé dans les dix jours de la notification de la décision. Il est formé par simple requête déposée au greffe de la justice de paix et dénoncée aux défendeurs dans les dix jours qui suivent. Il est dispensé du ministère d'un avocat à la Cour et jugé d'urgence sans frais ni amende.

Les pièces et mémoires fournis par les parties sont transmis sans frais par le greffier de la justice de paix au greffier de la Cour de cassation. La chambre civile de cette Cour statue directement sur le pourvoi.

Tous les actes sont dispensés du timbre et enregistrés gratis.

Art. 7. — Dans les trois premiers mois de chaque année, les sociétés de secours mutuels doivent adresser, par l'intermédiaire des préfets, au ministre de l'Intérieur, et dans les formes qui seront déterminées par lui, la statistique de leur effectif, du nombre et de la nature des cas de maladie de leurs membres, telle qu'elle est prescrite par la loi du 30 novembre 1892.

Art. 8. — Il peut être établi entre les sociétés de secours mutuels, en conservant d'ailleurs à chacune d'elles son autonomie, des unions, ayant pour objet notamment :

a) L'organisation, en faveur des membres participants, des soins et secours énumérés dans l'article premier, notamment la création de pharmacies, dans les conditions déterminées par les lois spéciales sur la matière ;

b) L'admission des membres participants qui ont changé de résidence ;

c) Le règlement de leurs pensions viagères de retraite ;

d) L'organisation d'assurances mutuelles pour les risques divers auxquels les sociétés se sont engagées à pourvoir, notamment la création de caisses de retraites et d'assurances communes à plusieurs sociétés pour les opérations à long terme et les maladies de longue durée ;

e) Le service des placements gratuits.

ART. 9. — Les sociétés de secours mutuels sont admises à contracter des assurances, soit en cas de décès, soit en cas d'accidents, aux caisses d'assurances instituées par la loi du 11 juillet 1868, en se conformant aux prescriptions des articles 7 et 15 de ladite loi.

Ces assurances peuvent se cumuler avec les assurances individuelles.

ART. 10. — Les infractions aux dispositions de la présente loi seront poursuivies contre les administrateurs ou les directeurs et punies d'une amende de 1 à 15 francs inclusivement.

Si une société est détournée de son but de société de secours mutuels, et si, trois mois après un avertissement donné par un arrêté du préfet du département, cette société persiste à ne pas se conformer aux prescriptions de la présente loi ou aux dispositions de ses statuts, la dissolution pourra en être prononcée par le tribunal civil de l'arrondissement.

Le ministère public introduira l'action en dissolution par un mémoire présenté au président du tribunal, énonçant les faits et accompagné des pièces justificatives ; ce mémoire sera notifié au président de la société avec assignation à jour fixe.

Le tribunal jugera en audience publique, sur les réquisitions du procureur de la République, le président de la société entendu ou régulièrement appelé.

Le jugement sera susceptible d'appel.

L'assistance de l'avoué ne sera obligatoire ni en première instance ni en appel.

En cas de fausse déclaration faite de mauvaise foi

ou de toutes autres manœuvres tendant à dissimuler, sous le nom de société de secours mutuels, des associations ayant un autre objet, les juges de répression auront la faculté de prononcer la dissolution à la requête du ministère public. Des administrateurs et directeurs seront passibles d'une amende de 16 à 500 francs.

Art. 11. — La dissolution volontaire d'une société de secours mutuels ne peut être prononcée que dans une assemblée convoquée à cet effet par un avis indiquant l'objet de la réunion et à la condition de réunir à la fois une majorité des deux tiers des membres présents et la majorité des membres inscrits.

En cas de dissolution par les tribunaux, le jugement désigne un administrateur chargé de procéder à la liquidation définitive.

Aucun encaissement de cotisations autres que celles échues au jour de la liquidation ne peut plus être effectué.

Communication sera faite à l'administrateur des livres, registres, procès-verbaux et pièces de toute nature : la communication aura lieu sans déplacement, sauf le cas où le tribunal en aurait ordonné autrement.

La liquidation s'opérera conformément aux statuts : elle sera homologuée sans frais par le tribunal, à la diligence du procureur de la République.

Art. 12. — Les secours, pensions, contrats d'assurances, livrets, et généralement toutes sommes et tous titres à remettre par les sociétés de secours mutuels à leurs membres participants, sont incessibles et insaisissables jusqu'à concurrence de 360 francs par an pour les rentes et de 3.000 francs pour les capitaux assurés.

Art. 13. — Les sociétés de secours mutuels ayant satisfait aux prescriptions des articles précédents ont le droit d'ester en justice, tant en demandant qu'en défendant, par le président ou par le délégué ayant mandat spécial à cet effet, et peuvent obtenir l'assistance judiciaire aux conditions imposées par la loi du 22 janvier 1851.

Art. 14. — Les sociétés de secours mutuels se divisent en trois catégories :

1º Les sociétés libres ;

2° Les sociétés approuvées ;

3° Les sociétés reconnues comme établissements d'utilité publique.

TITRE II

DES SOCIÉTÉS LIBRES

Art. 15. — Les sociétés libres et unions de sociétés libres peuvent recevoir et employer les sommes provenant des cotisations des membres honoraires et participants, et généralement faire des actes de simple administration ; elles peuvent posséder des objets mobiliers, prendre des immeubles à bail pour l'installation de leurs divers services.

Elles peuvent, avec l'autorisation du préfet, recevoir des dons et legs mobiliers.

Toutefois, si la libéralité est faite à une société dont la circonscription comprend des communes situées dans des départements différents, il est statué par un décret. S'il y a réclamation des héritiers du testateur, il est statué par un décret du président de la République, le conseil d'État entendu.

Lorsque l'emploi des dons et legs n'est pas déterminé par le donateur ou le testateur, cet emploi sera prescrit par l'arrêté ou le décret d'autorisation, en exécution de l'article 4 de l'ordonnance du 2 avril 1817.

Les sociétés libres ne peuvent acquérir des immeubles, sous quelque forme que ce soit, à peine de nullité, sauf les immeubles exclusivement affectés à leurs services. Elles ne peuvent, à peine de nullité, recevoir des dons ou legs immobiliers qu'à la charge de les aliéner et d'obtenir l'autorisation mentionnée au § 3 ci-dessus. La nullité sera prononcée en justice, soit sur la demande des parties intéressées, soit d'office, sur les réquisitions du ministère public.

TITRE III

DES SOCIÉTÉS APPROUVÉES

ART. 16. — Les sociétés de secours mutuels et les unions de sociétés prévues à l'article 8 qui auront fait approuver leurs statuts par arrêté ministériel, auront tous les droits accordés aux sociétés libres et unions de sociétés libres et jouiront des avantages concédés par les articles suivants.

L'approbation ne peut être refusée que dans les deux cas suivants :

1 Pour non-conformité des statuts avec les dispositions de la loi ;

2° Si les statuts ne prévoient pas des recettes proportionnées aux dépenses, pour la constitution des retraites garanties ou des assurances en cas de vie, de décès ou d'accident.

L'approbation ou le refus d'approbation doit avoir lieu dans le délai de trois mois. Le refus d'approbation doit être motivé par une infraction aux lois et notamment aux dispositions du § 4 du présent article.

En cas de refus d'approbation, un recours peut être formé devant le Conseil d'État. Ce recours sera dispensé de tout droit ; il pourra être formé sans ministère d'avocat.

Tout changement dans les statuts d'une société approuvée doit être l'objet d'une nouvelle demande d'approbation, et aucune modification statutaire ne peut être mise à exécution si elle n'a pas été préalablement approuvée.

Il sera procédé, pour les changements dans les statuts, comme en matière de statuts primitifs, pour tout ce qui concerne les dépôts, les délais et les recours.

ART. 17 — Les sociétés de secours mutuels approuvées pourront, sous réserve de l'autorisation du conseil d'État, recevoir des dons et legs immobiliers.

Les immeubles compris dans un acte de donation ou dans une disposition testamentaire, que les sociétés n'auront pas été autorisées à conserver, seront aliénés dans les délais et la forme prescrits par le décret qui en autorise l'acceptation ; le délai pourra, en cas de nécessité, être prorogé.

Les sociétés de secours mutuels et les unions approuvées prévues à l'article 8 peuvent être autorisées, par décret rendu en Conseil d'État, à acquérir les immeubles nécessaires soit à leurs services d'administration, soit à leur service d'hospitalisation.

Art. 18. — Les communes sont tenues de fournir aux sociétés approuvées qui le demandent les locaux nécessaires à leurs réunions, ainsi que les livrets et registres nécessaires à l'administration et à la comptabilité. En cas d'insuffisance des ressources des communes, cette dépense est mise à la charge des départements. Dans le cas où la société s'étend sur plusieurs communes ou sur plusieurs départements, cette obligation incombe d'abord à la commune dans laquelle est établi le siège social, ensuite au département auquel appartient cette commune.

Dans les villes où il existe une taxe municipale sur les convois, il est accordé aux sociétés approuvées remise des deux tiers des droits sur les convois dont elles peuvent avoir à supporter les frais, aux termes de leurs statuts.

Art. 19. — Tous les actes intéressant les sociétés approuvées sont exempts des droits de timbre et d'enregistrement.

Sont également exempts du droit de timbre de quittance les reçus de cotisations des membres honoraires ou participants, les reçus des sommes versées aux pensionnaires, ainsi que les registres à souches qui servent au payement des journées de maladies.

Cette disposition n'est pas applicable aux transmissions de propriété, d'usufruit ou de jouissance de biens meubles et immeubles, soit entre vifs, soit par décès.

Conformément aux articles 19 de la loi du 14 juillet 1868 et 24 de la loi du 20 juillet 1886, les certificats, actes de notoriété et autres pièces exclusivement relatives à l'exécution des lois précitées et de la présente loi seront délivrés gratuitement et exempts des droits de timbre et d'enregistrement.

Art. 20. — Les placements des sociétés de secours mutuels approuvées doivent être effectués en dépôt aux Caisses d'épargne, à la Caisse des dépôts et consignations, en rentes sur l'État, bons du Trésor ou autres valeurs créées ou garanties par l'État, en obligations des départements et des communes, du Crédit foncier de France ou des compagnies françaises de chemins de fer qui ont une garantie d'intérêts de l'État.

Les sociétés de secours mutuels approuvées pourront, en outre, posséder et acquérir des immeubles jusqu'à concurrence des trois quarts de leur avoir, les vendre et les échanger.

Pour être valables, ces opérations devront être votées à la majorité des trois quarts des voix par une assemblée générale extraordinaire composée au moins de la moitié des membres de la société, présents ou représentés.

Les titres et valeurs au porteur appartenant aux sociétés de secours mutuels approuvées seront déposés à la Caisse des dépôts et consignations, qui sera chargée de l'encaissement des arrérages, coupons et primes de remboursement de ces titres, et en portera le montant au compte de dépôt de chaque société.

Art. 21. — Les sociétés de secours mutuels approuvées sont admises à verser des capitaux à la Caisse des dépôts et consignations :

1° En compte courant disponible ;

2° En un compte affecté pour toute la durée de la société à la formation et à l'accroissement d'un fonds commun inaliénable.

Le fonds commun de retraites existant au jour de la promulgation de la loi ne peut être supprimé.

Il peut être placé soit à la Caisse des dépôts et consignations, soit en valeurs ou immeubles, conformément aux articles 17 et 20, soit à la Caisse des retraites.

Pour l'avenir, les statuts de chaque société déterminent si elle entend user de cette faculté de constituer un fonds commun et dans quelles conditions ; ils règlent les moyens de l'alimenter, qu'il s'agisse d'un fonds commun conservé ou d'un fonds commun à créer. Ils décident notamment si la société devra verser à ce fonds, en totalité ou en partie, les subventions de l'État, les dons et legs, les cotisations des membres honoraires et les autres ressources disponibles.

Le compte courant et le fonds commun portent intérêt, à un taux égal à celui de la Caisse nationale des retraites pour la vieillesse.

La différence entre le taux fixé par le paragraphe précédent et le taux de 4 1/2 p. 100, déterminé par le décret-loi du 26 mars 1852 et le décret du 26 avril 1856, sera versée à titre de bonification, à chaque société de secours mutuels approuvée ou reconnue d'utilité publique, en raison de son avoir à la Caisse des dépôts et consignations (fonds libres et fonds de retraites), au moyen d'un crédit inscrit chaque année au budget du ministère de l'Intérieur.

Les intérêts qui ne reçoivent pas d'emploi au cours de l'année sont capitalisés tous les ans.

La Caisse des dépôts et consignations aura la faculté de faire emploi des fonds versés aux comptes ci-dessus désignés, dans les mêmes conditions que pour les fonds des Caisses d'épargne.

Art. 22. — Des pensions de retraite peuvent être constituées soit sur le fonds commun, soit sur le livret individuel qui appartient en toute propriété à son titulaire, à capital aliéné ou réservé.

Art. 23. — Les pensions de retraite alimentées par le fonds commun sont constituées à capital réservé au profit de la société. Elles sont servies directement par la société à l'aide des intérêts de ce fonds, ou par l'intermédiaire de la Caisse nationale des retraites.

Pour bénéficier de ces pensions, les membres participants doivent être âgés d'au moins cinquante ans, avoir acquitté la cotisation sociale pendant quinze ans au moins de remplir les conditions statutaires fixées pour l'obtention de la pension.

Les sociétés qui constituent sur le fonds commun des pensions de retraite garanties sont tenues de produire, tous les cinq ans au moins, au ministre de l'Intérieur, la situation de leurs engagements, éventuels ou liquides, et des ressources correspondantes, en se conformant aux modèles qui leur sont fournis par l'administrations compétente. Elles devront modifier, s'il y a lieu, leurs statuts d'après les résultats de ces inventaires au moins quinquennaux.

Art. 24. — Les pensions de retraite constituées par le livret individuel, à l'aide de la Caisse nationale des retraites ou d'une caisse autonome, sont formées, en conformité des statuts, au moyen de versements effectués par la société au compte de chacun de ses membres participants.

Ces versements proviennent :

1° De la cotisation spéciale que le sociétaire a lui-même acquittée en vue de la retraite, ou de la portion de la cotisation unique prélevée en vue de ce service ;

2° De tout ou partie des arrérages annuels du fonds commun inaliénable, s'il en existe un ;

3° Des autres ressources dont les statuts autorisent l'emploi en capital au profit des livrets individuels.

Les versements effectués par la société sur le livret individuel le sont à capital aliéné ou à capital réservé, au profit de la société, suivant que les statuts en auront décidé.

Quant aux versements qui proviennent des cotisations du membre participant, ils peuvent être, au choix de ce membre, faits à capital aliéné ou à capital réservé au profit de ses ayants droit.

Pour la liquidation des pensions de retraite constituées à capital aliéné et à jouissance immédiate par les sociétés de secours mutuels, les tarifs à la Caisse nationale des retraites seront calculés jusqu'à quatre-vingts ans.

ART. 25 — En dehors des retraites garanties ou non garanties, constituées, soit à l'aide des fonds communs, soit au moyen du livret individuel, dans les conditions prévues aux articles 23 et 24, les sociétés peuvent accorder à leurs membres des allocations, non pas viagères, mais annuelles, prises sur les ressources disponibles. Le montant en sera fixé chaque année par l'assemblée générale. Les titulaires sont désignés par elle, parmi les membres âgés de plus de cinquante ans et ayant acquitté la cotisation sociale au moins pendant quinze ans.

Les statuts déterminent les autres conditions que doivent remplir les bénéficiaires.

Le service de ces allocations annuelles s'effectue à l'aide des arrérages du fonds commun inaliénable ou des autres ressources disponibles.

Une indemnité pécuniaire, fixée également chaque

année en assemblée générale et prélevée sur les fonds de réserve peut être allouée aux membres participants devenus infirmes ou incurables avant l'âge fixé par les statuts pour être admissibles à la pension viagère de retraite.

Art. 26. — A partir de la promulgation de la présente loi, les arrérages des dotations et les subventions annuellement inscrites au budget du ministère de l'Intérieur au profit des sociétés de secours mutuels seront employés à accorder à ces sociétés des allocations : 1° pour encourager la formation des pensions de retraites à l'aide du fonds commun ou du livret individuel ; 2° pour bonifier les pensions liquidées à partir du 1er janvier 1895 et dont le montant, y compris la subvention de l'État, ne sera pas supérieur à 360 francs ; 3° pour donner, en raison du nombre de leurs membres, des subventions aux sociétés qui ne constituent pas de retraites.

Pour chacune de ces affectations, la répartition du crédit aura lieu dans les proportions et suivant les barèmes arrêtés par le ministre de l'Intérieur, après avis du conseil supérieur.

Il sera, préalablement à toute répartition, opéré chaque année, sur les dotations et subventions, un prélèvement déterminé par le conseil supérieur, qui ne pourra dépasser 5 p. 100 de l'actif total, pour venir en aide aux sociétés de secours mutuels qui, par suite d'épidémies ou de toute autre cause de force majeure, seraient momentanément hors d'état de remplir leurs engagements.

Les subventions de l'État en vue de la retraite par livret individuel profiteront aux étrangers, lorsque leur pays d'origine aura garanti par un traité des avantages équivalents à nos nationaux.

Les pensions allouées sur le fonds commun ne pourront être servies aux étrangers que dans le cas où ils résideront en territoire français.

Art. 27. — Un règlement l'administration publique détermine les conditions et les garanties à exiger pour l'organisation des caisses autonomes que les sociétés ou les unions pourront constituer, soit pour servir des pensions de retraite, soit pour réaliser l'assurance en cas de vie, de décès ou d'accident et, d'une manière générale, toutes les mesures d'application destinées à assurer l'exécution de la loi.

Les fonds versés dans ces caisses devront être employés en rentes sur l'État, en valeurs du Trésor, ou garanties par le Trésor, en obligations départementales ou en valeurs énumérées au § 1er de l'article 20.

La gestion de ces caisses sera soumise à la vérification de l'inspection des finances et au contrôle du receveur particulier de l'arrondissement du siège de la caisse.

La Caisse des dépôts et consignations est tenue d'envoyer, dans le courant du premier trimestre de chaque année, aux présidents des sociétés de secours mutuels ayant constitué des pensions de retraite en faveur de leurs membres participants, la liste des retraités qui, dans l'année précédente, n'auront pas touché leurs arrérages.

Art. 28. — Les sociétés de secours mutuels qui accordent à leurs membres ou à quelques-uns seulement des indemnités moyennes ou supérieures à 5 francs par jour, des allocations annuelles ou des pensions supérieures à 360 francs et des capitaux en cas de vie ou de décès supérieurs à 3.000 francs, ne participent pas aux subventions de l'État et ne bénéficient ni du taux spécial d'intérêt fixé par les décrets du 26 mars 1852, 26 avril 1856, ni des avantages accordés par la présente loi sous forme de remise de droits d'enregistrement et de frais de justice.

Les sociétaires qui s'affilieront à plusieurs sociétés en vue de se constituer une pension supérieure à 360 francs ou des capitaux en cas de vie ou de décès supérieurs à 3.000 francs, seront exclus des sociétés de secours mutuels dont ils font partie, sous peine, pour la société, de perdre les avantages concédés par la présente loi.

Art. 29. — Dans les trois premiers mois de chaque année, les sociétés de secours mutuels approuvées doivent adresser au ministre de l'Intérieur, par l'intermédiaire des préfets et dans les formes prescrites, indépendamment de la statistique exigée par l'article 8, le compte rendu de leur situation morale et financière.

Elles sont tenues de communiquer leurs livres, registres, procès-verbaux et pièces comptables de toute nature aux préfets, sous-préfets ou à leurs délégués. Cette communication a lieu sans déplacement, sauf le cas où il en serait autrement ordonné par arrêté du préfet.

Les infractions aux prescriptions du § 2 du présent article seront punies d'une amende de 16 à 500 francs.

Art. 30. — Dans le cas d'inexécution des statuts ou de violation des dispositions de la présente loi, l'approbation peut être retirée par un décret rendu en conseil d'État sur la proposition motivée du ministre de l'Intérieur et après avis du conseil supérieur des sociétés de secours mutuels, lequel sera convoqué dans le plus bref délai.

La décision portant retrait d'approbation sera susceptible d'un recours au contentieux devant le conseil d'État, sans ministère d'avocat et avec dispense de tous droits.

Art. 31. — Lorsque la dissolution d'une société approuvée est votée par l'assemblée générale conformément aux statuts, ou ordonnée par le tribunal, la liquidation est poursuivie sous la surveillance du préfet ou de son délégué.

Il est prélevé sur l'actif social, y compris le fonds commun inaliénable de retraites déposé à la Caisse des dépôts et consignations et dans l'ordre suivant:

1° Le montant des engagements contractés vis-à-vis des tiers;

2° Les sommes nécessaires pour remplir les engagements contractés vis-à-vis des membres participants, notamment en ce qui concerne les pensions viagères et les assurances en cas de décès, de vie ou d'accident;

3° a) Une somme égale au montant des subventions et secours accordés depuis l'origine de la société par l'État, à titre inaliénable, sur les fonds de la dotation ou autres, pour être, ladite somme, versée au compte de la dotation des sociétés de secours mutuels;

b) Des sommes égales au montant des subventions et secours accordés depuis l'origine de la société par les départements et les communes, à titre inaliénable, pour être, lesdites sommes, réintégrées dans leurs caisses;

c) Des sommes égales au montant des dons et legs

faits à titre inaliénable, pour être employées conformément aux volontés des donateurs et testateurs, s'ils
ont prévu le cas de liquidation, ou, si leur volonté n'a
pas été exprimée, pour être ajoutées au compte de
dotation des sociétés de secours mutuels.

Si, après le paiement des engagements contractés
vis-à-vis des tiers et des sociétaires, il ne reste pas de
fonds suffisants pour le plein des prélèvements prévus
au § 3 ci-dessus, ces prélèvements auront lieu au marc
le franc des versements faits respectivement par l'État,
les départements, les communes, les particuliers.

Le surplus de l'actif social sera, s'il y a lieu, réparti
entre les membres participants appartenant à la société
au jour de la dissolution et non pourvus d'une pension ou indemnité annuelle, au prorata des versements
opérés par chacun d'eux depuis leur entrée dans la
société, sans qu'ils puissent recevoir une somme supérieure à leur contribution personnelle. Le reliquat sera
attribué au fonds de dotation.

TITRE IV

DES SOCIÉTÉS RECONNUES COMME ÉTABLISSEMENTS
D'UTILITÉ PUBLIQUE.

Art. 32. — Les sociétés de secours mutuels et les
unions sont reconnues comme établissements d'utilité
publique par décret rendu dans la forme des règlements d'administration publique.

La demande est adressée au préfet avec les pièces
suivantes : la liste nominative des personnes qui y ont
adhéré et trois exemplaires des projets de statuts et du
règlement intérieur.

Art. 33 — Les sociétés reconnues comme établissements d'utilité publique jouissent des avantages accordés aux sociétés approuvées. Elles peuvent, en outre,
posséder et acquérir, vendre et échanger des immeu-

bles, dans les conditions déterminées par le décret déclarant l'utilité publique.

Elles sont soumises aux obligations de l'article 11 qui précède.

TITRE V

CONSEIL SUPÉRIEUR. — RAPPORTS ANNUELS, TABLES STATISTIQUES.

Art. 34. — Il est institué près le ministère de l'Intérieur un conseil supérieur des sociétés de secours mutuels. Ce conseil est composé de trente-six membres, savoir :

Deux sénateurs élus par leurs collègues ;

Deux députés élus par leurs collègues ;

Deux conseillers d'État élus par leurs collègues ;

Un délégué du ministre de l'Intérieur ;

Un délégué du ministre de l'Agriculture ;

Un délégué du ministre du Commerce ;

Un membre de l'académie des sciences morales et politiques, désigné par l'académie.

Un membre du conseil supérieur du travail nommé par ses collègues ;

Deux membres agrégés de l'Institut des actuaires français, désignés par le ministre de l'Intérieur ;

Le directeur général de la comptabilité au ministère des Finances ;

Le directeur du mouvement général des fonds au même ministère ;

Le directeur général de la Caisse des dépôts et consignations.

Un membre de l'académie de médecine, désigné par l'académie, et un représentant des syndicats médicaux, élu par les délégués de ces syndicats dans les formes qui seront déterminées par un règlement d'administration publique ;

Dix-huit représentants de sociétés de secours mutuels, dont six appartenant aux sociétés libres, élus par les délégués des sociétés dans des formes qui seront déterminées par un règlement d'administration publique.

Chaque représentant des sociétés approuvées sera élu par un collège comprenant un certain nombre de départements.

Cette division sera faite par le règlement d'administration publique à intervenir, de telle sorte que chaque collège comprenne un nombre à peu près égal de mutualistes.

Tous les membres sont nommés pour quatre ans : leurs pouvoirs sont renouvelables ; leurs fonctions sont gratuites.

Le ministre de l'Intérieur est président de droit du conseil supérieur des sociétés de secours mutuels.

Le conseil choisit parmi ses membres ses deux vice-présidents et son secrétaire. Il est convoqué par le ministre compétent au moins une fois tous les six mois et toutes les fois que cela lui paraîtra nécessaire.

Il reçoit communication des états statistiques et des comptes rendus de la situation financière fournis par les sociétés de secours mutuels, ainsi que des inventaires au moins quinquennaux et des autres documents fournis par les sociétés de secours mutuels, en exécution des articles 8, 23 et 20 ci-dessus.

Il donne son avis sur toutes les dispositions réglementaires ou autres qui concernent le fonctionnement des sociétés de secours mutuels et notamment sur le mode de répartition des subventions et secours qui seront attribués sur les mêmes bases et dans les mêmes proportions pour les retraites constituées soit à l'aide du fonds commun, soit à l'aide de livrets individuels.

Art. 35. — Sept membres nommés par le ministre, dont quatre pris parmi ceux qui procèdent de l'élection, constituent une section permanente.

La section permanente a pour fonction de donner son avis sur toutes les questions qui lui sont renvoyées, soit par le conseil supérieur, soit par le ministre.

Le ministre de l'Intérieur soumet chaque année, au président de la République, un rapport, qui est présenté au Sénat et à la Chambre des députés, sur les opérations des sociétés de secours mutuels et sur les travaux du conseil supérieur.

Art. 36. — Dans un délai de deux ans après la promulgation de la présente loi, les ministres de l'Intérieur et du Commerce feront établir des tables de mortalité et de morbidité applicables aux sociétés de secours mutuels.

Art. 37. — Les sociétés de secours mutuels antérieurement autorisées ou approuvées sont tenues, dans le délai de deux ans, de se conformer aux prescriptions de la présente loi. Jusqu'à l'expiration de ce délai, elles continueront à s'administrer conformément à leurs statuts.

Les sociétés approuvées qui ne solliciteront pas dans ce délai, ou n'obtiendront pas l'approbation de leurs statuts, devront placer leurs fonds communs en valeurs nominatives, conformément à l'article 20 ci-dessus, et déposer leurs titres à la Caisse des dépôts et consignations. L'inexécution de ces dispositions entraînera l'application des articles 10 et 30 de la présente loi.

Toutefois, les sociétés qui assurent leurs membres exclusivement contre la maladie sont dispensées de solliciter de nouveau cette approbation.

Le ministre de l'Intérieur, après avis du conseil supérieur, prévu à l'article 34, déterminera dans quelle mesure il pourra être fait exception pour le passé aux prescriptions de l'article 2 en faveur des sociétés de secours mutuels qui, établies en vue de l'assurance contre la maladie, auront accordé certains avantages à ceux de leurs membres entrés dans la société à un âge relativement avancé et n'ayant pu arriver à la liquidation de leur pension en satisfaisant aux conditions normales de stage.

Art. 38. — Les articles 13, 18, 19 et 21 de la présente loi, à l'exception, pour ce dernier, de ce qui concerne le fonds commun, s'appliquent aux sociétés régulièrement constituées, en conformité du titre III de la loi du 29 juin 1894 dont l'article 20 est abrogé.

Art. 39. — Le décret-loi du 27 mars 1858 est ainsi modifié :

« Les personnes auxquelles le gouvernemnt de la République aura accordé des médailles d'honneur en leur qualité de membres d'une société de secours mutuels, libre ou approuvée, pourront porter publiquement ces récompenses. »

Aʀᴛ. 40. — Les syndicats professionnels constitués légalement aux termes de la loi du 21 mars 1884, qui ont prévu dans leurs statuts les secours mutuels entre leurs membres adhérents, bénéficieront des avantages de la présente loi, à la condition de se conformer à ses prescriptions.

Aʀᴛ. 41. — Toutes les dispositions contraires à la présente loi sont abrogées.

III

ITALIE

ART. 1er. — Il est institué une Caisse nationale de prévoyance pour l'invalidité et la vieillesse des ouvriers. Elle représente un corps moral autonome, ayant son siège central à Rome, et des sièges secondaires départementaux, provinciaux ou communaux, suivant les règles fixées par les statuts de la Caisse, qui sera approuvé par décret royal, ouï le Conseil général de la prévoyance et le Conseil d'État.

En tant que corps autonome, la Caisse nationale aura une direction et une administration à elle, indépendantes de l'État. L'État, de son côté, n'aura aucune responsabilité ni aucune obligation en ce qui concerne la Caisse, en dehors du concours pécuniaire auquel il s'engage et de son droit de surveillance, dont parlent les articles qui suivent.

ART. 2. — La dotation de la Caisse est constituée par un fonds de dix millions de lires, formé :

a) Au moyen du versement de cinq millions prélevés sur le montant des billets de banque atteints par la prescription, suivant la loi du 7 avril 1881, n° 133, concernant le cours forcé ;

b) Au moyen du versement de cinq millions prélevés sur le montant des bénéfices nets des caisses d'épargne postales, constatés jusqu'au 31 décembre 1896.

ART. 3. — Les fonds suivants assignés à la Caisse sont également destinés à augmenter graduellement la dotation primitive.

a) La moitié du montant des billets atteints par la prescription, à la suite de l'article 3 de la loi sur les banques d'émission et sur la circulation fiduciaire, d'après le texte unique de cette loi approuvé par le décret royal du 9 octobre 1900, n° 373 ;

b) Le montant des livrets des caisses d'épargne postales, atteints par la prescription suivant l'article 10 de la loi du 27 mai 1870, n° 2779 ; montant, qui, par effet de cette même loi, aurait dû passer au profit de la Caisse des dépôts et prêts ;

c) Le montant des dépôts faits à la Caisse des dépôts et prêts, atteints par la prescription, suivant l'article 14 de la loi du 17 mai 1863 ;

d) Un dixième des excédents laissés par la liquidation des biens de mainmorte, *fonndo per il culto,* assignés à l' État par effet de l'article 35 de la loi du 7 juillet 1866, n° 3036 ;

e) Les legs ou donations faits par des corps moraux ou privés et dont la destination particulière ne serait pas précisée ;

f) Une partie des revenus ordinaires de la Caisse, résultant des dispositions des articles 6 et 7 de la présente loi.

L'administration des biens de mainmorte, versera, en attendant, à la Caisse, à titre de partielle exécution de ce qui est dit au paragraphe *d,* la somme de 2,950.000 lires, payables en cinq années à partir de l'année 1901-1902.

Art. 4. — Les bons du Trésor dont le cours légal cessera le 31 décembre 1901, suivant la loi du 16 février 1899, et qui ne seront pas présentés au change pendant l'année 1902 passeront à la Caisse des dépôts et prêts à titre de dépôt en compte courant à partir du 1er janvier 1903, et, par leur montant, il sera pourvu au remplacement de ces mêmes bons jusqu'à leur prescription légale.

Les intérêts courant sur le montant de ces bons seront affectés au profit de la Caisse nationale de prévoyance pour l'invalidité et la vieillesse des ouvriers.

Art. 5. — Les banques d'émission remettront dans la mesure de leur circulation fiduciaire respective à la date du 1er janvier 1901, à la Caisse des dépôts et prêts, la somme de *huit* millions de lires, montant des billets qui, à cette époque, auront cessé d'avoir cours légal ; cela dans les quinze jours qui suivront la promulgation de la présente loi.

La Caisse des dépôts et prêts achètera de son côté pour huit millions de rente italienne 5 0/0 dont la moitié sera remise par elle à la Caisse nationale de prévoyance et l'autre moitié vendue aux banques d'émission susindiquées. Le montant capital des titres restera, cependant, à la disposition des possesseurs inconnus des billets jusqu'au moment où ils seront atteints par la prescription. Lorsque la prescription légale aura son effet, la moitié du montant des billets prescrits passera définitivement au profit de la Caisse nationale de prévoyance, qui pourra ainsi revendre les titres de rente correspondant à ce même montant et en accumuler le produit.

Art. 6. — Les revenus annuels de la Caisse sont les suivants :

a) Le tiers des bénéfices nets annuels des caisses d'épargne postales, dont parle l'article 15 de la loi du 27 mai 1875, n° 2779, réalisés pendant les années 1897 et 1898 ; cinq dixièmes de ces mêmes bénéfices réalisés dans l'année 1899 et les suivantes. Cela dans le cas où les dépôts ne dépasseraient pas la somme de 500 millions, car, sur les dépôts excédant cette somme, il sera compté sept dixièmes des bénéfices au profit de la Caisse nationale de prévoyance ;

b) Un quart des bénéfices nets annuels provenant de l'administration des dépôts judiciaires, dont parle l'article 8 de la loi du 29 juin 1882, n° 835, réalisés pendant les années 1897 et 1898. A partir de 1899, la moitié de ces bénéfices passera au profit de la Caisse ;

c) Le montant des héritages vacants qui devait passer à l'Etat, suivant les articles 742 et 718 du Code civil ;

d) Les intérêts annuels du fonds de dotation de la Caisse indiqué aux articles 2 et 3 de la présente loi ;

e) Toutes les autres assignations éventuellement faites au profit de la Caisse.

Art. 7. — Le Conseil d'administration de la Caisse devra destiner pendant les premières dix années, une partie des revenus annuels dont parle l'article 6 à augmenter le fonds de dotation ; cela jusqu'au moment où le fonds de dotation aura atteint le montant de dix millions de lires.

Art. 8. — Tous les citoyens italiens des deux sexes, occupés à des travaux manuels ou payés à la tâche ou à la journée, peuvent s'inscrire à la Caisse.

Les femmes mariées peuvent s'inscrire indépendamment du consentement du mari, et les mineurs, sans l'intervention des parents ou des tuteurs.

Les travailleurs inscrits doivent verser à la Caisse des cotisations annuelles jusqu'au maximum de cent lires et par des versements non inférieurs à cinquante centimes. La cotisation individuelle doit atteindre un minimum de 6 lires par an et c'est à cette seule condition que l'associé peut bénéficier du concours de la Caisse dans la formation de son fonds individuel de pension.

Le concours de la Caisse sera assuré même aux associés qui ont cessé de verser leurs cotisations; cela en raison d'autant d'années que de parties de 6 lires.

L'associé doit déclarer, au moment de l'inscription, s'il entend s'inscrire dans le cadre de la mutualité ou dans le cadre des cotisations réservées en cas de décès, comme il est dit aux articles 12 et 14.

Art. 9. — Les revenus disponibles de la Caisse nationale seront affectés au profit des fonds individuels des pensions. Le concours de la Caisse sera égal pour tous les associés: cependant ce concours ne pourra en tout cas dépasser 12 lires pendant les premières cinq années du fonctionnement de la Caisse.

L'excédent éventuel sera affecté pour quatre dixièmes au fonds d'invalidité dont parle l'article 13, pour un dixième à la réserve extraordinaire dont parle l'article 20, et pour les autres cinq dixièmes aux parts de concours de l'année suivante.

Art. 10. — Les ouvriers jouissant déjà d'une pension de vieillesse ou d'invalidité n'ayant pas pour origine un accident du travail, de la part de l'État, des communes, des provinces ou d'autres administrations publiques ou privées, ne pourront pas bénéficier des parts de concours reportées des années précédentes dont il est question au paragraphe 3 de l'article 8.

Art. 11. — Les fonds de pension des associés seront

constitués sur le système des comptes individuels, d'après les dispositions de la présente loi et du règlement de la Caisse.

La Caisse ouvrira un compte unique pour chacun des associés où seront enregistrés :

1° Dans le cadre de la mutualité ;

a) Les cotisations versées au nom de l'associé par lui-même ou par ses donateurs ;

b) Les sommes résultant du partage des cotisations abandonnées par les associés décédés ;

c) Les sommes représentant le concours de la Caisse ;

d) Les sommes résultant du partage des parts de concours de la Caisse, abandonnées par les associés décédés ;

e) Toutes les sommes autrement parvenues à la Caisse par donation ou legs et destinées à la catégorie d'associés à laquelle appartient l'associé dont il est question ;

f) Les intérêts composés accumulés sur les sommes dont il est question aux paragraphes a, b, c, d, e.

2° Dans le cadre des cotisations réservées, la Caisse enregistrera également à l'associé des comptes personnels les cotisations versées par l'associé, plus les parts de concours de la Caisse ou les sommes dont il est question aux paragraphes d, e, f, du titre précédent.

Dans les deux cas, la Caisse remettra à l'associé un livret d'inscription portant l'indication des sommes qui lui sont dues.

ART. 12. — La clôture et la liquidation des comptes individuels des associés hommes, a lieu après 25 ans au moins du jour du premier versement : cela à la condition que l'associé ait atteint l'âge de 60 ans. L'associé a le droit de proroger cette liquidation jusqu'à l'âge de 65 ans.

Les associés femmes peuvent demander qu'on procède à cette liquidation à l'âge de 51 ans, toujours à la condition que 21 ans au moins se soient écoulés depuis la date du premier versement. L'âge maximum pour la liquidation des comptes des associés femmes est de 60 ans.

Dans le cas d'invalidité dûment constatée, la liquidation est faite sans avoir égard à l'âge de l'associé, mais à la condition que l'associé soit inscrit à la Caisse depuis au moins cinq ans.

A titre transitoire, et jusqu'au 31 décembre 1903, la Caisse acceptera l'inscription à termes abrégés pour les travailleurs dont l'âge dépasse la limite nécessaire pour accomplir 25 ans d'inscription. Le terme minimum sera fixé néanmoins à 10 ans et l'associé pourra bénéficier à la fin des 10 ans des sommes inscrites sur son compte personnel à la condition qu'il verse les arriérés des 15 précédentes années, plus les intérêts composés.

La Caisse nationale pourra affecter des parts spéciales de concours aux travailleurs qui veulent s'inscrire à la condition des termes abrégés.

La liquidation des comptes personnels sera effectuée en transformant en rente viagère le capital inscrit à l'avoir des mêmes comptes.

Le règlement de la Caisse établira des cas dans lesquels on pourra verser intégralement à l'associé une partie de ce capital.

Art. 13. — Pour subvenir au fonds d'invalidité, la Caisse destine spécialement à ce même fonds :

a) Les sommes payées par tous ceux qui, d'après la loi, sont tenus d'entretenir les invalides ;

b) Les parts résultant du partage annuel dont il est question aux articles 9 et 15 ;

c) Les sommes provenant de donations affectées aux invalides ;

d) Les intérêts annuels du même fonds.

Art. 14. — Les sommes inscrites à l'avoir des associés appartenant au cadre des cotisations réservées seront versées, en cas de décès, mais sauf les intérêts accumulés, aux héritiers du défunt et exclusivement à la femme ou au mari, à ses enfants mineurs, à ses filles non mariées ou à ses parents. Les ayants droit devront faire une demande dans l'espace de trois ans sous peine de déchéance.

Le partage des sommes susdites aura lieu par trois cinquièmes au profit des enfants mineurs et des filles non mariées et deux cinquièmes au mari ou à la femme. Si l'associé n'a pas d'enfant, mais encore ses parents, la part du mari ou de la femme sera de trois cinquièmes.

Les parts non réclamées seront au profit des autres ayants droit.

Le règlement de la Caisse donnera la forme suivant laquelle le décès doit être notifié à la Caisse.

ART. 15. — Les sommes dont parlent les paragraphes *c* et *d* de l'article 11, que le décès de l'associé a rendues disponibles, plus les intérêts accumulés sur ces sommes seront affectés pour un cinquième au fonds spécial d'invalidité, dont parle l'article 13, pour un cinquième à la réserve extraordinaire dont parle l'article 20, les autres trois cinquièmes seront partagés entre les associés appartenant au cadre de la mutualité et ayant versé dans l'année du décès une cotisation non inférieure à 6 lires.

Le règlement de la Caisse établira les modes de répartition d'après l'âge des associés.

ART. 16. — Les sommes abandonnées par les associés défunts inscrits au cadre de la mutualité, dont parlent les paragraphes *a* et *b* de l'article 11, avec les intérêts accumulés, passeront au profit des associés inscrits dans le même cadre. Elles seront créditées en parties égales aux comptes individuels de ces mêmes associés survivants.

Les intérêts accumulés sur les sommes créditées aux comptes individuels des associés inscrits dans le cadre des cotisations réservées, dont parlent les paragraphes *a* et *c* de l'article 11, et dans le cas où il n'y aurait pas d'héritage, les sommes elles-mêmes, passeront au profit des associés appartenant au même cadre et seront partagées entre leurs comptes individuels en parties égales.

Les opérations concernant ces virements de comptes seront effectuées une fois tous les ans, suivant les règles établies à l'article 15.

ART. 17. — L'associé qui aurait cessé de posséder les qualités requises par l'article 8, pourra tout de même continuer ses versements, mais il ne pourra plus bénéficier des parts de concours de la Caisse, jusqu'au mome où éventuellement il pourrait se retrouver dans l même situation. La liquidation de la rente viagère qui lui appartient sera effectuée dans ce cas, suivant les règles établies par l'article 12.

L'associé qui, ayant cessé de posséder les qualités requises par l'article 8, se retrouverait ensuite en possession de ces mêmes qualités, sera autorisé à verser les arriérés relatifs aux années d'interruption.

Art. 18. — Les indemnités dues aux ouvriers frappés d'invalidité pour cause d'accident du travail, et les indemnités allouées par des corps moraux ou des entreprises privées à des travailleurs invalides, devront être versées à la Caisse.

Art. 19. — Les sociétés ouvrières de secours mutuels et toutes les associations similaires pourront centraliser leurs opérations dans la Caisse. Les nouveaux associés dépendant de cette centralisation bénéficieront des parts de concours de la Caisse prévues par l'article 9 et, dans le cas où leur âge dépasserait 50 ans, la Caisse pourra même leur affecter des parts de concours spéciales. Cela toujours dans le cas où ils possèdent les qualités requises à l'article 8.

La Caisse nationale pourra également assumer la direction et l'administration des institutions qui auraient été fondées par des corps moraux ou des entreprises privées pour pourvoir à l'invalidité ou à la vieillesse des ouvriers.

Les conditions auxquelles la Caisse acceptera cette administration devront être approuvées par le Conseil d'administration de la Caisse et sanctionnées par l'Etat, ouï le Conseil d'Etat.

Art. 20. — Les capitaux représentant les rentes viagères liquidées par la Caisse, constituent un fonds à part, dénommé *fonds spécial des rentes viagères*.

Le règlement dont parle l'article 11 fixera le délai dans les limites duquel devront être dressés les bilans techniques de ce même fonds. Ce délai ne pourra pas dépasser cinq ans.

La Caisse instituera une réserve extraordinaire à titre de garantie du fonds des rentes viagères.

Cette réserve sera constituée par les sommes versées d'après les dispositions des articles 9 et 15, par les autres sommes affectées d'après le règlement, par les excédents réalisés par ce même fonds et les intérêts accumulés.

Cette réserve servira à combler les déficits éventuels constatés dans ce fonds en fonction des prévisions effectuées.

Le règlement fixera la limite que ce fonds devra atteindre et prévoira aussi les mesures à prendre par la Caisse et dans le cas où la réserve constituée ne serait pas suffisante.

Art. 21. — Les capitaux appartenant à la Caisse devront être employés, d'après les règles établies par le règlement :

a) En titres émis ou garantis par l'État ;

b) En obligations de chemins de fer, émises en rapport avec les annuités dues par l'État ;

c) Par l'entremise de la Caisse des dépôts et prêts suivant les règles établies à l'article 12 de la loi du 14 juillet 1893, n° 335 ;

d) En dépôts à intérêts près la Caisse des dépôts et prêts.

Les biens meubles ou immeubles de nature différente, qui parviendraient à la Caisse, devront être convertis dans des fonds de la nature exacte déterminée ci-dessus, cela dans cinq ans au plus.

Le délai de cinq ans pourra, si nécessaire, être prolongé par décret royal.

La Caisse nationale ne pourra pas acheter des biens immeubles, même pour sa propre résidence.

Art. 22. — Le taux de l'intérêt sera crédité à la fin de chaque année aux comptes individuels établis d'après les intérêts produits par les fonds de la Caisse.

Les intérêts crédités aux comptes individuels des associés et produits par les sommes dont parlent les articles 9, 15 et 16, seront exempts de l'impôt sur la richesse mobilière.

Art. 23. — Les annuités viagères payées par la Caisse ne pourront pas être saisies ou cédées, au moins jusqu'à 100 francs ; en tout cas les saisies ou les cessions ne pourront concerner que les excédents de cette somme.

Elles pourront être perçues par procuration seulement en cas de maladie dûment constatée ou d'empêchement personnel notifié par le maire de la commune où demeure l'associé.

En cas de perte des livrets, la poste pourra en émettre des doubles suivant les règles établies pour les livrets des caisses d'épargne postales.

Art. 24. — Les rentes viagères liquidées par la Caisse nationale et les sommes dues aux livrets des associés, seront exemptées de l'impôt sur les valeurs mobilières et sur les successions.

Art. 25. — Les opérations de la Caisse nationale devront être effectuées gratuitement pour les associés et la Caisse elle-même par les bureaux de poste et par les caisses d'épargne postales.

La correspondance de la Caisse et avec la Caisse bénéficie de la franchise postale.

Art. 26. — La Caisse nationale bénéficie des mêmes exemptions fiscales dont jouissent les caisses d'épargne postales ou ordinaires. Les opérations concernant les transformations en rentes viagères de capitaux, accomplies par la Caisse, ne seront pas soumises aux impôts sur les assurances ou sur les contrats de rente viagère.

Seront également exempts de tout impôt les transformations en titres de la dette publique des capitaux de la Caisse, les registres, les actes de notoriété et tous les documents requis par les opérations imposées par la présente loi.

Toutes les donations faites à la Caisse seront aussi exemptes de tout impôt, les intérêts produits par les fonds appartenant à la Caisse, exceptés ceux des fonds d'Etat, seront exempts de l'impôt sur la richesse mobilière.

Art. 27. — L'administration autonome de la Caisse est composée d'un conseil, dont les membres sont nommés par décret royal. Les représentants de caisse d'épargne ou de corps moraux prêtant leur concours à la Caisse et ceux des sociétés ayant inscrit leurs membres à la Caisse pourront également être appelés à faire partie du conseil d'administration. Les ouvriers inscrits auront leurs représentants dans le conseil dans la mesure du quart du nombre des conseillers.

Les trois ministères de l'Agriculture, du Trésor et des Postes et Télégraphes auront de droit chacun un représentant dans le conseil.

Art. 28. — Le conseil d'administration devra :

a) Faire le statut organique de la Caisse ;

b) Établir les règles d'après lesquelles devront être institués les sièges secondaires de la Caisse, leurs attributions, leurs facultés, l'administration des sommes qui leur seront confiées, les règlements qui concernent leurs rapports avec l'administration centrale ;

c) Dresser le règlement technique de la Caisse et les tarifs des rentes viagères.

Le statut et le règlement technique de la Caisse nationale, les règlements des sièges secondaires, les tarifs des tables de statistique et la taxe de l'intérêt d'après lequel sont dressés les tarifs devront être approuvés par décret royal, ouï le Conseil de prévoyance et le Conseil d'État, le décret sera rendu sur la proposition du ministre de l'Agriculture, d'accord avec les ministres du Trésor et des Postes et Télégraphes.

Toutes les modifications qui y seront apportées devront également être approuvées par décret royal.

ART. 29. — La Caisse nationale pourra être autorisée par décret royal à accomplir des opérations d'assurance.

Les bénéfices donnés par ces opérations seront affectés à la Caisse en augmentation de ses revenus, suivant l'article 6.

ART. 30. — La Caisse nationale est soumise à la surveillance du ministère de l'Agriculture, de l'Industrie et du Commerce, et devra lui remettre ses bilans et les bilans des sièges secondaires.

Les bilans techniques devront être soumis aussi au ministère du Trésor.

ART. 31. — La garde des valeurs appartenant à la Caisse est confiée à la Caisse des dépôts et prêts qui l'effectue gratuitement.

Sur les bénéfices des caisses d'épargne postales et des dépôts affectés à la Caisse nationale, et jusqu'au moment où les sommes en résultant seront converties dans les fonds déterminés par la présente loi, la Caisse des dépôts et prêts payera l'intérêt courant, à partir du 1er janvier de l'année suivant celle à laquelle les bénéfices sus-indiqués ont été affectés à la Caisse nationale.

ART. 31. — Le titre de *Caisse nationale* appartient exclusivement à la Caisse instituée par la présente loi.

BELGIQUE

LOI CONCERNANT LES PENSIONS DE VIEILLESSE.

(10 mai 1900).

ART. 1. — Des primes annuelles d'encouragement en vue de la constitution de pensions de vieillesse sont accordées par l'État dans les conditions déterminées par la présente loi :

1° Aux personnes assurées à la Caisse générale de retraite sous la garantie de l'État par l'intermédiaire d'une société mutualiste reconnue par le gouvernement, à condition que le montant des versements effectués par elles ne dépasse pas 60 francs pour l'année entière ;

2' A toutes autres personnes assurées directement à la Caisse, qui ne sont pas exclues du bénéfice de la loi en vertu de l'article suivant.

ART. 2. — Parmi les personnes assurées directement à la Caisse, sont exclues celles qui payent en impôts directs, patentes comprises, au profit de l'État, une somme d'au moins :

50 francs dans les communes d'une population inférieure à 10.000 habitants ;

60 francs dans les communes de 10.000 à 25.000 habitants ;

70 francs dans les communes de 25,000 à 50,000 habitants ;

80 francs dans les communes de 50.000 habitants et plus.

L'exclusion d'une personne entraîne celle de son conjoint et de ses enfants habitant avec elle.

Les agents de l'État qui ont droit à une pension de retraite en vertu des lois et règlements qui les régissent ne peuvent prétendre aux primes d'encouragement, même s'ils se trouvent dans les conditions prévues à l'article précédent.

ART. 3. — Pour être admis au bénéfice des primes d'encouragement, il faut:

1° Être Belge et avoir une résidence en Belgique.

Sont admis toutefois au bénéfice des primes les étrangers ayant depuis dix ans leur résidence en Belgique et appartenant à une nation qui accorde des avantages analogues aux Belges;

2° Être âgé de 16 ans accomplis, à moins que l'affiliation n'ait lieu par l'intermédiaire de sociétés mutualistes reconnues;

3° Être titulaire d'un livret de la Caisse générale de retraite;

4° Avoir fait des versements sur ce livret pendant l'année qui précède l'exercice budgétaire.

Sont assimilés aux versements personnels, les versements opérés au profit du titulaire par la société mutualiste reconnue dont il est membre ou par une tierce personne. Toutefois, les versements effectués au moyen de subsides des pouvoirs publics ne sont pas pris en considération pour l'allocation des primes de l'État.

ART. 4. — Les versements servant de base à l'attribution des primes peuvent être effectués indifféremment à capital abandonné ou à capital réservé.

Les primes de l'État sont toujours versées à la Caisse à capital abandonné.

L'entrée en jouissance des rentes acquises ne peut être fixée qu'à partir de chaque année d'âge accomplie, depuis 55 jusqu'à 65 ans.

ART. 5. — Le montant de la prime annuelle est fixé à 60 centimes par franc et par livret, à concurrence de 15 francs versés.

Chaque titulaire ne peut avoir qu'un seul livret.

ART. 6 — L'assuré est admis au bénéfice des primes jusqu'à ce que l'ensemble des sommes inscrites sur son livret suffise pour constituer une rente annuelle et viagère de 360 francs.

Pour établir ce maximum, les versements à capital réservé sont censés avoir été faits à capital abandonné et l'entrée en jouissance des rentes est réputée avoir été fixée uniformément à 65 ans.

Toutefois, les rentes acquises au moyen des sommes versées avant le 1er janvier 1900 sont prises en considération à leur montant réel, quels que soient le mode de versement et l'âge d'entrée en jouissance.

ART. 8. — Un arrêté royal pourra décréter, complémentairement aux dispositions de l'article 52 de la loi du 16 mars 1865, que la Caisse de retraite aura la faculté de rembourser à l'assuré, après l'entrée en jouissance de sa rente, la valeur de rachat du capital réservé.

L'arrêté royal pourra en outre décréter par application de l'article 52 de la loi du 16 mars 1865, que la valeur actuelle du capital réservé pourra, avant l'entrée en jouissance de la rente différée, acquise par ce capital, servir à l'acquisition d'une rente temporaire jusqu'à l'entrée en jouissance de la rente différée.

Dispositions transitoires.

ART. 8. — Par dérogation à l'article 5, les intéressés qui avaient atteint l'âge de 40 ans au 1er janvier 1900 jouiront de la prime à concurrence de 24 francs versés annuellement.

ART. 9. — Une allocation annuelle de 65 francs sera accordée à tout ouvrier ou ancien ouvrier belge, ayant une résidence en Belgique, âgé de 65 ans au 1er janvier 1901 et se trouvant dans le besoin.

Sont admis, dans les mêmes conditions, à jouir de cette allocation, au fur et à mesure qu'ils atteindront l'âge de 65 ans, les travailleurs âgés d'au moins 55 ans à la date du 1er janvier 1901; toutefois, les intéressés qui auront à cette dernière date moins de 58 ans accomplis seront exclus du bénéfice de l'allocation si, pendant une période de trois ans au moins, ils n'ont effectué, à la Caisse générale de retraite, des versements s'élevant au moins à 3 francs par an et formant un total de 18 francs.

ART. 10. — Les allocations prévues à l'article précédent seront accordées et distribuées moyennant les conditions et conformément aux règles à établir par arrêté royal.

Constitution d'un fonds spécial.

Art. 11. — En vue de liquider les dépenses résultant de la présente loi, il est institué un fonds spécial des dotations allouées par l'État pour la constitution de pensions de vieillesse.

Ce fonds est rattaché à la Caisse des dépôts et consignations.

Il est alimenté :

1º Par une allocation annuelle de 12 millions de francs, inscrite au budget ordinaire de l'État et, pour la première fois, au budget de l'exercice 1901 ;

2º En cas d'insuffisance, et à charge de remboursement, par des ressources exceptionnelles qui seront éventuellement sollicitées de la législature.

Encouragement aux sociétés mutualistes reconnues.

Art. 12. — Le gouvernement allouera à toute société mutualiste reconnue ayant pour objet l'affiliation de ses membres à la Caisse générale de retraite une subvention annuelle de 2 francs, pour chaque livret sur lequel il aura été versé, pendant l'année écoulée, une somme de 3 francs au moins, non compris les subsides des pouvoirs publics, et à la condition que la gestion et les écritures de la société aient été trouvées régulières.

Le crédit nécessaire sera rattaché au budget du ministère de l'industrie et du travail.

Entrée en vigueur et exécution de la loi.

Art. 13. — La présente loi sera applicable aux versements effectués à la Caisse générale de retraite à partir du 1er janvier 1900.

Les allocations prévues à l'article 9 seront accordées pour la première fois aux intéressés qui se trouveront au 1er janvier 1901 dans les conditions déterminées par la loi et les arrêtés d'exécution.

Art. 14. — Les mesures d'exécution de la présente loi seront réglées par arrêté royal.

V

ALLEMAGNE

LOI DU 13 JUILLET 1899 SUR L'ASSURANCE
DES INVALIDES.

On trouvera le texte très long de cette loi dans l'Annuaire de la législation du travail publié par l'*Office du Travail de Belgique*, 1900. et dans le livre de M. de Saint-Aubert, *l'Assurance contre l'invalidité et la vieillesse en Allemagne*. Paris, Larose, 1901.

PROJET DE LOI

SOUMIS A LA CHAMBRE DES DÉPUTÉS
LE 25 JUIN 1901.

TITRE Ier

DE LA RETRAITE DE VIEILLESSE

ART. 1er. — Tout ouvrier ou employé de l'industrie, du commerce et de l'agriculture, tout sociétaire ou auxiliaire employé par une association ouvrière de production a droit, s'il est de nationalité française et dans des conditions déterminées par la présente loi, à une retraite de vieillesse à soixante-cinq ans et, le cas échéant, à une retraite d'invalidité, payable trimes·triellement.

Ces retraites sont assurées par la Caisse nationale des retraites ouvrières, les sociétés de secours mutuels et les caisses patronales ou syndicales, dans les conditions déterminées par les titres I à V de la présente loi.

ART. 2. — Tout travailleur visé à l'article 1er, et âgé de moins de soixante-cinq ans, doit subir sur son salaire, avant payement, une retenue comme suit :

5 centimes par journée de travail, s'il n'a pas dix-huit ans ou si son salaire est inférieur à 2 francs par jour;

10 centimes par journée de travail si, ayant au moins dix-huit ans, il gagne un salaire égal ou supérieur à 2 francs par jour, et inférieur à 5 francs ;

15 centimes par journée de travail, s'il gagne un salaire égal ou supérieur à 5 francs par jour;

La présente loi ne s'applique pas aux employés recevant un traitement supérieur à 4,000 francs.

ART. 3. — Tout employeur, toute association ouvrière

de production doit, sous sa responsabilité, effectuer chaque mois, sur les sommes dues aux travailleurs visés à l'article 1er, les retenues fixées par l'article précédent, et y joindre une contribution personnelle d'égale quotité.

Pour les travailleurs étrangers, l'employeur n'opère pas de retenue. Il verse directement pour chaque journée de travail uniformément 25 centimes, sans distinction d'âge ni de salaire.

Art. 4. — Il est institué, sous la garantie de l'État, une Caisse nationale des retraites ouvrières, dont la gestion administrative est placée sous l'autorité du ministre du Commerce et dont la gestion financière est confiée à la Caisse des dépôts et consignations.

Art. 5. — Il est formé, auprès du ministre du Commerce, une commission supérieure qui se réunit au moins une fois par an, pour donner son avis sur les questions concernant la gestion administrative de la Caisse nationale des retraites ouvrières.

Cette commission est composée de :

Deux sénateurs et deux députés nommés, sur la proposition des ministres du Commerce et des Finances, par un décret qui désigne le président de la commission ;

Un membre du conseil supérieur des sociétés de secours mutuels, désigné par le ministre de l'Intérieur parmi les présidents des sociétés de secours mutuels;

Deux personnes connues par leurs travaux sur les institutions de prévoyance et désignées par le ministre du Commerce ;

Une personne désignée dans les mêmes conditions par le ministre des Finances ;

Le directeur général de la Caisse des dépôts et consignations;

Le directeur de l'assurance et de la prévoyance sociales, au ministère du Commerce ;

Le directeur du mouvement général des fonds au ministère des Finances ;

Le chef du service de l'inspection générale des Finances;

Les membres autres que les membres de droit sont nommés pour trois ans.

Art. 6. — Un compte individuel est ouvert dans les écritures de la Caisse nationale des retraites ouvrières à chaque travailleur; il est crédité du montant de ses versements et de ceux de l'employeur.

Ces versements sont faits, au gré de l'ouvrier, soit à capital aliéné, soit à capital réservé.

Art. 7. — Les versements des employeurs correspondant aux travailleurs étrangers sont portés par la Caisse des dépôts et consignations à un compte spécial, sur lequel seront imputés tout d'abord les frais de gestion administrative de la Caisse nationale des retraites ouvrières, et les frais de gestion financière de la Caisse des dépôts et consignations. Le surplus, en fin d'exercice, vient en déduction de la charge que l'État a eu à supporter pour les pensions de vieillesse et d'invalidité servies pendant l'année, et, en cas d'excédent, il est reporté.

Toutefois ce surplus est tout d'abord appliqué à l'exécution des dispositions de l'article 41.

Les sommes figurant à ce compte spécial sont productives d'un intérêt égal à celui que le Trésor sert à la Caisse des dépôts et consignations pour ses fonds propres.

Art. 8. — Les versements et les payements effectués pour le compte de la Caisse nationale des retraites ouvrières sont opérés à la Caisse des dépôts et consignations ou à la Caisse de ses préposés.

Art. 9. — La Caisse des dépôts et consignations est autorisée à employer le montant des versements, ainsi que les revenus du portefeuille excédant les fonds nécessaires au service des payements :

1° En valeurs de l'État ou jouissant d'une garantie de l'État ;

2° En prêts aux départements, communes, colonies, pays de protectorat, établissements publics, chambres de commerce, en valeurs internationales et en obligations foncières ou communales du Crédit foncier.

Les achats et les ventes de valeurs sont effectués avec publicité et concurrence, sur la désignation de la commission de surveillance instituée par les lois des 28 avril 1816 et 6 avril 1876, et avec l'approbation du ministre des Finances. Les achats et ventes de valeurs, autres que les rentes, pourront être opérés sans publicité ni concurrence.

Les sommes non employées seront versées en compte courant au Trésor, au taux de 3 pour 100, dans les limites d'un maximum annuellement fixé par la loi de finances.

Art. 10. — Lorsque les disponibilités de la Caisse nationale des retraites ouvrières le permettent, il est procédé au remboursement d'une série de rentes perpétuelles en circulation ayant dépassé le pair et cette série est annulée au grand livre de la dette publique. La Caisse nationale des retraites ouvrières reçoit en payement des obligations à long terme au taux nominal des rentes de même nature restant en circulation.

Au cas où l'ensemble des sommes placées ou déposées pour le compte de la Caisse des retraites ouvrières produirait un revenu inférieur à 3 p. 100, la différence lui serait bonifiée par l'État.

Art. 11. — Le tarif des retraites sera calculé au taux de 3 p. 100 d'après la table de mortalité de la Caisse nationale des retraites pour la vieillesse.

Une nouvelle table pourra être adoptée ultérieurement par un décret rendu sur le rapport du ministre du Commerce et du ministre des Finances, après avis de la commission supérieure de la Caisse nationale des retraites ouvrières.

Le tarif ne comprendra que des âges entiers; les versements des intéressés seront considérés comme effectués par eux à l'âge qu'ils auront accompli au cours de l'année dans laquelle les versements auront eu lieu.

Art. 12. — Dans les trois premiers jours de chaque mois, l'employeur doit adresser à la Caisse nationale des retraites ouvrières ou à son délégué, et dans les formes réglées par décret rendu sur la proposition du ministre du Commerce et du ministre des Finances, un bordereau nominatif indiquant les salaires payés pendant le mois écoulé, les retenues effectuées et les contributions patronales dues.

Ce bordereau est vérifié par la Caisse nationale des retraites ouvrières qui le renvoie, sous pli recommandé, dans les vingt jours de la réception à l'employeur, soit approuvé, soit rectifié, sans préjudice des vérifications ultérieures.

L'employeur, s'il n'accepte pas la rectification, doit, dans les trois jours de la réception, saisir le juge de paix qui statue dans un délai de huitaine, en dernier ressort.

Dans les trois jours qui suivent soit la réception du bordereau, soit la notification de la décision du juge de paix, l'employeur doit verser ou adresser par mandat-carte spécial, le montant de la somme due, à peine, pour chaque jour de retard, de dommages-intérêts fixés à 25 centimes de la somme due, et ce, au profit de la Caisse nationale des retraites ouvrières.

Art. 13. — Dans le courant de chaque année, la Caisse nationale des retraites ouvrières indique à tout bénéficiaire qui le réclame, en acquittant un droit préalable de 10 centimes, le total des sommes versées à son compte pendant l'année précédente et le montant de la retraite éventuelle acquise au 31 décembre.

Art. 14. — Tout travailleur peut réclamer la liquidation de sa retraite à partir de l'âge de quarante-cinq ans. Cette liquidation s'opérera sur le montant des versements effectués tant par le travailleur que par le patron.

TITRE II

DE LA RETRAITE ANTICIPÉE D'INVALIDITÉ.

Art. 15. — Lorsque les travailleurs visés à l'article 1er sont atteints d'invalidité prématurée avant l'âge de soixante-cinq ans et en dehors des cas régis par la loi du 9 avril 1898, ils ont droit à tout âge, si les versements à leur compte représentent au moins deux mille journées de travail, à la liquidation anticipée de leur retraite, à raison des versements effectués.

Cette retraite est majorée dans les conditions indiquées à l'article 26 ci-après.

Art. 16. — N'est réputé invalide, dans le sens de l'article précédent, que le travailleur qui, pour toute autre cause que la vieillesse, n'est plus en état de gagner un tiers de ce que des personnes appartenant à son ancienne profession gagnent d'ordinaire par leur travail dans la même région.

Art. 17. — Cet état d'invalidité est établi sur la demande de l'intéressé accompagnée d'un certificat du maire et d'un avis du conseil municipal, par décision d'un comité siégeant au moins une fois par trimestre au chef-lieu du département.

Ce comité se compose du préfet, président, du trésorier général, du directeur de l'enregistrement, du directeur des contributions directes, de deux délégués du ministre du Commerce, de deux conseillers généraux élus tous les trois ans par le conseil, d'un médecin assermenté, d'un représentant des employeurs, d'un représentant des employés et de deux membres des sociétés de secours mutuels désignés dans les conditions déterminées par le ministre du Commerce.

Art. 18. — Les décisions du comité, en application de l'article précédent, sont prises en dernier ressort.

Elles peuvent être attaquées dans le délai de trois mois, par les intéressés, par la Caisse nationale des retraites ouvrières ou par le préfet, pour violation de la loi, devant le conseil d'État.

Le pourvoi est suspensif. Il est jugé comme affaire urgente, sans frais, avec dispense du timbre et du ministère d'avocat.

Art. 19. — Dans le mois qui suit la décision définitive, la Caisse nationale des retraites ouvrières procède à la liquidation anticipée de la retraite.

Si la retraite ainsi liquidée n'atteint pas 200 francs, et si l'intéressé justifie qu'il ne jouit pas, y compris ladite retraite, d'un revenu personnel, indépendant de tout salaire en argent ou en nature, égal à 200 francs, cette retraite est majorée jusqu'à concurrence dudit revenu, par les soins de la Caisse nationale des retraites ouvrières, sans que pourtant la majoration puisse dépasser 100 francs.

Si l'invalide vient à jouir d'un revenu nouveau indépendamment de tout salaire en argent ou en nature, la majoration n'est maintenue que dans la mesure nécessaire pour parfaire un revenu total de 200 francs.

Art. 20. — L'État, le département et la commune concourent aux charges résultant de ces majorations : l'État à raison de 75 p. 100, le département à raison de 15 p. 100 et la commune à raison de 10 p. 100. Ces dépenses sont obligatoires.

La commune et le département, appelés à concourir aux charges, seront déterminés dans les conditions fixées par un règlement d'administration publique rendu sur la proposition des ministres du Commerce, de l'Intérieur et des Finances, conformément aux principes généraux de la loi du 15 juillet 1893, titre 2.

Art. 21. — Si l'invalidité définie de l'article 16 vient à cesser, cette cessation peut être constatée, à la requête soit de la Caisse nationale des retraites ouvrières, soit du maire, dans les formes prévues à l'article 17 pour la déclaration d'invalidité.

Les pourvois prévus à l'article 18 sont applicables aux cas visés par le présent article.

A compter de la décision définitive, l'intéressé ne reçoit plus que le montant de sa retraite liquidée par anticipation, à l'exclusion de toute majoration. Peut obtenir une seconde retraite, l'ancien invalide qui a repris son travail et effectué, de ce chef, de nouveaux versements.

TITRE III

DES RETRAITES SERVIES PAR LES SOCIÉTÉS DE SECOURS MUTUELS ET LES CAISSES PATRONALES OU SYNDICALES

§ 1er. — *Sociétés de secours mutuels.*

Art. 22. — Toute société de secours mutuels, préalablement agréée à cet effet par décret rendu sur la proposition du ministre du Commerce, après avis du ministre de l'Intérieur, est admise à recevoir, pour les travailleurs qui lui sont affiliés, les versements auxquels les employeurs sont assujettis en conformité du premier alinéa de l'article 3.

Lorsqu'il existe des sociétés de secours mutuels ainsi agréées dans le canton où sont payables les salaires, l'employeur est tenu de faire à ces sociétés les versements susmentionnés pour tous ceux de ses ouvriers et employés français qui s'y sont affiliés en vue de la retraite, dès que chaque intéressé en fait la demande, en désignant la société à laquelle il est affilié.

Art. 23. — Au moyen de ces versements, la société assure aux travailleurs intéressés, dans les conditions et limites de la loi du 1er avril 1898 et à l'âge prévu par la présente loi, des retraites de vieillesse garanties, au moins égales à celles que produiraient lesdits versements à la Caisse nationale des retraites ouvrières, à charge de transférer à ladite Caisse la réserve mathématique de la retraite à 3 p. 100 dès que sa constitution ne pourra plus être poursuivie par ses soins.

En cas d'invalidité constatée dans les termes du titre II de la présente loi, la société opère la liquidation anticipée de la retraite de vieillesse acquise et en transfère la réserve mathématique à la Caisse nationale des retraites ouvrières, qui reste chargée, le cas échéant, des majorations prévues à l'article 19.

Sont applicables aux retraites constituées en vertu du présent titre les dispositions de l'article 42 ci-après.

§ 2. — *Caisses patronales ou syndicales.*

Art. 24. — Sont également dispensés d'effectuer à la Caisse nationale des retraites ouvrières les versements visés au premier alinéa de l'article 3:

1° Les chefs d'entreprise qui ont organisé des caisses patronales ou adhéré à des caisses syndicales de retraites autorisées par décrets rendus, après avis de la commission supérieure de la caisse nationale des retraites ouvrières, sur la proposition des ministres du Commerce et des Finances.

Chaque décret doit constater:

A. — Que la Caisse autorisée aux termes des statuts annexés, est alimentée au moins jusqu'à concurrence de moitié par les subsides patronaux.

B. — Qu'elle assure aux ouvriers des retraites de vieillesse et d'invalidité au moins égales à celles que leur assure la présente loi:

2° Les établissements civils et militaires de l'État, les départements, les communes et les établissements publics qui ont organisé des retraites en vertu de décrets contenant les conditions spécifiées au paragraphe 1er (A. et B.) du présent article et rendus sur la proposition du ministre du Commerce, du ministre des Finances et du ministre intéressé.

ART. 25. — Chacun des décrets prévus à l'article précédent détermine le mode de liquidation des droits éventuels des bénéficiaires cessant de faire partie d'une caisse patronale ou syndicale, en vue du transfert de la valeur actuelle de ces droits à la Caisse nationale des retraites ouvrières.

En ce qui concerne les ouvriers de l'État régis au point de vue de la retraite par des lois spéciales et quittant le service avant liquidation de pension, des règlements d'administration publique rendus sur le rapport du ministre du Commerce, du ministre des Finances et des ministres intéressés déterminent sur des bases analogues le mode de liquidation à la charge de l'État des droits éventuels des bénéficiaires, en vue du transfert de leur valeur actuelle à la Caisse nationale des retraites ouvrières.

ART. 26. — Sont abrogées les dispositions de l'article 3 de la loi du 27 décembre 1895.

§ 3. — *Dispositions communes.*

ART. 27. — Les versements destinés soit aux sociétés de secours mutuels, soit aux caisses patronales ou syndicales dans les conditions du présent titre, sont effectués par l'employeur dans les trois premiers jours de chaque mois pour le mois écoulé, sous la sanction prévue au dernier alinéa de l'article 12. Ils sont inscrits sur un registre tenu en conformité de l'article 33.

ART. 28. — L'employeur demeure toujours tenu d'effectuer, au compte de la Caisse nationale des retraites ouvrières et en conformité de l'article 8, les versements afférents aux ouvriers non affiliés aux sociétés de secours mutuels agréées ou aux caisses patronales ou syndicales, ainsi qu'aux ouvriers étrangers.

TITRE IV

DISPOSITIONS GÉNÉRALES

ART. 29. — Les pensions soit de vieillesse, soit d'invalidité, constituées en vertu de la présente loi, sont incessibles et insaisissables jusqu'à concurrence de 360 francs.

ART. 30. — L'État, les départements, les communes et les établissements publics, pour tous ceux de leurs ouvriers et employés qui ne sont pas régis au point de vue de la retraite par des lois spéciales, sont soumis à la présente loi, sauf application du paragraphe 2 de l'article 24.

ART. 31. — Tout travailleur peut effectuer des versements personnels supplémentaires en vue de la retraite. Ces versements seront effectués à la Caisse nationale des retraites pour la vieillesse et régis par la loi du 20 juillet 1886.

ART. 32. — Les certificats, actes de notoriété et toutes pièces relatives à l'exécution de la présente loi seront délivrés gratuitement et dispensés des droits de timbre et d'enregistrement.

Un décret réglera le tarif postal réduit applicable aux objets de correspondance adressés ou reçus par la Caisse nationale des retraites ouvrières pour l'exécution de la présente loi.

ART. 33. — Un décret rendu sur le rapport du ministre du Commerce et du ministre des Finances règle les conditions dans lesquelles tout employeur doit tenir les registres de paye, carnets ou autres documents relatifs au payement des salaires.

La Caisse nationale des retraites ouvrières a le droit de faire vérifier sur place lesdits documents par des agents assermentés.

ART. 34. — Est traduit devant le tribunal correctionnel et passible d'une amende de 50 francs à 500 francs tout employeur ayant omis les versements prescrits par le titre Ier.

En cas de récidive dans l'année qui suit une précédente infraction, le maximum est toujours appliqué.

Si l'employeur n'a intentionnellement effectué que des versements insuffisants, ou s'il a produit à la Caisse nationale des retraites ouvrières des documents mensongers ou incomplets, ou s'il a mis obstacle aux vérifications des agents assermentés dans le cas visé à l'article précédent, il est passible d'une amende de 500 francs à 5,000 francs.

Toute condamnation entraîne de plein droit le versement, au profit de la Caisse nationale des retraites ouvrières, d'une somme triple du montant des versements qui auraient dû être effectués. Il ne peut être transigé sur ces dommages-intérêts.

ART. 35. — Toutes les contestations relatives à la quotité des salaires servant de base aux versements exigibles, à la quotité de ces versements, ou à l'évaluation des salaires, sont jugées en dernier ressort par le juge de paix du canton où doit avoir lieu le payement du salaire. Ces décisions peuvent être déférées à la cour de cassation pour violation de la loi.

Toutes les difficultés concernant la liquidation provisoire ou définitive des retraites de vieillesse ou des retraites d'invalidité sont soumises aux tribunaux civils; elles sont jugées en dernier ressort comme affaires sommaires, au rapport d'un juge, le ministère public entendu ; l'assistance de l'avoué n'est pas obligatoire.

L'assistance judiciaire est accordée de droit aux ouvriers ou employés dans toutes les instances ouvertes en application du présent article.

ART. 36. — Un règlement d'administration publique, rendu sur la proposition du ministre du Commerce, après avis de la commission supérieure de la Caisse nationale des retraites ouvrières, déterminera les mesures d'exécution relatives à la gestion administrative de ladite Caisse.

Il pourra instituer des succursales régionales et organiser des modalités complémentaires de versement, tant par la création de timbres-retraites à apposer sur cartes d'identité individuelles que par intermédiaire de sociétés de secours mutuels appelées à concourir aux encaissements et aux payements de la Caisse nationale des retraites ouvrières par voie de compte courant spécial à la Caisse des dépôts et consignations.

Art. 37. — Un règlement d'administration publique, rendu sur la proposition du ministre des Finances, après avis de la commission de surveillance de la Caisse des dépôts et consignations, déterminera les mesures d'exécution relatives à la gestion financière de la Caisse nationale des retraites ouvrières.

Art. 38. — Il n'est rien innové à la législation en vigueur sur la Caisse nationale des retraites pour la vieillesse ; sont abrogées toutes les dispositions contraires à la présente loi, notamment la législation sur les majorations de pensions de retraites, dans les conditions prévues par la loi du 31 décembre 1895, en tant qu'elle s'appliquerait aux bénéficiaires de la présente loi.

Pour les retraites en cours d'acquisition dans les termes du titre II de la loi du 29 juin 1894 ou de l'article 2 de la loi du 27 décembre 1890, un règlement d'administration publique, rendu sur la proposition des ministres du Commerce, des Travaux publics et des Finances, déterminera les conditions de transfert de la réserve mathématique desdites retraites à la Caisse des retraites ouvrières pour les employés et ouvriers qui viendraient à quitter les mines ou les chemins de fer.

Art. 39. — Une loi spéciale déterminera les conditions dans lesquelles les artisans, les petits commerçants, les domestiques attachés à la personne, les cultivateurs travaillant habituellement seuls ou n'employant habituellement que des membres de leur famille seront admis à effectuer des versements à la Caisse nationale des retraites ouvrières, en vue de se constituer des retraites ou de procurer le même avantage aux membres de leurs familles travaillant habituellement avec eux.

TITRE V

DISPOSITIONS TRANSITOIRES.

Art. 40. — La présente loi ne sera applicable qu'à

partir du 1er janvier qui suivra la publication des règlements d'administration publique prévus aux articles 36, 37 et 41.

Art. 41. — Les travailleurs visés à l'article 1er, ayant à cette date soixante-cinq ans au moins, recevront une allocation viagère annuelle qui ne pourra être supérieure à 100 francs, s'ils justifient de trente années de travail salarié, dans les conditions prévues par un règlement d'administration publique rendu sur le rapport du ministre du Commerce et du ministre des Finances.

Il sera pourvu à ces allocations au moyen d'un crédit annuel de 15 millions ouvert à la Caisse nationale des retraites ouvrières et des ressources prévues à lavant-dernier alinéa de l'article 7 et aux articles 12 et 34. L'ensemble de ces sommes sera réparti intégralement chaque année entre tous les bénéficiaires.

Art. 42. — Les travailleurs ayant, à la même date, moins de soixante-cinq ans recevront successivement, suivant leur âge à cette date, la retraite minima ci-après fixée à soixante-cinq ans, pourvu qu'ils justifient, dans les conditions déterminées au règlement d'administration publique visé par l'article précédent : 1° de trente années de travail salarié, la durée du service militaire étant réputée équivalente à une même durée de travail ; 2° de versements correspondant, au total, à deux cent cinquante journées de travail au moins pour chaque année au-dessous de soixante-cinq ans :

De 64 ans à 62 ans.	. . . . .	100 fr.
De 61 ans à 59 ans.	. . . . .	110 fr.
De 58 ans à 56 ans.	. . . . .	120 fr.
De 55 ans à 52 ans.	. . . . .	130 fr.
De 51 ans à 48 ans.	. . . . .	140 fr.
De 47 ans à 44 ans.	. . . . .	150 fr.
De 43 ans à 41 ans.	. . . . .	160 fr.
De 40 ans à 38 ans.	. . . . .	170 fr.
De 37 ans à 36 ans.	. . . . .	180 fr.

Art. 43. — Les allocations prévues aux articles 41 et 42 ne sont allouées que dans la mesure nécessaire

pour parfaire aux ayants droit les sommes spécifiées auxdits articles, y compris le revenu personnel, mais indépendamment de tout salaire en argent et en nature ou de toute retraite susceptible d'une majoration en vertu de la loi du 31 décembre 1895.

VII. — *Proposition de loi adoptée par la Commission d'assurance et de prévoyance sociales de la Chambre des Députés (Juillet 1904).*

TITRE PREMIER

DE LA RETRAITE DE VIEILLESSE.

ARTICLE PREMIER. — Tout ouvrier ou employé, tout sociétaire ou auxiliaire employé par une Association ouvrière a droit, s'il est de nationalité française et dans les conditions déterminées par la présente loi, à une retraite de vieillesse à soixante ans et, le cas échéant, à une retraite d'invalidité payable mensuellement sur certificat de vie, sans frais, délivré par le maire de sa résidence.

ART. 2. — Ces retraites sont assurées par la Caisse nationale des retraites ouvrières, et, sous la garantie de l'État, par les sociétés de secours mutuels et les caisses patronales ou syndicales, dans les conditions déterminées par les titres I à IV de la présente loi.

Elles pourront également être assurées sous la même garantie par les caisses d'épargne, les sociétés d'assurances ou des syndicats de garantie, conformément aux dispositions du titre III.

Les intéressés ont toujours le droit, selon un mode déterminé par un règlement d'administration publique, de choisir entre les diverses caisses prévues par la présente loi.

ART. 3. — Ces retraites sont constituées par un prélèvement sur le salaire des ouvriers et employés, par un versement égal des employeurs et par une subvention annuelle de l'État.

Le prélèvement sur le salaire des ouvriers et employés comme le versement des employeurs sera de 2 0/0 des salaires.

ART. 4. — Tout travailleur visé par le présent titre et âgé de moins de soixante ans reçoit gratuitement, dans les conditions à déterminer par le règlement d'administration publique prévu à l'article 38, une carte annuelle d'identité, sur laquelle doivent être apposés des timbres-retraites représentant les versements.

Lors de chaque paye. à intervalles qui ne peuvent excéder seize jours pour les ouvriers et un mois pour les employés, cette apposition doit être faite par les employeurs, à moins qu'il n'y ait lieu à versement en numéraire dans les conditions prévues au titre III.

La présente loi ne s'applique aux employés recevant des émoluments supérieurs à 2.400 francs que jusqu'à concurrence de cette somme.

Art. 5. — La retraite produite par les versements des travailleurs et des employeurs est liquidée à l'âge de soixante ans.

Néanmoins les travailleurs âgés de plus de soixante ans et en jouissance de leur retraite peuvent continuer à opérer leurs versements.

Les versements de leurs employeurs sont dans ce cas affectés à leur compte ; dans le cas contraire ils sont affectés au fonds de bonification.

Art. 6. — Les ouvriers étrangers, résidant en France et immatriculés aux termes de la loi du 8 août 1893 sont soumis au même régime, mais ils ne peuvent bénéficier des versements patronaux que lorsqu'un décret en Conseil d'État a rendu applicables à leur nationalité, à raison de la législation en vigueur dans leur pays, les dispositions de la présente loi ou lorsqu'il s'est écoulé plus de cinq ans depuis leur immatriculation. Dans ce dernier cas, la retraite déjà acquise par l'intéressé pendant les cinq premières années est majorée d'une valeur égale par prélèvement sur le fonds de bonification prévu à l'article 51.

Pour les ouvriers résidant en France et immatriculés, l'employeur est tenu indépendamment de l'apposition de timbres correspondant à la retenue de 2 0/0 sur les salaires, de verser directement tous les mois à la Caisse nationale des retraites ouvrières une somme égale, d'après les carnets de paye établis et contrôlés pour ces salaires, dans les conditions déterminées par le règlement d'administration publique prévu à l'article 38.

Pour les ouvriers non immatriculés, l'employeur est tenu, dans les mêmes conditions, d'opérer un versement de 4 0/0.

Art. 7. — Les ouvriers et employés des exploitations exclusivement agricoles sont régies par des dispositions spéciales du titre VI ci-après.

Art. 8. — Il est institué, sous la garantie de l'État, une Caisse nationale des retraites ouvrières, dont la gestion administrative est placée sous l'autorité du ministre du Commerce et dont la gestion financière est confiée à la Caisse des dépôts et consignations.

Art. 9. — Il est formé auprès du ministre du Commerce et sous sa présidence une commission supérieure chargée de l'examen de toutes les questions concernant la Caisse nationale des retraites ouvrières. Elle se réunit au moins une fois par semestre. Elle élit ses deux vice-présidents.

Cette commission est composée de :

Trois sénateurs et cinq députés élus par leurs collègues ;

Un conseiller d'État nommé par le Conseil d'État ;

Trois délégués du Conseil supérieur des Sociétés de secours mutuels;

Deux délégués patronaux et deux délégués ouvriers du Conseil supérieur du travail ;

Quatre délégués des Chambres de commerce, six délégués des syndicats professionnels ouvriers et deux délégués des Bourses du travail, élus dans les conditions déterminées par un règlement d'administration publique ;

Quatre délégués exploitants agricoles et six délégués des ouvriers et employés de l'agriculture dans les conditions déterminées par un règlement d'administration publique.

Quatre personnes connues par leurs travaux sur les institutions de prévoyance dont deux membres agrégés de l'Institut des actuaires désignés par le ministre du Commerce ;

Deux personnes désignées dans les mêmes conditions par le ministre des Finances ;

Le directeur de l'assurance et de la prévoyance sociales au ministère du Commerce ;

Le directeur général de la Caisse des dépôts et consignations ;

Le directeur du mouvement général des fonds au ministère des Finances ;

Les membres autres que les membres de droit sont nommés pour trois ans.

La commission supérieure des retraites nomme une section permanente composée de dix membres pris dans son sein, du directeur de l'assurance et de la prévoyance sociales et du directeur général de la Caisse des dépôts et consignations. La section permanente a pour fonctions de donner son avis sur toutes les questions qui lui sont renvoyées, soit par la commission supérieure, soit par le ministre du Commerce.

Art. 10. — Les versements et les payements pour le compte de la Caisse nationale des retraites ouvrières sont opérés soit à la Caisse des dépôts et consignations ou à la Caisse de ses préposés, soit dans les conditions spécifiées au règlement d'administration publique prévu à l'article 38.

Art. 11. — La Caisse des dépôts et consignations est autorisée à employer le montant des timbres-retraites et des versements ainsi que les revenus du portefeuille excédant les fonds nécessaires au service des payements :

1° En valeurs de l'État ou jouissant d'une garantie de l'État ;

2° En prêts aux départements, communes, colonies, pays de protectorat, établissements publics, Chambres de commerce, et en obligations foncières ou communales du Crédit foncier ;

3° Jusqu'à concurrence du cinquième de ses fonds en valeurs industrielles.

Les achats et les ventes de valeurs sont effectués avec publicité et concurrence, sur la désignation de la Commission de surveillance instituée par les lois des 28 avril 1816 et 6 avril 1876, et avec l'approbation du ministre des Finances. Les achats et ventes de valeurs autres que les rentes pourront être opérés sans publicité ni concurrence. Les sommes non employées seront versées en compte-courant au Trésor, dans les limites d'un maximum et à un taux annuellement fixé par la loi de finances.

Art. 12. — L'État majorera d'une somme de 120 francs toutes les pensions de retraite acquises en vertu du présent titre, pourvu qu'il y ait au moins trente versements annuels d'un minimum de 10 francs effectués au compte de l'intéressé, y compris les versements complémentaires autorisés dans les conditions prévues par un règlement d'administration publique.

Néanmoins, les pensions qui, ainsi majorées, en les supposant constituées à capital aliéné, n'atteindraient pas 360 francs recevront une majoration supplémentaire qui les élèvera à cette valeur.

D'autre part, la majoration de l'État ne s'appliquera que dans la mesure nécessaire pour porter la retraite calculée sur la base du capital aliéné à 360 francs.

Art. 13. — Le tarif des retraites assurées par la Caisse nationale des retraites ouvrières sera calculé à un taux annuellement fixé par un décret rendu sur la proposition des ministres du Commerce et des Finances, après avis de la commission supérieure et d'après la table de mortalité de la Caisse nationale des retraites pour la vieillesse.

Une nouvelle table pourra être adoptée ultérieurement par un décret rendu sur le rapport du ministre du Commerce et du ministre des Finances, après avis de la commission supérieure de la Caisse nationale des retraites ouvrières.

Le tarif ne comprendra que des âges entiers ; les versements des intéressés seront considérés comme effectués par eux à l'âge qu'ils auront accompli au cours de l'année dans laquelle les versements auront lieu.

Art. 14. — Tout travailleur peut réclamer la liquidation de sa retraite à l'âge de 50 ans.

Art. 15. — Cette liquidation s'opère d'après le montant des timbres apposés sur les cartes d'identité successives et à capital aliéné ou réservé, suivant l'indication donnée et signée par le titulaire sur la première de ces cartes, sans préjudice de son droit d'aliénation ultérieure du capital réservé.

Le bénéficiaire de la retraite anticipée de vieillesse n'a pas droit à la majoration de l'État.

Art. 16. — Les mêmes dispositions s'appliquent aux retraites constituées dans les Caisses visées au titre III ci-après, la première carte d'identité pouvant alors être remplacée par une déclaration spéciale de réserve ou d'aliénation du capital.

TITRE II

DE LA RETRAITE ANTICIPÉE D'INVALIDITÉ ET DES ALLOCATIONS EN CAS DE DÉCÈS.

Art. 17. — Lorsque les travailleurs visés à l'article premier sont atteints d'invalidité permanente avant l'âge de 60 ans et en dehors des cas régis par la loi du 9 avril 1898, ils ont droit à tout âge à la liquidation anticipée de leur retraite majorée dans les conditions indiquées à l'article 21 ci-après, si les cartes d'identité centralisées à leur nom ou les versements faits à leur compte en conformité du titre III justifient d'au moins deux années consécutives de contribution à la retraite à raison, pour chaque année, de dix appositions de timbres ou versements représentant au moins 15 francs.

Art. 18. — N'est réputé invalide, dans le sens de l'article précédent, que le travailleur qui, pour toute autre cause que la vieillesse, n'est plus en état de gagner un tiers de ce que les personnes appartenant à son ancienne profession gagnent d'ordinaire par leur travail dans la même région.

Art. 18. — Cet état d'invalidité est établi sur la demande de l'intéressé, accompagnée d'un certificat médical, d'un certificat du maire et d'un avis du Conseil municipal, par décision d'un Comité siégeant au moins une fois par trimestre au chef-lieu du département. L'intéressé peut être entendu par le Comité.

Ce Comité se compose du préfet, président, du trésorier général, du directeur de l'Enregistrement, du directeur des Contributions directes, de deux délégués du ministre du Commerce, de deux conseillers généraux, élus tous les trois ans par le Conseil général, d'un médecin assermenté, de trois représentants des employeurs, de trois représentants des employés et de deux membres des sociétés de secours mutuels désignés dans les conditions déterminées par le ministre du Commerce.

Art. 20. — Les décisions du Comité, en application de l'article précédent, peuvent être attaquées, dans le délai de trois mois, par les intéressés, par la Caisse nationale des retraites ouvrières ou par le préfet devant la section permanente de la commission supérieure des retraites et pour violation de la loi, devant le Conseil d'État.

Le pourvoi est suspensif; il est jugé comme affaire urgente, sans frais, avec dispense du timbre et du ministère d'avoué.

Art. 21. — Dans le mois qui suit la décision définitive, il est procédé à la liquidation anticipée de la retraite.

Si la retraite ainsi liquidée n'atteint pas deux cents francs (200 fr.) et si l'intéressé justifie qu'il ne jouit pas, y compris ladite retraite, d'un revenu personnel, indépendamment de tout salaire en argent ou en nature, égal à deux cents francs (200 fr.), cette retraite est majorée par l'État jusqu'à concurrence de ladite somme, par les soins de la Caisse nationale des retraites ouvrières, sans que pourtant la majoration puisse dépasser ni le triple du produit de la liquidation ni 10 francs pour chaque année de contribution au-dessus de deux, dans les conditions définies à l'article 17 ci-dessus, ni un maximum de 100 francs, et sans toutefois que la valeur de cette retraite soit inférieure à 50 francs.

Art. 22. — Si l'invalidité définie à l'article 18 vient à cesser, cette cessation peut être constatée, à la requête soit de la Caisse nationale des retraites ouvrières, soit du préfet, soit du maire, dans les formes prévues à l'article 19 de la déclaration d'invalidité.

Les pourvois prévus à l'article 20 sont applicables aux cas visés par le présent article.

A compter de la décision définitive, l'intéressé ne reçoit plus que le montant de sa retraite liquidée par anticipation, à l'exclusion de toute majoration. Peut obtenir une seconde retraite l'ancien invalide qui a repris son travail et effectué, de ce chef, de nouveaux versements.

Art. 23. — Si un assuré de la présente loi décède avant d'être pourvu de sa pension de vieillesse en laissant soit une veuve, soit un ou plusieurs orphelins de père et de mère âgés de moins de 16 ans, il est attribué par l'État, soit à la veuve, soit à l'ensemble des orphelins une allocation mensuelle de 50 francs pendant six mois à compter du décès.

TITRE III

DES RETRAITES ASSUREES PAR LES SOCIÉTÉS DE SECOURS MUTUELS, LES CAISSES PATRONALES OU SYNDICALES, LES CAISSES D'ÉPARGNE ET LES SOCIÉTÉS D'ASSURANCES.

§ 1. — *Sociétés de secours mutuels.*

ART. 24. — Toute société ou union de sociétés de secours mutuels, préalablement agréée à cet effet par décret rendu sur la proposition du ministre du Commerce, après avis du ministre de l'Intérieur, est admise à constituer, pour les travailleurs qui lui sont affiliés, les retraites prévues par la présente loi.

Cet agrément ne peut être refusé qu'aux sociétés ne remplissant pas les conditions déterminées par un règlement d'administration publique rendu sur la proposition des ministres du Commerce, de l'Intérieur et des Finances.

Lorsqu'il existe des sociétés de secours mutuels ainsi agréées dans le canton où sont payables les salaires, l'employeur est tenu de verser mensuellement en numéraire à ces sociétés les sommes spécifiées à l'article 3, pour tous ceux de ses ouvriers et employés qui s'y sont affiliés en vue de la retraite, dès que chaque intéressé en fait la demande en désignant la société à laquelle il est affilié.

ART. 25. — Au moyen de ces versements, la société assure aux travailleurs intéressés, dans les conditions et limites de la loi du 1er avril 1898 et à l'âge fixé par la présente loi, des retraites de vieillesse garanties au moins égales à celles que produiraient lesdits versements d'après les tarifs de la Caisse nationale des retraites ouvrières au taux de 3 0/0, à charge de transférer la réserve mathématique calculée d'après les mêmes tarifs et au taux de 3 0/0, de toute retraite en cours de constitution, dès que cette constitution devra être poursuivie soit par la Caisse nationale des retraites ouvrières, soit par une des Caisses visées au présent titre.

§ 2. — *Caisses patronales ou syndicales, Caisses d'épargne et Sociétés d'assurances.*

Art. 26. — Sont dispensés d'effectuer les appositions de timbres visées à l'article 4 ou les versements prévus à l'article précédent :

1° Les chefs d'entreprise qui ont organisé des Caisses patronales ou adhéré à des Caisses syndicales de retraites autorisées par décrets rendus, après avis de la commission supérieure de la Caisse nationale des retraites ouvrières, sur la proposition des ministres du Commerce et des Finances.

Chaque décret doit constater :

a) Que la Caisse autorisée aux termes des statuts annexés est alimentée au moins jusqu'à concurrence de moitié par les subsides patronaux, sans que les retenues obligatoires sur les salaires puissent excéder 2 0/0 ;

b) Qu'elle assure aux ouvriers, des retraites de vieillesse au moins égales à celles que leur assurerait la Caisse nationale des retraites ouvrières.

2° Les chefs d'entreprise qui ont constitué entre eux, pour la retraite de leurs ouvriers, des sociétés d'assurances mutuelles ou des syndicats de garantie liant solidairement tous leurs adhérents, pourvu que les retenues exercées ne dépassent pas 2 0/0, que les retraites garanties soient au moins égales à celles assurées par les tarifs de la Caisse nationale des retraites ouvrières et que, pour les Sociétés d'assurances mutuelles, la moitié des membres des Conseils d'administration soit désignée par les ouvriers intéressés.

Ces sociétés ou syndicats sont autorisés dans les conditions prévues par l'article 66 de la loi du 24 juillet 1867 et soumis à la même surveillance que les sociétés d'assurances et les syndicats de garantie fonctionnant en conformité de l'article 27 de la loi du 9 avril 1898.

3° Les établissements civils et militaires de l'État, les départements, les communes et les établissements publics qui ont organisé des retraites spéciales en vertu de décrets contenant les conditions spécifiées au paragraphe premier (*a* et *b*) du présent article et rendus sur la proposition du ministre du Commerce, du ministre des Finances et du ministre intéressé.

Les retenues sur les salaires pourront excéder 2 0/0 lorsque l'employeur verse au moins le double de la retenue complémentaire opérée sur le salaire.

ART. 27. — Chacun des décrets prévus à l'article précédent détermine le mode de liquidation des droits éventuels des bénéficiaires en vue du transfert de la valeur actuelle de ces droits dès qu'ils en font la demande, soit à la Caisse nationale des retraites ouvrières, soit à une des Caisses visées au présent titre.

En ce qui concerne les ouvriers de l'État, régis au point de vue de la retraite par des lois spéciales et quittant le service avant liquidation de pensions, des règlements d'administration publique rendus sur le rapport du ministre du Commerce, du ministre des Finances et des ministres intéressés déterminent sur des bases analogues le mode de liquidation à la charge de l'État des droits éventuels des bénéficiai- res, en vue du transfert de leur valeur actuelle soit à la Caisse nationale des retraites ouvrières, soit à une des Caisses visées au présent titre.

ART. 28. — Les Caisses d'épargne ordinaires et les Sociétés d'assurances sur la vie, mutuelles et à primes, sont admises à se charger de la gestion des Caisses patronales ou syndicales ci-dessus visées, à la charge de se soumettre au préalable pour cette gestion à la surveillance prévue au dernier alinéa du paragraphe 2 de l'article 26.

Elles peuvent obtenir, dans les conditions prévues par l'article 66 de la loi du 24 juillet 1867, l'autorisa- tion d'assurer directement les retraites prévues par la présente loi, à charge de se soumettre au préalable à ladite surveillance et de garantir des retraites de vieil- lesse au moins égales à celles qu'assurerait la Caisse nationale des retraites ouvrières. Les versements faits alors dans leurs Caisses du consentement des travail- leurs intéressés, par les chefs d'entreprise, libèrent ces derniers des appositions de timbres-retraites visées à l'article 4.

Sont abrogées les dispositions de l'article 3 de la loi du 27 décembre 1895.

§ 3. — *Dispositions communes.*

Art. 29. — Sur toutes les sommes reçues en conformité du présent titre, les Sociétés ou Caisses y mentionnées doivent, en vue des déficits qui pourraient survenir dans leur gestion, effectuer immédiatement un prélèvement pour la constitution d'un fonds spécial de garantie, administré sous l'autorité du ministre du Commerce, par la commission supérieure de la Caisse nationale des retraites ouvrières et géré par la Caisse des dépôts et consignations. La quotité de ce prélèvement est fixée tous les cinq ans par la loi de finances.

Art. 30. — En cas d'invalidité constatée dans les termes du titre II, les sociétés ou caisses visées au présent titre opèrent la liquidation anticipée de la retraite constituée par leurs soins et en transfèrent la réserve mathématique calculée dans les conditions définies par l'article 25, à la Caisse nationale des retraites ouvrières, qui reste chargée de la majoration éventuelle.

Sont applicables à toutes les retraites constituées en conformité du présent titre les dispositions du titre V ci-après.

TITRE IV

DISPOSITIONS GÉNÉRALES.

Art. 31. — Les pensions, soit de vieillesse, soit d'invalidité, constituées en vertu de la présente loi, sont incessibles et insaisissables jusqu'à concurrence des minima garantis.

Art. 32. — L'État, les départements, les communes et les établissements publics, pour tous ceux de leurs ouvriers et employés qui ne sont pas régis au point de vue de la retraite par des lois spéciales, sont soumis à la présente loi, sauf application du paragraphe 2 de l'article 26.

Art. 33. — Tout travailleur peut effectuer des versements personnels supplémentaires en vue de la retraite. Ces versements seront effectués à la Caisse nationale des retraites pour la vieillesse et régis par la loi du 20 juillet 1886.

Art. 34. — Les certificats, actes de notoriété et toutes autres pièces relatives à l'exécution de la présente loi seront délivrés gratuitement et dispensés des droits de timbre et d'enregistrement.

Un décret réglera le tarif postal réduit applicable aux objets de correspondance adressés ou reçus par la Caisse nationale des retraites ouvrières et les Caisses assimilées pour l'exécution de la présente loi.

Art. 35. — Est traduit devant le tribunal correctionnel et passible d'une amende de cinquante francs (50 fr.) à cinq cents francs (500 fr.) tout employé ayant omis les appositions de timbres-retraites ou les versements prescrits par la présente loi.

En cas de récidive dans l'année qui suit une précédente infraction, le maximum est toujours appliqué.

Sont passibles d'une amende de cent à deux mille francs (100 à 2.000 fr.) et d'un emprisonnement de trois à quinze jours les administrateurs, directeurs ou gérants de toutes sociétés ou caisses recevant des versements pour les retraites visées par la présente loi sans s'être conformés aux dispositions du titre III.

L'article 463 du Code pénal est applicable.

Art. 36. — Toutes les contestations relatives à la quotité des salaires servant de base à la retraite, aux appositions de timbres-retraites ou aux versements exigibles, sont jugées en dernier ressort par le juge de paix du canton où doit avoir lieu le paiement du salaire. Ces décisions peuvent être déférées à la Cour de cassation pour violation de la loi.

Les ouvriers et employés intéressés peuvent, devant la même juridiction et dans les mêmes conditions, répéter contre leurs employeurs, pendant un délai de trois ans, le montant des timbres-retraites qui auraient dû être effectués à leur profit d'après la présente loi. Ils ont droit, à titre de dommages-intérêts, au double du montant desdites répétitions, sans pouvoir renoncer d'avance ni à ces répétitions, ni à ces dommages-intérêts. Le montant des répétitions doit faire immédiatement, par les soins de l'employeur, l'objet d'appositions de timbres-retraites sur sa carte d'identité.

Le délai de trois ans ci-dessus spécifié est réduit à un an à l'égard des employeurs qui tiennent régulièrement des carnets de paye soumis au contrôle administratif dans les conditions déterminées par règlement d'administration publique.

ART. 37. — Toutes les difficultés concernant la liquidation provisoire ou définitive des retraites de vieillesse ou des retraites d'invalidité sont soumises aux tribunaux civils ; elles sont jugées en dernier ressort comme affaires sommaires, au rapport d'un juge, le ministère public entendu ; l'assistance de l'avoué n'est pas obligatoire.

L'assistance judiciaire est accordée de droit aux ouvriers ou employés dans toutes les instances ouvertes en application du présent article.

ART. 38. — Un règlement d'administration publique rendu sur la proposition du ministre du Commerce, après avis de la commission supérieure de la Caisse nationale des retraites ouvrières, déterminera les mesures d'exécution relatives à la gestion administrative de ladite Caisse.

Il détermine les conditions de distribution et de centralisation des cartes d'identité et les conditions de vente des timbres-retraites ainsi que le mode des justifications prévues aux articles 18 et 42.

Il pourra instituer des succursales régionales et organiser des modalités complémentaires de versement ou de payement, notamment par l'intermédiaire de sociétés de secours mutuels appelées à concourir aux encaissements et aux payements de la Caisse nationale des retraites ouvrières par voie de compte-courant spécial à la Caisse des dépôts et consignations.

ART. 39. — Un règlement d'administration publique rendu sur la proposition du ministre des Finances, après avis de la commission de surveillance de la Caisse des dépôts et consignations, déterminera les mesures d'exécution relatives à la gestion financière de la Caisse nationale des retraites ouvrières.

ART. 40. — Il n'est rien innové à la législation en vigueur sur la Caisse nationale des retraites pour la vieillesse. Sont abrogées toutes les dispositions contraires à la présente loi, notamment la législation sur les majorations de pensions de retraite, dans les conditions prévues par la loi du 31 décembre 1895, en tant qu'elle s'appliquerait aux bénénéficiaires de la présente loi.

Pour les retraites en cours d'acquisition dans les termes du titre II de la loi du 29 juin 1894 ou de l'article 2 de la loi du 27 décembre 1890, un règlement d'administration publique, rendu sur la proposition des ministres du Commerce, des Travaux publics et des Finances déterminera les conditions de transfert de la réserve mathématique desdites retraites à la Caisse nationale des retraites ouvrières ou à une des Caisses visées par le titre III pour les employés et ouvriers qui viendraient à quitter les mines ou les chemins de fer.

TITRE V

DISPOSITIONS TRANSITOIRES.

ART. 41. — La présente loi ne sera applicable qu'à partir du 1er janvier qui suivra la publication des règlements d'administration publique prévus pour son exécution.

ATT. 42. — Les travailleurs visés à l'article premier, ayant à cette date soixante-cinq ans au moins, de nationalité française, recevront une allocation viagère annuelle s'ils justifient de trente années de travail, dans les conditions prévues par un règlement d'administration publique rendu sur le rapport du ministre du Commerce et du ministre des Finances. La durée du service militaire est réputée équivalente à une même durée de travail.

Cette allocation sera de 50 francs la première année. Elle croîtra de 4 francs chaque année jusqu'à ce qu'elle atteigne le chiffre de 120 francs pour les travailleurs de l'industrie et du commerce, et de 100 francs pour les ouvriers et employés de l'agriculture.

ART. 43. — L'âge de la jouissance de l'allocation prévue à l'article précédent sera successivement abaissé jusqu'à 61 ans dans les conditions suivantes, pour les travailleurs âgés au moment de la promulgation de la loi, savoir:

De 55 ans à 64 ans. . . à 65 ans
De 47 ans à 54 ans. . . à 64 ans
De 41 ans à 46 ans. . . à 63 ans
De 36 ans à 40 ans. . . à 62 ans
De 31 ans à 35 ans. . . à 61 ans

· TITRE VI

RETRAITE DES OUVRIERS ET EMPLOYÉS DE L'AGRICULTURE.

ART. 44. — Pour les ouvriers et employés de l'agriculture, le versement pour la retraite est uniformément de cinq centimes par jour de travail salarié, dont moitié à fournir par l'exploitant lui-même et moitié à prélever par lui sur le salaire avant payement.

Suivant que les travailleurs sont employés à titre permanent ou intermittent, les versements sont opérés sur déclarations trimestrielles de l'exploitant ou par voie d'apposition de timbres-retraites, lors de chaque paye sur livrets individuels ou cartes d'identité délivrés aux titulaires sur leur demande, soit par la Caisse nationale des retraites ouvrières, soit par les Caisses et Sociétés prévues au titre III.

Un règlement d'administration publique rendu sur la proposition des ministres du Commerce, des Finances et de l'Agriculture, détermine les conditions de ces divers versements.

ART. 45. — Les sommes versées au compte des travailleurs agricoles sont capitalisées et les retraites de vieillesse sont liquidées dans les conditions prévues aux titres I, III et IV ci-dessus.

L'État majorera d'une somme de 100 francs toutes les pensions de retraite acquises aux ouvriers et employés de l'agriculture pourvu qu'il y ait au moins trente versements annuels d'un minimum de 6 francs effectués au compte de l'intéressé, y compris les versements complémentaires autorisés dans les conditions fixées par un règlement d'administration publique.

Néanmoins, les pensions qui, ainsi majorées, en les supposant constituées à capital aliéné, n'atteindraient pas 240 francs, recevront une majoration supplémentaire qui les élèvera à cette valeur.

D'autre part, la majoration de l'État ne s'appliquera que dans la mesure nécessaire pour porter la retraite calculée sur la base du capital aliéné à 240 francs.

Art. 46. — Les retraites d'invalidité sont liquidées dans les conditions prévues au titre II. Toutefois la majoration spécifiée à l'article 21 ne peut atteindre que 75 francs et dans la mesure nécessaire pour parfaire, y compris la retraite, un revenu personnel de 150 francs, indépendamment de tout salaire en argent ou en nature.

Art. 47. — Sont applicables aux ouvriers et employés de l'agriculture les dispositions transitoires du titre V, pourvu qu'ils justifient de trente années de travail.

TITRE VII

DES VERSEMENTS FACULTATIFS POUR LA RETRAITE.

Art. 48. — Les colons partiaires, métayers et bordiers, les domestiques attachés à la personne, les artisans, façonniers, les commerçants ou cultivateurs travaillant habituellement seuls ou n'employant habituellement que des membres de leur famille, et généralement toutes personnes non visées par les articles précédents, qui ne sont pas imposées à la contribution personnelle-mobilière au-dessus de la somme déterminée par règlement d'administration publique sont admises, ainsi que les femmes ou veuves des travailleurs visés à l'article 1er et au premier alinéa de l'article 6, à opérer trimestriellement des versements à la Caisse nationale des retraites ouvrières ou aux Sociétés et Caisses prévues au titre III pour se constituer ou constituer aux membres de leur famille travaillant habituellement avec elles des retraites de vieillesse. Ces versements ne peuvent être inférieurs à 3 francs pour chaque compte.

Un règlement d'administration publique déterminera les conditions dans lesquelles ils pourront être remplacés par apposition de timbres-retraites sur des cartes d'identité spéciales.

ART. 49. — L'État majorera d'une somme de 120 ou de 100 francs, selon le cas, toutes les pensions de retraite acquises en vertu de l'article précédent jusqu'à concurrence d'une valeur de 360 ou de 240 francs, pourvu qu'il y ait au moins 30 versements annuels effectués au compte des intéressés.

ART. 50. — Les titulaires de comptes comportant les versements ci-dessus spécifiés pour au moins deux années, à raison de trois versements trimestriels au moins par année, auront droit à la liquidation anticipée de leur retraite, et le cas échéant aux majorations prévues par l'article 21, dans les termes du titre 2.

TITRE VIII

MOYENS FINANCIERS

ART. 51. — Il sera pourvu à ces allocations au moyen d'un crédit annuel ouvert à la Caisse nationale des retraites ouvrières et d'un fonds de bonification, administré, sous l'autorité du ministre du Commerce, par la commission supérieure de la Caisse nationale des retraites ouvrières et géré par la Caisse des dépôts et consignations.

Le fonds de bonification est alimenté:

1° Par les versements correspondant à l'emploi des ouvriers âgés de plus de 60 ans et des ouvriers étrangers dans les conditions prévues aux articles 5 et 6;

2° Par le montant des amendes prévues à l'article 35;

3° Par les arrérages des rentes non perçues prescrites au bout de cinq ans, conformément à l'article 2277 du Code civil; par les réserves de rentes éteintes dans les conditions de l'article 33 du décret du 28 décembre 1886 sur la Caisse nationale des retraites pour la vieillesse, et par le montant du capital dans les conditions de l'article 18 de la loi du 20 juillet 1886 sur ladite Caisse.

Il supporte le prélèvement des frais de gestion administrative de la Caisse nationale des retraites ouvrières et de gestion financière de la Caisse des dépôts et consignations.

Les sommes disponibles de ce fonds bénéficient d'un intérêt égal à celui que le Trésor sert à la Caisse des dépôts et consignations pour ses fonds propres.

VIII. — *Tableaux*

I. — *Comparaison des Rentes correspondant*
des salaires à 2 p. 100 et avec le

POURCENTAGE DES SALAIRES A 2 P. 100			DONNÉES
Rente correspondant aux versements patronaux (de 25 à 65 ans et au taux de 3,50 p. 100)	Versements patronaux annuels (300 jours de travail)	Versements patronaux journaliers (2 p. 100 du salaire)	Salaire journalier du travailleur (en francs)
68,78	4,50	0,015	0,75
91,71	6	0,02	1
114,64	7,50	0,025	1,25
137,56	9	0,03	1,50
160,49	10,50	0,035	1,75
183,42	12	0,04	2
229,28	15	0,05	2,50
275,13	18	0,06	3
320,99	21	0,07	3,50
366,85	24	0,08	4
412,70	27	0,09	4,50
458,56	30	0,10	5
504,41	33	0,11	5,50
550,27	36	0,12	6
596,13	39	0,13	6,50
641,98	42	0,14	7
687,84	45	0,15	7,50
733,69	48	0,16	8
779,55	51	0,17	8,50
825,41	54	0,18	9
871,26	57	0,19	9,50
917,12	60	0,20	10
1.008,82	63	0,22	11
1.100,54	66	0,24	12

numériques.

*aux versements patronaux avec le pourcentage
taux gradué de 8 à 11 centimes par jour.*

COMMUNES	TAUX GRADUÉ DE 8 A 11 CENTIMES		
Salaire annuel (300 jours de travail)	Versements patronaux journaliers (8 à 11 centimes par jour)	Versements patronaux annuels (300 jours de travail)	Rente correspondant aux versements patronaux (de 25 à 65 ans et au taux de 3,50 p. 100)
225 fr.	0,08	24 fr.	366,85
300	id.	id.	id.
375	id.	id.	id.
450	id.	id.	id.
525	id.	id.	id.
600	id.	id.	id.
750	0,09	27 fr.	412,70
900	id.	id.	id.
1.050	id.	id.	id.
1.200	id.	id.	id.
1.350	id.	id.	id.
1.500	0,10	30 fr.	458,56
1.650	id.	id.	id.
1.800	id.	id.	id.
1.950	id.	id.	id.
2.100	id.	id.	id.
2.250	0,11	33 fr.	504,41
2.400	id.	id.	id.
2.550	id.	id.	id.
2.700	id.	id.	id.
2.850	id.	id.	id.
3.000	id.	id.	id.
3.300	id.	id.	id.
3.600	id.	id.	id.

II. — *Variation du taux p. 100 de la contribution patronale par rapport au salaire, d'après le tarif du projet de 1901.*

Salaire (en francs)	Contribution patronale	Taux p. 100	Salaire (en francs)	Contribution patronale	Taux p. 100
0,75	0,05	6,67	5 fr.	0,15	3
1	id.	5	5,50	id.	2,72
1,25	id.	4	6	id.	2,50
1,50	id.	3,33	6,50	id.	2,32
1,75	id.	2,85	7	id.	2,14
2	0,10	5	7,50	id.	2
2,50	id.	4	8	id.	1,87
3	id.	3,33	8,50	id.	1,76
3,50	id.	2,85	9	id.	1,66
4	id.	2,50	9,50	id.	1,57
4,50	id.	2,22	10	id.	1,50

III. — *Variation du pourcentage de la contribution patronale par rapport au salaire dans le système du tarif gradué.*

Salaire (en francs)	Contribution patronale	Taux p. 100	Salaire (en francs)	Contribution patronale	Taux p. 100
0,75	0,08	10,66	5 fr.	0,10	2
1	id.	8	5,50	id.	1,81
1,25	id.	6,40	6	id.	1,66
1,50	id.	5,33	6,50	id.	1,53
1,75	id.	4,62	7	id.	1,42
2	id.	4	7,50	0,11	1,46
2,50	0,09	3,60	8	id.	1,37
3	id.	3	8,50	id.	1,29
3,50	id.	2,57	9	id.	1,22
4	i d.	2,25	9,50	id.	1,15
4,50	id.	2	10	id.	1,1

Mayenne, Imprimerie Ch. COLIN.